德鲁克

微语录
Weiyulu

管理微语录

乔拉拉◎著

卓有成效的管理者＋管理的实践

入门指南

一本能让你读懂德鲁克的书

全球CEO提升自我的最佳选择

立信会计出版社
LIXIN ACCOUNTING PUBLISHING HOUSE

图书在版编目（CIP）数据

德鲁克管理微语录 / 乔拉拉著. -- 上海: 立信会
计出版社, 2015.3

（去梯言）

ISBN 978-7-5429-4445-0

Ⅰ.①德… Ⅱ.①乔… Ⅲ.①德鲁克，P.F.（1909～
2005）—管理学—通俗读物 Ⅳ.①C93-49

中国版本图书馆CIP数据核字（2014）第287446号

策划编辑　蔡伟莉
责任编辑　蔡伟莉
封面设计　久品轩

德鲁克管理微语录

出版发行　立信会计出版社
地　　址　上海市中山西路2230号　　　邮政编码　200235
电　　话　（021）64411389　　　传　　真　（021）64411325
网　　址　www.lixinaph.com　　　电子邮箱　lxaph@sh163.net
网上书店　www.shlx.net　　　电　　话　（021）64411071
经　　销　各地新华书店

印　　刷　固安县保利达印务有限公司
开　　本　720毫米×1000毫米　　　1/16
印　　张　18　　　插　页　1
字　　数　230千字
版　　次　2015年3月第1版
印　　次　2015年3月第1次
书　　号　ISBN 978-7-5429-4445-0/C
定　　价　36.00元

前 言
|PREFACE|

　　现代管理之父德鲁克，被管理界尊为"大师中的大师"，他是当今世界引领时代的卓越思考者。1950年年初，他就指出计算机终将彻底改变商业；1961年，他提醒美国应关注日本工业的崛起；20年后，又是他首先警告这个东亚国家可能陷入经济滞胀；1990年，率先对"知识经济"进行了阐释。无论是第五项修炼的倡导者彼得·圣吉，市场营销之父菲利浦·科特勒，领导力大师约翰·科特，英特尔公司总裁安迪·格鲁夫，还是微软董事长比尔·盖茨，通用电气公司CEO杰克·韦尔奇，海尔集团总裁张瑞敏……这些大家耳熟能详的人物，在管理思想和管理实践方面都受到了彼得·德鲁克的启发和影响。

　　比尔·盖茨曾说："在所有的管理学书籍中，德鲁克的著作对我影响最深。"

　　安迪·格鲁夫这样高度评价德鲁克："德鲁克是我心目中的英雄。他的著作和思想非常清晰，在那些对时髦思想狂热的人群中独树一帜。"

　　杰克·韦尔奇说："全世界的管理者都应该感谢这个人，因为他贡献了毕生的精力，来厘清我们社会中人的角色和组织机构的角色，我认为彼得·德鲁克比任何其他人都更有效地做到了这一点。"

　　《哈佛商业评论》这样评论德鲁克："只要一提到彼得·德鲁克的名字，在企业的丛林中就会有无数双耳朵竖起来听。"

　　他不仅是提出"管理学"概念的第一人，也是目标管理的创建者，同时，他在市场、创新、变革、战略、知识管理、21世纪管理者的挑战等方面的真知灼见，也让诸多管理大师和成功企业家从中受益。

　　例如，"什么是战略"这个问题，也许我们会为什么是战略，企业需不需要它而纠缠不清，而德鲁克的书清晰地告诉了我们答案，并让我们认识到了科学管理企业，必须有战略作指导。此外，德鲁克告诉我们怎样创新，怎样和对手竞争，怎样建立销售渠道，管理者怎样自我提升，怎样管理员工，怎样在变革时代长存，等等。总之，当我们还在为管理企业，管理员工而迷茫时，德鲁克早就一针见血地提出了有效的方法论，解答了管理问题中的种种疑问。

企业是不分国界的，关于企业运营的基本认知和真知灼见，也是不分国界的。德鲁克关于企业管理的思想精髓同样适用于中国企业。在管理学风靡的今天，德鲁克关于企业运营各个环节和方面的论述在中国的今天及未来依然会散发出令人震惊的光辉。

但德鲁克的著作有很多，想要了解德鲁克的思想需要阅读大量书籍，消耗很多的时间，即便这样，也不一定能全面掌握德鲁克的思想精髓。为了能够使大家更好地吸收德鲁克的管理思想，更灵活地应用德鲁克的管理方法，我们特别写就这本《德鲁克管理微语录》，从领导素养、领导艺术、企业战略、管理模式、经营理念、顾客服务、资本管理、危机应对、变革挑战等方面，以微博体的形式深入阐述德鲁克著作中的思想和语言精华。

全书采用语录加案例的体例，理论联系实际，结合世界及中国的大中型企业的发展实践，对德鲁克的管理思想和言语进行了深刻的分析，论证德鲁克管理艺术在中国企业界的应用，帮助读者深刻领会德鲁克的管理思想，学有所用，实现德鲁克思想的本土化。

不管你是企业的管理者、老板还是普通员工，都能从这本书中获益。管理者能够从中收获成为卓越管理者的方法和工具；老板能从中学到关于企业发展规划、目标管理、优化组织结构、利润和成本及创新、变革等关乎企业生存和发展的相关策略；普通员工则能从中收获关于应对人际关系、自我成长计划及沟通技巧等关乎职场命运的策略。

读一本好书，能让我们终生受益。当我们还在为企业发展前途迷茫，还在为企业出现的问题感到困惑，还在为管理员工而头疼的时候，不妨拿起这本书，来向这位充满管理智慧的老人请教，来这本书中寻找管理答案。

目　录
|CONTENTS|

|变革挑战篇|　企业迎接未来挑战的管理方略

自我修炼篇　管理者的自我提升与管理智慧

　　一名优秀的企业管理者既要善于激励员工，还要善于自我激励，两者缺一不可。管理者主要做的工作就是和人打交道，更多的时间花在员工使用、调配和协调上。况且人力资源是企业最重要的资源，只有善于鼓励员工的管理者才是优秀的管理者，才会更好地经营企业。同样，群龙之首的管理者如果不能自我提升，必然导致管理水平下降，企业发展自然受到限制，所以，管理者也要懂得与时俱进，不断学习进步。

第1章　做个有魅力的好领导

人格魅力成就优秀领导

【德鲁克微语录】

一个人能不能当个好经理，取决于他看问题的眼界和道德责任感。

——德鲁克《管理的实践》

【活学活用】

作为一个领导者，肯定要具备一定的能力，但仅有能力是远远不够的，领导者还应该是个具有人格魅力的人。只有这样的人才能成为优秀的领导。如果缺乏优秀的人格魅力，领导者的能力再强，也无法领导他人，无法让他人产生信服。领导的领导力也会大打折扣。

人格魅力，作为新时期领导者个人素质的最高境界，彰显着领导者自身的道德素养和领导才华。它就像三月春风，潜移默化地感染和激励着下属，产生强大的凝聚力。

一个颇具魅力的人，是受人尊敬，受人爱戴的。而人格，作为人的气质、能力、性格、道德品质的综合，一旦和高尚、无私实现有机结合，便会给人增添无穷的魅力。

日本本田技研工业总公司的创始人本田宗一郎就是一个非常有人格魅力的人，他给员工提供了学习的榜样。每当本田宗一郎遇到棘手的事情时，总是自己率先去干。公司里的年轻人都非常佩服他这种身先士卒的垂范作风。

有一次，为了谈一宗出口生意，本田宗一郎和同事藤泽武夫在滨松一家日本餐馆里接待了一位外国商人。外国商人准备上厕所时，不小心弄掉了假牙。本田宗一郎二话没说，就跑到厕所，脱光衣服，跳下粪池，用木棒小心翼翼地慢慢打捞，终于找到了假牙。然后，他又反复冲洗干净，并进行了严格的消毒处理。然后才回到宴席上，回来后，他自己先试了试，高兴得手舞足蹈。

这件事让那位外国人深受感动，立刻和本田宗一郎签订了合作协议，生意获得了圆满的成功。这件事情让藤泽武夫感慨不已，认为自己可以一辈子和本田宗一郎合作下去。

有什么样的领导，就会有什么样的员工，企业管理者的一举一动往往影响着员工的积极性，会给员工留下深刻的印象。领导拥有优秀品质，就为员工树立了榜样，自然会被员工所效仿，使企业形成了一种积极向上的文化氛围，激励员工努力工作。

想要成为一个拥有人格魅力的领导者，必须注意以下几点。

第一，以身作则，遵守制度。作为一个领导者，绝不能凌驾于制度之上。如果领导都不能自觉遵守制度，那么，员工自然不会把制度当回事。所以，领导者一定要遵守制度，为下级树立榜样。

第二，管理者不能口是心非。领导者应该言行一致、直言不讳，这样才会赢得员工的尊敬和信赖。言行不一的人，往往无法让员工明白真正的意图，导致矛盾发生，阻碍了畅通交流，影响了管理成效。这样的人往往会遭人鄙视。

第三，作为优秀的领导者，应该多赞赏自己下属的才干和成就，不要抢功，应该尽量把荣誉让给下级，把自己摆在后面，这样下级就会为你尽心竭力。否则，下级处处受压抑，自然要抱怨。

第四，作为领导要勇于承担错误，知错就改，这往往会受到下级的尊敬。

总之，拥有高尚的人格魅力，才会得到下级的尊重，才会对人才有吸引力。一个追求名利的人不会有魅力；一个目光短浅、心胸狭窄、妒忌心和报复心强的人不会有魅力；一个沾染了低级趣味、损人利己、假公肥私、极端自私的人不会有魅力；一个说一套、做一套，当面一套、背后一套的人不会有魅力；一个总抱怨下属不听话和素质差的人不会有魅力；一个政治老道、玩弄权术的人不会有魅力。只有那些堂堂正正、光明磊落，诚恳坦率的人才最拥有人格魅力。

总之，作为领导者应该塑造自己独特的人格魅力，让自己人格的光辉笼络更多的人才，为我所用。

领导的根本任务是完成组织使命

【德鲁克微语录】

卓越成效的领导就是要明确组织的使命并完成这个使命。

——德鲁克《管理未来》

【活学活用】

任何一个管理者都有一个根本任务，就是完成组织使命。完成组织使命是建立企业战略、目标、计划、具体工作等问题的基础。

沃尔玛的创始人沃尔顿提出组织的使命是：要永远以"优于其他商家的服务质量"的理念来对待顾客。在这一使命的督促下，领导通过安排下属的具体工作，将这种思想也同时灌输到了每个沃尔玛员工的心里，从而使其成为令同行叹服的超强企业——这个企业总是能以最优惠的价格售卖产品，总能及时从远方调集物资，总能保持工作灵活变通、应对及时。而这些优点的形成，都要得益于领导坚决完成了组织的使命。

领导者首要的任务就应该是完成组织使命，要心怀强烈使命感，保证完成任务。

《把信送给加西亚》中的主人公安德鲁·罗文中尉就是一个极有使命感的人。

在美西战争爆发后，美国总统麦金利需要和西班牙的反抗军首领加西亚取得联系。但是当时加西亚在古巴丛林的山里，而且没有人知道确切的地点，然而美国总统又必须尽快得到他的帮助。于是，总统找到了安德鲁·罗文中尉，因为只有他才有办法找到加西亚。结果，罗文不负重托，历经险境，仅用三个星期就找到了加西亚将军，郑重地把信交给了他。

在罗文送信的过程中，他没有受到任何强制约束，他完全可以不送信或者中途跑掉，但他没有。正是他内心的责任感和使命感及忠诚度等道德规范支撑着他历尽艰险将信送给了加西亚将军，最后罗文也成了民族英雄。

当然，领导者每天有很多事情要做，有很多人际关系要处理，但无论做什么事情，都应该围绕完成企业使命这一总目标而努力，这样做事情才不至于浪费时间，才有成效。

领导不仅要有使命感，还要有坚决完成组织使命的决心和方法。而领导不可能一个人去完成组织的使命，他的职责是带动企业员工共同完成组织使命。因而提高企业员工的积极性，就成了其中的重要一环。

为此，企业的领导应该想办法使员工在企业中有很大的成长空间，让他们能够在企业中不断地获得新知识、新技能，这样员工的积极性自然就高了，领导者在安排员工共同朝着完成企业使命的任务时也就更为顺利了。

另外，企业领导者还应该让员工在工作中获得成就感。特别是知识性员工对成就感的追求非常强烈，他们不仅仅要靠工作生活，还要靠工作获得更多精神上的满足。了解到个人工作对企业的发展有影响，就会让员工产生成就感。

缺乏个人成就感是很多优秀员工辞职的原因之一，他们不能容忍总是默默耕耘却没有任何荣誉回报。荣誉对于每一个优秀员工来说，既是必要的酬劳，更是有效的激励，可以使他们及他们的同事做得更好更出色。个人成就感可以来自很多方面，有晋职上的荣耀，有优越办公条件的气派，也有业务上的开创性和领先性，还有良好的社会反馈及个人能力的逐步提升。常年从事单一的工作，或者总是为他人作嫁衣裳，缺乏与外界的交流，这种工作往往会使人们产生烦躁和情绪低落，从而萌生去意。一个优秀员工的离开，对企业也是一个损失。所以，企业领导者为了完成企业的使命，就应该让员工感受到成就感，让他们安心工作。

总之，企业领导者应该认识到自己的根本任务，不是坐在其位，无所事事；更不是坐在其位，指手画脚。而是心怀责任，以完成企业使命为目标，团结员工共同努力奋斗。

管理需要以制度为基础

【德鲁克微语录】

企业的日常运营都必须遵循严格的制度，包括采取的行为和应该负的责任，以及高绩效、对个人及工作的尊重。这种管理精神能够为卓越领导奠定良好的基础。

——德鲁克《管理未来》

【活学活用】

"无以规矩，不成方圆"，一个重视企业制度，并严格遵守制度的管理者，才能保证企业有秩序地稳步发展。所以，德鲁克说："一个不重视公司制度建设的管理者，不可能是一个好的管理者。"制度比资金、技术甚至人才还重要。

美国国际农机公司创始人，世界上第一部收割机的发明者西洛斯·梅考克，人称"企业界全才"。他几十年的企业生涯，历尽起落沧桑，没有一条道路是平坦的，但是他以自己全才的素质，赢得了市场的屡屡成功。作为产权人公司的大老板，梅考克虽然掌握着公司的所有大权，有权左右员工的命运，但他却从不滥用职权。他能经常为员工设身处地地着想，在实际工作中，既坚持制度的严肃性，又不伤害员工的感情。

有一次，一个老员工违反了工作制度，酗酒闹事，迟到早退。按照公司管理制度的有关条款，他应当受到开除的处分。管理人员做出了这一决定，梅考克在决定上批复表示赞同。决定一公布，这个老员工立刻火冒三丈，他委屈地对梅考克说："当年公司债务累累时，我与您患难与共，3个月不拿工资也毫无怨言。而今犯这点错误就把我开除，真是一点情分也不讲！"听完老员工的叙说，梅考克平静地对他说："你知道不知道这是公司，是个有规矩的地方，这不是你我两个人的私事，我只能按规定办事，不能有一点例外。"

后来，梅考克了解到这个老员工的妻子去世了，留下了两个孩子，一个跌断了一条腿，一个因吃不到妈妈的奶水而日夜啼号。老员工是在极度的痛苦中借酒消愁，结果误了上班。了解到这个情况，梅考克十分震惊，他立即安慰老员工说："你真糊涂，现在你什么都不要想，赶紧回家去，料理你老婆的后事，照顾孩子们。你不是把我当成你的朋友吗？所以，你放宽心，我不会让你走上绝路的。"说着，从包里掏出了一沓钞票塞到老员工手里。老员工对老板的慷慨解囊感动得流下了热泪，哽咽着说："我想不到你会这样好。"而梅考克却认为，比起当年风雨同舟时员工们对自己的帮助，这事儿简直不值一提。他嘱咐老员工说："回去安心照顾家吧，不必担心自己的工作。"

听了老板的话，老员工转悲为喜地说："你是想撤销开除我的命令吗？"

"你希望我这样做吗？"梅考克亲切地问。

"不，我不希望你为我破坏了规矩。"

"对，这才是我的好朋友，你放心地回去吧，我会适当安排的。"

事后梅考克安排这个老员工到他的一家牧场当了管家。

还有一次，有几个在梅考克手下工作多年的员工，在公司遇到困难的时候背离了他，十几年后，公司状况得到好转，这几个人又找上门来了。对于这样的人任何人都是难以容忍的。在这几个人离开时，梅考克也为此深感痛心，气愤地说："我希望永远不再见到你们！"如今，公司兴隆，事业大振，梅考克早已把自己的誓言放在脑后，他欣然接受了这几名员工。这件事使这几名员工深受教育。从此以后，他们同梅考克同心协力，为国际农机商用公司的强盛做出了自己的贡献。

一方面是个人感情，一方面是公司制度，梅考克很巧妙地在这两者间取得了平衡。优秀的管理者必定是一个规章制度的制定者和维护者，只有严明纪律，凡事按规章制度走。否则，每个人都有自己的思想和行为，谁都按自己认为正确的想法做事，企业就会乱成一锅粥。最终，影响整个企业的绩效。只有企业用制度规范人们的行为，整体步调一致，企业走得才更稳更快。而这就需要领导者拥有高超的领导艺术，将制度和个人感情巧妙平衡，做出正确的决策。

管理重在引导他人优化环节

【德鲁克微语录】

一个企业到底是为了短期成果还是为了"长远大计"而运营，这是一个价值观的问题，企业要两者兼顾。

管理企业就是要平衡各种需要和目标，若一味强调利润，会误导管理者的长远目标，危害企业的长期发展和生存，这是管理中最糟糕的做法。

——德鲁克《管理未来》

【活学活用】

领导是企业大家庭的家长，负责企业上下所有的大情小事，把领导比做企业的大管家再恰当不过。所以，领导的管理实质就是把企业各项资源所蕴涵的力量都挖掘出来，整合各种资源为企业创造价值。而工作是人做的，绩效是人创造出来的，所以，领导者最终是引导人的行为。一名指挥家说："我站在那里只是挥动我的双手，嘴巴并不发挥作用。所以说，我的指挥只是把人们原先会的去引导出来而已。"

他断然不会在表演过程中从台子上跳下来，抢过小提琴自己拉。即便他也会拉小提琴，甚至比小提琴手拉得好上千百倍。同样，管理者也不能越权干预员工的工作。

过去小生产的管理观念是领导者事必躬亲，内政、外交、军事、后勤他一个人全管，甚至多年来都把事必躬亲当成了一种美德。比如诸葛亮，实际上最后就是累死的。事必躬亲在小范围内是可以做到的，但在社会化大生产的今天是绝对不可取的。因为事必躬亲不仅不能培养主管的独立工作能力，甚至还会培养一批不动脑筋的"懒蛋"。为什么蜀国最先灭亡了，就是因为诸葛亮管得太多，所以他死后，身后没有接班人。因此，管理必须要有跨度，有规范，分层次逐级进行。

古罗马的《法典》上曾有这样一个很有趣的规定：高级长官不宜过问琐事。著名的军事理论家克劳塞维茨也说过这样一句话："了解一切细节对统帅来说是有害的。"这一切都充分说明：高层领导必须把主要精力放在与全局密切相关的重大问题上，而不能过多地去管那些细小的琐事。

作为领导，主要任务是帮助他们学习怎样表现得更好，指导他们，鼓励他们。如果这样，看似管理者要干的事情很少，其实不然，就像指挥家的工作看似简单，但在优美音乐合奏出来的背后，是他精心挑选音乐家，安排排练，贯彻纪律，以及帮助他们进步等一系列辛苦努力出来的。

领导者的工作，也应该是优化各个环节，把最优秀的团队呈现给上司，给同事，给其他所有的人。当然，各个环节都需要和人协调，所以，善于平衡各种关系，善于处理人际矛盾的领导，更容易胜任。一个成功的领导者就要善于抓住事物的本质，通盘考虑，找准工作的平衡点，把多种因素调整到最佳状态，最大限度地整合资源，为同一目标积聚力量，实现工作效率和社会贡献的最大化。

第一，要保证班子结构的平衡。内部人员既要有创新型的思想家，也要有条理型的组织者和实践型的实干家；既要有管理型的人才，还要有专业型的人才；既要有活泼开拓型的人才，又要有冷静稳重型的人才；既要有年轻新秀，也要有中年支柱。

第二，用人要保持平衡。坚持任人唯贤，唯才是举。在提拔身边的、用着顺手、感觉顺心的下属时，要通过民主渠道，听取集体的意见，这样既会使大家心服口服，防止班子内部产生"非议"，又能把能人遴选到其适合的岗位上来。

第三，保证人际交往的平衡。对于领导干部来说，基于所处的位置和拥有权力的特殊性，则必须慎之又慎，正确摆正与亲戚、朋友、老乡、战友、同学和下属之间的关系，与他们等距离交往，保持一种同等、平衡的亲和力，不因"裙带关系"就亲近谁，不因"对己有用"就偏爱谁。与自己交往过密的，要有意拉开距离；与自己接触比较少的，要创造机会主动接近。

第四，保持个人情绪的平衡。领导必须学会科学调控自己的心态，有意识地平衡喜怒哀乐的情绪，不喜怒无常让人捉摸不透，不冷若冰霜拒人千里之外，要保持一颗健康向上、充满乐观的平常心。

第五，要保持兴趣爱好的平衡。领导的爱好有一定的导向作用，容易诱发下属的趋同心理，更有甚者会投其所好，成为投机者打通"关节"的突破口。为此，领导要慎对兴趣爱好，科学取舍，把握平衡，扬积极向上的兴趣，抑低级庸俗的爱好。在展露兴趣爱好时要注意场合、把握适度，防止造成负面影响。

总之，不越权干预，找准各个环节的平衡，就能优化内部结构，使整个企业抱成一团，团结进步。

善于激励和鞭策属下

【德鲁克微语录】

每一个组织都需要三方面的绩效：直接的成果、价值的实现和未来的人力发展。缺少任何一方面的绩效，组织都注定是失败的。因此，每一位管理者必须在这三个方面都做出贡献。其中，对"未来的人力发展"的贡献就在于激励工作是否到位。卓有成效的领导者会鼓励和鞭策部下，并以他们为荣。

——德鲁克《管理未来》

【活学活用】

成就一番事业，绝不是一个人单枪匹马就能完成的。作为一个领导者，即便再有能力，一个人也干不了两个人，三个人，甚至更多人的活。所以，作为领导必须懂得激励，激励员工去做，并且做得更好。要使一个企业有活力、有生气，激励就是一切。所以，你应该懂得怎样去激励别人。

当下属工作勤恳卖力，使企业蒸蒸日上，使你的事业一天强于一天，这时候，作为领导千万不要吝惜钞票，更不要吝惜对他人的赞美和夸奖之辞，要不失时机地对这样的下属进行物质奖励和精神鼓励，使他们觉得自己的付出并没有随着汗水而付诸东流，有一种成就感。同时，奖励和鼓励工作勤恳的下属，也是在告诉别的员工，在工作中，你多付出一分汗水，就会多一分收获。

土光敏夫就任东芝社长的时候，已是68岁的人了，但是他一点也没有老态龙钟的样子。为了了解实际情况，他遍访东芝设在日本各地的33家工厂和营业所，而巡视时间大都利用总公司上班的余暇。当然了，这主要是因为他在白天不可能有空闲的时间，但更主要的是，这是他一贯的工作作风，他很愿意和自己的员工们交谈，了解他们的酸甜苦辣，了解他们的人生理想和目标，而且他真的乐在其中。一次，土光敏夫来到川崎的东芝分厂，厂里的员工说，历任社长从未来过，如今土光敏夫社长一来，鼓舞了大家的士气。于是，工人的干劲大增。

在东芝，土光敏夫提倡实行"长期经营计划"，广泛征求了来自上上下下各方面的意见。土光敏夫说：我一向奉行重担子主义，也就是说，人的工作情况必须在工作能力之上。比方说，这个人可以拿起100千克的东西，那么实际上就应该交给他120千克重的东西才成。如果不赋予重任，那是一种罪过。如果要做到尊重人，那么就应该给他重任，这样可以激发他的创造能力。

土光敏夫认为仅仅这样还是不够的。他指出，最高领导者还应有所作为，要给员工提供一种良好的工作环境，让每个人发挥自己的所长。

可以说，东芝公司的事业蒸蒸日上，与土光敏夫的用人政策及人事安排，如对待普通员工所采用的激励政策是分不开的。

俗语说得好：士为知己者死。身为领导，如果你了解了员工的本性，也就知道如何有效激励员工。如果你的目光够犀利，更具穿透性，就能够更快地走入他们的心底，驾驭他们，领导他们，开发他们。

美国的航空业在20世纪90年代中期处于动荡之中，只有屈指可数的几家航空公司能够始终保持着无懈可击的财务记录。德尔塔航空公司就是其中之一。这家公司在管理工作中不仅创造条件让员工发表意见，而且为了验证员工的意见花费了大量的时间和资金，导致一系列政策的重大变化。机械师伯理特的薪金少了38美元，公司没有付给他某一天修理发动机的加班费。他的上司对此无能为力。这个41岁的机械师向总经理力·加勒特抱怨说："我们总碰到令人头痛的报酬问题,这已经使一大批的优秀人才对公司感到失望了。"三天以后,最高管理部门向伯理特先生作了道歉,并补发了工资。德尔塔公司并就此事举一反三,改变了工资政策,对加班的机械师提高了加班费。充分尊重员工的意见,这种机制不仅调动了员工的工作积极性,也使该公司在同行业中脱颖而出。

当然,还有其他很多奖励措施,领导一定要开动脑筋,采用各种方法激励员工。但领导一定注意,激励的目的是为了让员工明白你对他的认可。否则,激励就失去了意义。

企业需要严格要求的领导

【德鲁克微语录】

有着严格要求的领导者的确是件好事。

——德鲁克《卓有成效的管理者》

【活学活用】

德鲁克认为,企业需要拥有严格要求作风的领导者,因为能够严格要求工作和手下员工的人,自己也一定是个高度自律的人,因为只有这样的人才有底气要求他人。这样的作风,常常会感染属下,养成严格要求的好习惯,这对员工的发展大有好处。

苏东坡年及弱冠,参加宋仁宗"制科"殿试就考上第一,他的才华得到了皇帝的青睐。二十四岁,便以京官大理评事的身份出任凤翔签判。在凤翔,他碰到了新太守陈希亮。这个太守既是苏东坡妻子的老乡,也是苏东坡父亲的旧交。按照常理,陈太守本应该会更加照顾苏东坡才是,但恰恰相反,苏轼不仅没得到半点照顾,陈太守对他严格得几乎有些不近情理。

苏东坡上任后,在自己的职权范围内做了几件好事,受到一些百姓的称颂,同事们都叫他"苏贤良"。但陈希亮听到后,发布命令:谁都不许叫苏轼为苏贤良。有个小吏偷偷叫他苏贤良，结果都被痛打一顿。二十七岁的苏轼当时很恼火。认为皇帝都对他很客气，这个怪老头却处处压制他，总是对自己百般苛刻，生怕他的才能盖过太守的政绩。

苏轼当时很是不明白。幸好苏轼的妻子提醒他，他的妻子一次去知府送缺席中秋例行宴会的罚金。回来告诉他说，老太守是个好人，他对苏轼的严厉也许是故意的。但当时，苏轼没听进去，在凤翔两年里，一直和陈太守拧着。

直到多年后，随着苏轼在官场中生活的经验增多，他终于慢慢体会到了老太守的良苦用心。因为自己生性豪放，不经磨砺，不受挫折，难以修炼成博大襟怀！

苏轼后来曾在《陈公弼传》中写道："轼官于凤翔，实从公二年。方是时年少气盛，愚不更事，屡与公争议，形于言色，已而悔之……"这段话是对年少轻狂的检讨，同时也表达了对老太守严格要求自己的感激之情。

苏轼能够逐渐明白太守的良苦用心，真是让老太守欣慰。但是，在现实生活中，我们很多人对严格要求的领导，一直心怀不满，甚至一生都没有明白他们严格要求的用意。其实，碰到一个严格要求的领导，能够让员工学到更多的知识，能够帮助员工养成良好的工作作风，有利于员工自身的成长。作为领导在严格要求属下的时候，不可避免遭到属下的抱怨。但是，只要初衷是好的，作为领导就应该坚决地执行下去，让员工明白自己的用心，让他们逐渐接受自己的做事风格，并信服自己的作为。这样才会在员工中树立良好的形象。

在下属犯了错误的时候，作为领导者，在严厉批评下属之后，一定不忘立即补上一句安慰或鼓励的话语，"打一巴掌不忘揉三揉"。因为，任何人在遭受领导的斥责之后，必然垂头丧气，信心丧失殆尽，甚至自暴自弃。然而此时领导适时利用一两句温馨的话语来鼓励他，或在事后私下对其表示，正是因为看他有前途，才会严格要求。如此，受批评的下属必会深深体会"爱之深，责之切"的道理，而更加发愤图强。这样一来，下属不仅会牢记错误，而且可能提高工作的积极性和自觉性。

拥有严格要求的工作作风，企业才会健康发展。蒙牛总裁牛根生，对产品要求非常严格，提出了"产品就是人品"的口号，一切从改变自己开始做起，对自己严格要求，从技术、设备到流程控制、奶源维护，再到质量检验，每一个环节都严格把关，不放过任何细节，消除质量死角，保证牛奶的品质，保证客户饮用的安全与健康。用这份精诚之心敲开客户的倾心之门，为蒙牛树立起良好的口碑。

总之，领导无论对员工还是工作环节的严格要求，都是对企业发展非常有益的行为，所以，领导者要敢于坚持真理，坚持原则，不怕得罪人，敢于承担责任。这样，企业才会走正确的道路，才会健康发展。

帮助企业组建学习型团队

【德鲁克微语录】

管理能够帮助企业和员工们随着环境和需求的变化而成长。每个企业都是一个不断"教与学"的组织。

——德鲁克《新现实——政府与政治、经济与实业、社会与世界观》

【活学活用】

随着科学技术的不断进步和知识更新速度的不断加快，企业需要及时调整发展方向，改变发展策略，实现更快更好的发展。在这个过程中，需要我们拥有更多的现代化知识来应对变化的社会，紧跟时代步伐。所以说，作为领导想要让整个企业都稳步前进，与时俱进，就要求每个人都要不断地学习，只有不断地学习，才能不断更新自己的知识，才能跟得上时代的步伐，才能适应日益激烈的竞争，才能在社会上拥有一块立足之地。

有这样一则寓言故事：在一个漆黑的夜晚，大老鼠带领着一群小老鼠出外觅食。在一家人的厨房的垃圾桶里发现了很多剩余的饭菜。这些剩下的饭菜对老鼠来说，就如同人类发现宝藏一样。正当一大群老鼠在垃圾桶及附近范围搜寻时，突然传来了一阵让它们毛骨悚然的声音，那就是一只大花猫的叫声。它们一听这声音，慌忙四处逃命，但大花猫绝不留情，在后边穷追不舍，终于有两只小老鼠躲避不及，被大花猫捉到了，正在大花猫想要把它们吃掉的时候，突然在不远处传来了一连串凶恶的狗吠声，这令大花猫惊慌失措，连老鼠都没顾得上吃，就狼狈逃命。这两只小老鼠因此捡回了小命。

大花猫走后，大老鼠从垃圾桶后面走了出来，说道："我早就对你们说过，多学一种语言有利无害，如果不是我会学狗叫，你们现在早就没命了。"

的确，多学一门本事，多学一个新知识，总是有好处的。在企业里，不仅领导者自身要学习，领导还要带领全体员工学习，建立学习型团队，使整个团队掌握最新知识，提高企业的核心竞争力。

"学习型团队"是一个为共同完成目标而工作的群体，这个团队按一定的规则和程序开展工作，共享信息和其他资源，相互帮助，相互学习，在工作中学习，在学习中工作。

金德管业集团从成立之初，就非常重视员工的学习和培训。据金德管业一名经理说，在这里，员工每年都有大大小小很多培训学习的机会。每年集团都会对销售管理层、后勤、财务等人员进行分批次的集中学习，甚至司机队伍也要求培训和学习。总部还派专业人才到销售一线，为全国各分公司的销售人员讲授销售思路与方法。每一位进入金德的新员工尤其是销售人员在入职之前都要进行系统的培训，学习企业文化和专业知识，让新员工从思想上融入企业。正是因为金德集团始终坚持构建学习型团队，提高企业竞争力的理念，使它在短短六年的时间就一跃成为中国管道行业的龙头。

学习型团队创始人彼得·圣吉博士曾说："未来21世纪企业最成功的经营管理模式是把企业创建成一个学习型的组织，企业持续恒久不变的核心竞争力是永远比竞争对手学习得更快、更好。"但是学习的过程是一个循序渐进的过程，需要公司不遗余力地时时刻刻去学习，去给员工灌输学习观念。有些公司不爱学习或没有耐心坚持学习下去，便选择了放弃，结果故步自封，别的企业在学习，在进步，自己却在后退，这样的企业终究面临被淘汰的结局。

有些企业认为建立学习型组织需要有高学历的员工，其实不然，学历只能代表一个人在某个阶段学习的成果，但它不是一个人学习力的完全表现。一个人学习的能力和学历没有关系，一个有高学历的人不一定有强的学习能力，所以，便出现了"高分低能"的人。学习力是从人们的生活、工作的实践中出来的，如果一个拥有高学历的人不注重在学习、生活和工作中总结经验教训，那么，这个人就成了高分低能的人，就会被社会淘汰。一个尊重不断学习的员工才会少走弯路。企业领导应该清楚这一点，鼓励所有人都去学习，一个企业树立一种学习、学习、再学习的观念才能保证企业基业长青。

英国大文豪萧伯纳曾说过："假如你手中有一个苹果，我手中有一个苹果，彼此交换一下，那么你我手中仍是各有一个苹果；但是倘若你有一种思想，我有一种思想，彼此交流这些思想，那么，每人将各有两种思想。"所以，应该在企业中树立交流的氛围，提供给员工交流的平台和机会。

另外，企业应该多为员工提供培训的机会，让员工能够学习到对企业有需要的专业技能和知识。

总之，学习才能进步，学习才能发展，学习型团队才有生命力。为了打造学习型团队，需要企业领导起带头作用，树立团队拥有学习的心态和持久学习的毅力。

授权比命令更重要

【德鲁克微语录】

知识将成为一种新的关键性资源，知识型员工将成为社会新的统治阶层。

——德鲁克《生态愿景》

【活学活用】

我们经常发现一些领导在工作时，凡事必亲自出马，不错过任何细节，甚至在看到下属做工作不如自己，还要加以指责。但他们并没有发现这些，还经常抱怨自己太忙，每天都有很多事情需要他处理，有很多事情需要他决策，总是没有足够的时间完成自己本想完成的事情。殊不知，其实有很多事情并不需要他亲自去做的。并且，过多干涉使得自己整天纠缠于很多小事中，时间、精力都跟不上，而下属也可能失去主观能动性和积极向上的热情。变得消极、唯命是从、怠惰甚至逆反敌视。

作为领导想要从过多的事务性工作中解脱出来，集中精力抓大事，处理全局性问题，就必须学会授权，根据工作需要把权力分割出一部分由他人代为行使。管理者没必要事必躬亲，尽量减少管理，放手让别人干，才是明智之举。授权不仅让自己轻松下来，也更能调动下属的工作积极性。

联合利华自从1929年成立以来，一直发展到现在，如今的联合利华已经和宝洁并驾，成为世界级有影响的食品、消费品、个人护理品企业集团，在全球有广泛的市场及品牌影响力。之所以联合利华帝国能够保持长盛不衰，很重要的原因是它有"能更好地信任人"的人力资源系统及机制，这样就形成了信任人且让人愉悦工作的企业文化土壤。

联合利华是跨国企业中最早推动人才本地化的企业，建在不同国家的联合利华子公司都有着一批具有实干精神、有专业能力的中高层本地化管理人才。这些管理者能够充分根据自身的需要，决策公司事务。正是联合利华这个人力资源政策，使联合利华发展史上，出现了因战争数十年母公司和所属国的子公司没有任何音讯，在没有任何业务指导和母公司管理的情况下仍然发展得很好的奇迹。由此可见，企业本土化管理和对管理层充分授权所产生的强大生产力！

特别是对子企业高管的充分信任，为高管提供了宽松的发展舞台和决策授权，这就有效地调动了企业管理者的积极性！他们能够独立发挥自己的才能并取得成就，在成就感的激励下取得更大的成就。

这份对管理层的信任和授权，要比联合利华总部直接命令管理层去做事要好得多。如果联合利华事必躬亲，不能充分信任各地管理层，担心他们做不好工作，那么，各地管理层就只成了上级的传话筒，机械地工作，根本没有成就感可言，更不用谈有什么创造性的成就。而联合利华因为对各个地方不了解，也很难站住脚。

所以，管理者只要注重重点，然后汇集群力共同完成工作中的细节问题就可以了。通常，著名的领导者也都是有名的授权者。作为一个领导者，必须学会把权力授予适当的人。并且授权的真正手段是要能够给人以责任、赋予权力，并要保证有一个良好的报告反馈系统。

当然，在授权前，管理者要把事务按重要程度分类，比如，分成重要的、较重要的、不重要。当然，这里的重要或不重要都是根据公司具体情况，自己拿捏的。但凡事有个轻重缓急，抓大放小，才能提高效率。另外，还要对工作的难易程度进行评估，然后酌情采取措施。

比如，把一些不重要的并且容易完成的事情，大胆地放手让员工去干；对那些不重要但比较难完成的工作，可以边训练边授权，让员工逐步提高，使得工作难度降低；对那些重要但容易完成的工作在放权的同时严格进行监控，发现偏差及时纠正；对那些重要但是难度大的工作，可以自己亲自处理，并尽量地使它们朝着其他类型转化，最好让其变成一个人人都能做的程序化东西。

总之，管理者不是神仙，也不是超人，精力和能力总是有限的。所以，管理者要集中精力抓大局，做大事，不要拘泥于细节，也不必大权独揽。评价一个领导者是否优秀，不是指他在各个方面都比别人强，而更看重的是其是否具有调动下属积极性的能力。

授权不等于放任，还要监控

【德鲁克微语录】

管理者不可以事必躬亲，必须转换角色，把工作授权委派给他人。但充分授权，并非不闻不问，授权不授责。

——德鲁克《卓有成效的管理者》

【活学活用】

领导者的授权，是让下属分担责任，要放手让他们对各自职权范围内的事进行决策和处理，只有当下属之间不协调或发生矛盾时，领导者才应出面解决。但授权不是让权，授权以后领导者照样负有全部责任，不能撒手不管，任其自流。如果领导者授权是图省事，享清闲，自己当"甩手掌柜"，那就错了。领导者在其位，就要谋其政，行其权，负其责。

摩托罗拉创始人的孙子高尔文在1997年接任CEO后，就采取充分授权的方法管理摩托罗拉。他认为应该完全放手，让高级主管充分发挥能力。但是，这样充分授权的结果，是决策上的拖延，无法及时纠正下属出现的问题。有一次，福洛斯特主管向高尔文建议，把业绩不好的广告代理商麦肯广告撤换掉。但高尔文对麦肯广告的负责人非常信任，一直迟疑不定，最后，这件事情拖了一年，直到麦肯还是持续表现不佳，高尔文才最后同意撤换。

另外，高尔文放手太过，甚至连公司真正的经营状况也不曾掌握。他一个月才和高层主管开一次会，在写给员工的电子邮件中，谈的内容也只是怎样平衡工作和生活。即便他知道情况不对，也不愿太过干涉，担心使部属难堪。

比如，在推出一款叫"鲨鱼"的手机时，高尔文本知道欧洲人喜欢简单、轻巧的机型，但鲨鱼体型笨重且价格昂贵，但高尔文只问了行销主管一句话："市场调研结果真的证明这个项目可行吗？"行销主管说："是。"之后，高尔文就再没有做下一步讨论，结果，"鲨鱼"手机在欧洲市场节节败退。还有一次，摩托罗拉公开宣布，要在2000年卖出1亿部手机，但销售部员工已经在几个月前就知道这一目标根本无法实现，只有高尔文还不清楚发生了什么状况，最后也是失败告终。

正因为高尔文的过度放权，导致摩托罗拉公司自2000年以来，摩托罗拉的市场占有率、股票市值、公司获利能力连年下跌。摩托罗拉本来是通信器材界的龙头，但后来的市场占有率只剩下了13%，而诺基亚后来居上，占有了35%的市场；在股票市值上，摩托罗拉1年内缩水72%，2001年第一季度，摩托罗拉更是创下了15年来第一次亏损的记录。

发现出现亏损，高尔文终于意识到问题的严重性，开始进行调整。通过重整组织，并每周与高层主管开会，改变了过去"过度放权"，才终于扭转了摩托罗拉的颓势。

由此可见，授权不等于放权，应该注意掌握一个度。领导者进行明确授权后，并不等于就没有了职责，他还有进行有效控制的职责，即要牢牢地掌握总目标，放手不撒手，对下属应多进行指导。

领导者授权的目的，就是要激励下属为实现组织的总目标而分担更多的责任。但现代的任何组织，无论是企业、事业、商店、学校、机关、团体及军事单位，都是一个多因素、多层次的有机整体，整体与局部、整体与环境、局部与局部之间都有着密切的联系，任何局部出现偏差都会妨碍组织总目标的实现。而被授权的某个部门虽然有心把事情做好，但因为没有权力去领导其他部门做事，导致很多事情都不能办好。这时，就需要领导者保证组织各个单元目标实现，进而保证总目标的实现。所以，领导者授权以后，一定要把精力放在议大事、掌握全局上，时时综观全局的各个过程，及时掌握变化中的新情况，发现领导决策和执行中出现的偏差、矛盾和问题，并对可能出现的偏离目标的局部现象进行协调和纠正。

虽然授权后下属的计划制订，工作安排，任务如何完成，派谁去完成等都是他分内的事情，不宜过问，但下属的目标能否如期或提前实现问题，领导应该过问。领导者要善于发挥导向作用，根据形势的发展，为下属提供切合实际的观点、方法和措施。要多协商，少强制；多发问，少命令。

一位成功的企业家说得好："授权就像打篮球一样，不是把球交到谁手里，责任就是谁的，就什么也不管了。一定要考虑整体局势，进行控制，相互照应。这样，被授权员工的智慧才会获得增长，才能有足够的力量去完成授权任务。" 所以，我们作为领导者应该在其职，谋其责，抓起监控职责，掌握好企业发展方向，做下属的引路人和指导者。

第2章　积极发掘员工的才能

发掘人之所长

【德鲁克微语录】

发掘人之所长，是组织的唯一目的。我们每个人都有很多弱点，组织不可能克服这些弱点。但是，它可以使这些弱点与工作无关。它的任务是运用每个人的长处，使之成为共向成绩这所建筑物的砖瓦。

有效的管理者能发挥人之所长。他知道，人不能把希望寄托在弱点上。为了取得成果，人必须利用所有人的长处——同事的、上级的和他自己的长处。能利用这些长处，才是真正的机会所在。

——德鲁克《卓有成效的管理者》

【活学活用】

任何一个组织都是一个人的集合体，在这个集合体里，有才华出众者，有泛泛平庸者，有八面玲珑和谨小慎微者，等等。在这各色人之中，他们的才能也是长短不一，参差不齐。

但用人的关键是用人之长，这是领导者用人的眼光和魄力之所在。现代领导科学的领导理念是，一个人的短处是相对存在的，只要善于激活他某一方面的长处，那么这个人则可能在某一方面爆发出惊人的工作潜能。

去过寺庙的人都知道，一进庙门，首先映入眼帘的是弥勒佛，他憨厚的笑脸迎客状，总让我们感觉很愉快。而在他的北面，则是黑口黑脸的韦陀。但相传在很久以前，他们并不在同一个寺庙里，而是分别掌管不同的庙。弥勒佛热情快乐，所以来的人非常多，但他什么都不在乎，丢三落四，没有好好地管理账务的能力，结果入不敷出。而韦陀虽然管账是一把好手，但他表情严肃，总沉着脸，搞得人越来越少，最后香火断绝。

佛祖在查香火时发现了这个问题，便把他们安排在同一个寺庙里，由弥勒佛负责公关，笑迎八方客，于是香火大旺。而韦陀铁面无私，锱铢必较，则让他负责财务，严格把关。在两人的分工合作中，庙里一派欣欣向荣景象。

自中国古代的皇帝中，最善于用人所长的莫过于唐太宗。这可以从唐太宗和王珪的对话中可以看出。

有一次宴会上，唐太宗对王珪说："你善于鉴别人才，尤其善于评论。你不妨从房玄龄等人开始，都一一做些评论，评一下他们的优缺点，同时和他们比较一下，你在哪些方面比他们优秀？"王珪回答说："孜孜不倦地办公，一心为国操劳，凡所知道的事没有不尽心尽力去做，在这方面我比不上房玄龄。常常留心于向皇上直言进谏，认为皇上能力德行比不上尧舜很丢面子，这方面我比不上魏征。文武全才，既可以在外带兵打仗做将军，又可以进入朝廷搞领导担任宰相，在这方面，我比不上李靖。向皇上报告国家公务，详细明了，宣布皇上的命令或者转达下属官员的汇报，能坚持做到公平公正，在这方面我不如温彦泊。处理繁重的事务，解决难题，办事井井有条，这方面我也比不上戴胄。至于批评贪官污吏，表扬清正廉洁，疾恶如仇，好善喜乐，这方面比起其他几位能人来说，我也有一日之长。"唐太宗非常赞同他的话，而大臣们也认为王珪完全道出了他们的心声，都说这些评论是正确的。

由此可见，唐太宗身边的能臣武将都是各有所长的人，而也正是唐太宗能将这些人才依其专长运用到最适当的职位，使其能够发挥自己所长，进而让整个国家繁荣强盛。

　　未来企业的发展是不可能只依靠一种固定组织的模式而运作，必须视企业经营管理的需要而有不同的团队。所以，每一个领导者必须学会如何组织团队，如何掌握及管理团队。领导者应以每个下属的专长为思考点，安排适当的位置，并依照下属的优缺点，做机动性调整，让团队发挥最大的效能。

　　作为领导不要紧盯着下属的短处不放，人都有长处，也都有短处，只要他的短处不影响工作，那就没有必要苛求对方是个完人。

公平对待，做到用人唯贤

【德鲁克微语录】

　　有效的管理者从来不问："他能跟谁合得来吗？"而是问："他能做出什么贡献？"

——德鲁克《卓有成效的管理者》

【活学活用】

　　公平对待员工，任人唯贤，是一个领导者必须具备的重要素质之一。只有这样领导者才能选择出适合企业发展的人才，才不会造成人才浪费的现象。

　　因为领导身边有很多员工希望得到领导的青睐，对领导唯命是从，总是堆满笑脸以期给领导留下个好印象，虽然，领导可能和这样的人关系不错，但关系不错不能成为评判其是否胜任某项工作的标准。还有特别是家族式企业，无论家族的成员是否胜任这份工作，都会优先使用。这些都是很不利于企业发展的不良现象。

　　王安的公司曾经实力雄厚，在1984年，有33亿美元营业额，雇用24 800名下属。王安失败的一个重要原因就是缺乏下属之间巩固的社会基础。王安本人受中国传统文化的影响，对本家族外的高层领导不放心，也不信任。当外部环境发生变化，公司经营遇到困难时，他把公司大权交给自己的儿子，而公司里的美国经理却遭到冷落，导致许多有才华的经营管理人才在关键的时刻离开公司，使公司业绩一败涂地。

任人唯亲会给企业造成很不好的影响。这样做阻止了优秀人才的加盟，不利于企业素质的提高。无法激发下属奋斗进取，工作缺乏创新和忧患意识。同样，这样做也容易引起内部争权夺利的斗争，使企业丧失凝聚力。

我国有很多企业，包括一些国有企业、私人企业、海外公司及港台中小型企业，长期以来发展缓慢，打不出品牌的重要原因之一就是缺乏使企业发展壮大的社会资本，缺乏对人的信任和合作精神。很多私人企业的老板管理手段简单粗暴、武断专横。公司结构原始落后，用人方式任人唯亲。企业高层领导者对亲朋好友重点提拔，而对圈外人则另眼相看，不予重用，生怕自己的位置被人剥夺。这样的企业怎能招聘人才，留住人才。因此，领导者要意识到信任的基础不能建立在"血缘"、"地域"上，而应该建立在专业化知识与表现上。不管是大鼻子还是小鼻子、黑头发还是黄头发，企业需要的是适合某个职位的专业人才。

当然，有时候，一些企业还有论资排辈的现象。领导者常常把员工资历深浅、年龄大小和辈分高低作为提升和使用人才的主要依据。这样做也是不公平的。虽然资历是历史的纪录，在一定程度上反映人们的实践经验，但我们不能把它绝对化，既不能把资历与能力画等号，也不能把资历与水平画等号。人的才能高低与工龄长短、资历深浅有着一定的联系，但资历并不完全与实际才能成正比，成反比的现象也并不罕见。

邓小平同志曾指出，对突出人才的使用要破除论资排辈的心理，讲台阶，但又不能唯台阶。为人才创造一个公平竞争的环境，同时要大胆提拔，破格使用，在使用中帮助他们克服缺点，这样有助于人才的成长和事业的发展。

其实，领导之所以论资排辈来选择人才，很大程度上是担心没有资历的员工会给企业带来风险。俗话说"嘴上没毛，办事不牢"，一个年轻人做事，常常让人提心吊胆的。所以，老板只喜欢找那些不一定有才能，但已经有些经验的老人。

年龄、阅历并不代表就不会犯错，而一个锐意进取，有才华的人，他的所作所为应该被领导信任。所以，一个好的领导，一定要有一个好的出发点，出于公心，公平看待自己的员工，任人唯贤。这样才能树立企业良好的风气，使人人都爱岗敬业，靠勤奋努力谋更好的发展，这样有利于企业长期稳定的发展。

知人善任，有效利用

【德鲁克微语录】

提高效率的第一秘诀就是要了解做事的人，并善于利用他们的优势、工作方式和创造的价值。

——德鲁克《21世纪的管理挑战》

【活学活用】

知人善任，包括知人与善任两个相互联系的层面。作为领导，不仅要有爱才之心，更要有一双善于识别人才的慧眼，了解每个人的优缺好恶，善于发现各类人才。通过对人才的了解之后，我们才能做到善任，把人才合理地用在不同的地方，让其真正能发挥自己的才能。

马歇尔最大的特点是"知人善任"。他随身有一个黑皮笔记本，记录着他耳闻目睹的一些有才华、有培养前途的军官的名字和表现，还有他的评语。艾森豪威尔就上了马歇尔这个黑皮笔记本。

1941年夏天，艾森豪威尔在第3集团军当参谋长，军衔为上校。当时，这个集团军正在搞一次大规模的夏季演习。这次演习最突出的特点是后勤保障及时、有力。这个问题在当时美军中是一个大大的难题。演习计划是艾森豪威尔弄的，马歇尔看了之后说，后勤保障牵涉面极广，能协调得如此好，得益于事先计划得周密。于是，这个评价就上了马歇尔这个黑皮笔记本。这是艾森豪威尔第一次上了他的笔记本。

1941年12月7日，太平洋战争爆发，艾森豪威尔被调到陆军部工作。12月

10日，艾森豪威尔向马歇尔报到。报到这天，马歇尔跟他讲了20分钟，然后问他一句话："我们在远东太平洋的行动方针是什么？"艾森豪威尔冷静地说："将军，让我考虑几个小时再回答您这个问题，可以吗？"马歇尔说："好！"在他的笔记本里面，艾森豪威尔名字下面又多了几个字：此人完全胜任准将军衔！

艾森豪威尔第三次上笔记本，是在决策美国究竟是"先欧后亚"，还是"先亚后欧"，还是"欧亚并重"的战略问题上。

太平洋战争爆发之后，美国上下多数人都认为，应该将太平洋作为美军的主战场，先打败日本，再去打希特勒。然而罗斯福和马歇尔从大战略考虑，必须要"先欧后亚"，先打败希特勒，回过头来再打日本人，把主要作战力量放在欧洲。1942年4月7日，马歇尔先到英国访问，和英国人达成了一项联合作战的议案。回过来之后，他没有对任何人透露议案草案的内容，然后让艾森豪威尔飞往英国做一次实地考察，并对在英国设立美军指挥机构、处理日后征兵等事务提出具体建议。艾森豪威尔领命飞赴伦敦，10天之后，回国了。6月8日，他完成了一份报告，就是《给欧洲战区指挥将领的命令》这个报告，放在马歇尔的办公桌上。在报告中，艾森豪威尔详细地提出了美军在欧洲作战，各军兵种统一指挥问题。

马歇尔在听完艾森豪威尔汇报之后说了一句话："我当然要阅读，但是你也许是执行这个文件的人；如果是这样的话，你打算什么时候飞赴伦敦？"这句话就意味着未来在欧洲作战的美军将由艾森豪威尔来统帅。而当时艾森豪威尔还是一个刚刚晋升为少将的军官。不仅艾森豪威尔想不到，整个美军，整个美国都想象不到。马歇尔在给罗斯福的提名报告里，有过这么一段话："艾森豪威尔不仅具有军事方面的学识和组织方面的才能，而且还善于使别人接受他的观点，善于调解不同意见，使人感到心情舒畅，并真心地信赖他。而这些品德和长处，又恰恰是我们驻欧洲部队统帅所必须具备的素质"。最后，艾森豪威尔没有辜负马歇尔，表现出色，成了美国历史上有名的将军。

另外，乔治·巴顿、奥马尔·布莱德雷等一大批优秀的军事家，都是马歇尔这个伯乐大胆起用的。

那么，我们怎样才能像马歇尔那样识人入木三分呢？识人应该是一个动态长期的过程，特别是所选择的人需要担当更重要任务时，了解一个人一定不要急，要全面了解；了解他有什么才能，他的性格、特征、长处、短处是什么，他的品德、修养怎么样；在周围环境发生变化时他的表现如何。通过以上种种考察，才能选定这个人是否是个人才，并且能胜任什么岗位。

另外，企业内部人才应该优化组合，优势互补，让每个人的长处都得到充分发挥，让每个人都干自己喜欢干的事情，这样，员工才会快乐、有成效地工作。

培养员工独立解决问题的能力

【德鲁克微语录】

知识将成为一种新的关键性资源，知识型员工将成为社会新的统治阶层。

——德鲁克《生态愿景》

【活学活用】

德鲁克认为，如今的企业，需要更多的具有某方面专长的知识型员工，所以，怎样让知识型员工更高效地工作的问题越来越突出。知识型员工更注重自我能力的发挥和成就这些精神上的需求。所以，管理者应该激励他们的斗志、满足他们的精神需求，这一点非常重要。

但是，现在有很多企业中的员工，除了少数有眼光的员工外，很多都是只盯着自己每个月工资有多少，而看不到自己越努力工资越高，更看不到企业强大了自己工资会更高。他们几乎很少考虑企业发展的问题，在工作中遇到问题，也直接去找经理要解决办法，自己全然成了一个不会思考的工具。这样长期下去，员工会变得越来越懒散，企业的利润也自然不会提高，那就更不能提高员工工资了，结果，就形成一个恶性循环。当然，这种情况也和管理者不注重提高员工独立解决问题能力有很大关系。作为管理者应该起到引导作用，主动培养员工独立解决问题的自我管理意识，培养他们主人翁意识，这样不仅对员工有好处，企业也会因此蒸蒸日上。

小张从某一个著名大学毕业后，就来到了一家食品生产厂工作。一次，经理分派给小张一个任务，让他去买筐土豆，小张去市场问清楚了土豆的价钱，回来问老板，要哪个价格的。老板没有回复他，而是告诉他是用于产品生产，让他自己去解决。小张很是郁闷，让我去做，还不告诉我怎么做，这我怎么买得好呢？可抱怨归抱怨，他还得去想办法。他去找生产土豆产品的工人师傅，问他们需要什么样的土豆。得到的答复是，含淀粉多的，新出土的。小张根据这个线索，去市场上找土豆，终于有两家的土豆都非常大，含淀粉多，并且还新鲜。可一个贵一些，一个便宜一些。但贵的路近一些，便宜的路远一些，需要运输货物的小车子。小张想也没想，又跑去问经理："经理，咱们的货车现在在公司吗，我可能用到它。"经理正忙着看一张图，头也不抬地说，我不知道，你自己看看。

小张非常沮丧，抱怨老板什么都不做。他去找开运输车的司机，了解到车子已经出差了。小张想了想，便去买稍贵点的，因为加工食品的师傅说，现在急需土豆。于是，他买完土豆，来到老板办公室。

老板看看他，然后询问他买土豆的经过，满意地点点头说，你做得很好嘛，你自己都能做好的事情，不要总是问我了。

老板这么一说，让小张非常高兴，小张也突然感觉到，自己原来完成了一项任务，并且是自己独立完成的，一种成就感油然而生。后来，老板就让他负责了这项任务，小张做得有声有色。过了半年，小张就被升为采购部经理了。

可见，小张的领导是个很聪明的领导，他知道领导该做的是什么，没有越权给小张解决问题，而是培养他自己解决问题的能力。这锻炼了小张，也使企业有了能够独立解决问题的员工，为公司储备了后备人才。如果这样做，员工也会越来越关心公司，越来越有成就感的。

管理学家Steven Brown曾经说过："领导并不是问题的解决者，而是问题的给予者。"有些管理者总是习惯性地帮助员工解决问题，员工问什么，就告诉他怎么做，结果，员工就养成了惰于思考的习惯，并且因为不能主动参与到工作任务中，没有成就感，自己也越来越灰心。而管理者疲于应付这些问题，会大大消耗自己的精力，结果，丢了西瓜，捡了芝麻，没有时间思考企业大的发展方略问题，可能因此丧失很多使企业快速发展的机会。

不犯错误的员工不一定是好员工

【德鲁克微语录】

一个人越好，他犯的错误就越多——因为他会努力尝试更多的新东西。我永远不会提拔一个从不犯错误、特别是从不犯大错误的人担任最高层的工作。否则，他肯定将成为一个工作平庸的管理者。

——德鲁克《卓有成效的管理者》

【活学活用】

管理者都认为不犯错误的员工才是稳重、工作踏实的好员工。殊不知，不犯错误的员工也可能是安于现状、按部就班、谨小慎微、循规蹈矩的员工。的确有这样一些员工，工作的原则就是"不求有功，但求无过"，没有想过为公司做出贡献，而只是想着没有大过就能在公司里混。这也反映了员工的责任心、创新意识的缺失。

当然，这里所说的犯错误，并不是犯道德品质上的错误，也不是重复犯同样的错误，更不是知错犯错。这里的犯错误是为了公司发展考虑，不断尝试新东西的时候，无意犯的错误。这样的错误是不可避免的。美企业界流行一个说法："你不射门，你百分之百没有命中率。"如果怕失败、怕犯错误就不可能前进，在探索中免不了犯错误，做的事越多，犯的错误可能也越多。可在犯错误中员工也积累了丰富的经验，以后为企业创造更大贡献的可能性就越大。所以，企业管理者对为了企业发展而勇于承担风险，但因没有经验而犯错误的员工一定要宽容，要悉心保护员工的这种敢于探索的精神。

西门子（中国）有限公司人力资源总监说，我们允许下属犯错误，如果那个人在几次犯错误之后变得"茁壮"了，那对公司是很有价值的。犯了错误就能在个人发展的道路上不再犯相同的错误。

西门子公司作为外国企业在华最大的投资商之一，在中国拥有40家合资企业，16 000名员工，西门子中国有限公司是如何"管"人的？

在西门子公司里，员工们都有可以充分发挥自己的能力机会，在工作一段时间后，如果表现突出，就会被提升。即便本部门没有空缺，也会被安排到其他部门。有能力的员工都可以根据自身情况和愿望，制定自己的职业规划，一步一步地向上发展。当然，西门子公司也不全是优秀员工。对那些一时无法胜任工作，经常犯错误的员工，西门子会在尽可能的情况下，安排他们换一个岗位，让他们再试试，很多时候，那些在某个岗位工作看上去不称职的员工，经过调整，就能找到适合自己的岗位，干得和别人一样好。

正是这样自由的环境，让西门子公司员工有犯错误的机会，有认识自己、提升自己能力的机会。也正因为如此，西门子有了越来越多对公司做出杰出贡献的员工。

曾有一个21岁的青年，在刚刚进入营销界不久，就拉到一笔订单，因为一心想做成生意，又因为刚刚入行，经验不足。于是，便违反公司款到发货的操作流程，冲着国营商场这块"金字招牌"，提前把货物送到对方仓库里。谁知，那个客户称礼拜六会计不在，无法结账，让青年周一上班再来取钱。

结果，等到了周一结账，去仓库一看，所有的货物早已经被转移了；商场不认账，说是那个物资经理卷货逃跑了，他们不负责任。结果，20多万元的货款再也没追回来。而当时，那个青年的月工资也不过才200元。

我们可以想象，造成这样大的损失，企业老板一定气坏了，不知道会怎样处理这个青年呢？但出乎意料，老板听到这个情况后，没有赶走这个青年，甚至也没有骂他。

而13年后，这家企业已经成了中国企业500强之一；而当年那个闯下大祸的青年，也已经一路成长为该企业下属某事业部的营销经理，成为中国最成功的营销操盘手之一。

这个故事告诉我们，老板如果能够宽以待人，给员工留下改过的机会，可能给自己留下了人才，创造了业绩。

我们常说，年轻人有犯错误的资本，犯了错误才能走向成熟，年轻人应该在年轻时犯些错误。但问题是，当年轻人犯下错误的时候，又有几家企业，能够像上面那个青年所服务的老板那样，能够宽容员工的过失，并继续给予机会呢？很多企业都只是激励成功，而忽略、不鼓励犯错误。而这样做的结果，往往是制约了员工想象力和创造力的发挥，也让员工缺少了对企业的归属感，最终不利于企业的长久生存和健康发展。

给人才提供发挥才能的机会

【德鲁克微语录】

管理者将某人安置在某个职位上时，要充分考虑这个人的特点、长处和条件，使职位能最大限度地发挥他的潜能和长处。

——德鲁克《成果管理》

【活学活用】

一个人拥有才华是必要条件，但是，仅靠个人努力是远远不够的，公平、公正的发展机会起着至关重要的作用。

作为一个明智的领导者，应该懂得把最好的机会、最关键的岗位、最重要的职责留给最有能力的人，因为在最有能力的人才手上，机会才会发挥最大效用。

巨晓琳高中文化，是一名中国中铁电气化局的一名普通农民工。但他在自己工作24年的岗位上创造了常人难以创造出的成就：他革新工艺43项，创造经济效益600多万元。独立编写了我国铁路电气化史上第一本施工教科书，先后荣获北京市劳动模范、全国五一劳动奖章获得者等荣誉。

他这一系列的成就首先离不开个人的努力和天赋，但是，这还不够，一个公平、公正的发展机会更是成就巨晓琳的重要条件。

巨晓琳说："我虽然是农民工，但在单位里，和正式职工的待遇一样，同等的学习机会，一样劳动，同样的管理，提供一样的生活、同样的报酬。这是我之所以能够长期在这里做的重要原因。"从他第一次的小发明成功,工班长奖励给他一根冰棒,到后来的公司奖励给他电脑,为他配备助手和拨付技术革新专项经费,巨晓琳在公司的支持下实现了"农民工也能有作为"的理想;反之,我们想一想,如果不能获得和正式职工同样的学习机会、工作机会,不能获得同样的管理和报酬,是否还能成就今天的巨晓琳。

阿基米得说:"给我一个支点,我就能撬起整个地球!"同样,人才也需要一个让自己大放异彩的支点。

三国孙权继承父兄基业,大胆使用年轻人才,并委以重任,最终成就东吴伟业。周瑜是他手下的股肱之臣,在周瑜被任命为大都督统管全国兵马时,他年仅34岁。为此,曾经跟随孙权父亲的屡建战功的程普老将军非常不服气,并且还曾公开侮辱周瑜,但孙权毫不动摇自己对周瑜的信任。

吕蒙出身行伍,因为作战勇敢,20来岁就被封为横野中郎将,孙权还让他独当一面,驻扎陆口对付关羽。

鲁肃也是个年轻有为的人才,他刚刚20来岁,就被孙权发现,留在身边,参加机要。大臣张昭曾经倚老卖老,在孙权面前说道:"肃年少粗疏,未可用。"孙权没有听信他的话。相反,越发重用他,周瑜死后,又让他继任都督。

陆逊本是个无名小卒,在吕蒙的推荐下,孙权便把偷袭荆州的重大任务交给了他指挥。后来,在西蜀八十万大军进攻东吴时,孙权又升陆逊为大都督,让他掌管东吴六郡八十一州的军马。

孙权重用人才,并为他们提供良好的发挥才能的环境和机会,让他们人尽其才,正是因为有了他们的辅佐,经历一系列战争,才使江东地位得以巩固。

所以,作为一个领导者应该善于识别人才,更应该善于使用人才,放心使用人才,多给他们提供发挥才能的机会,比如,交付他们一些重要的任务,征询他们的意见,等等。

其实,每个人都有自己的优势,有时候连员工自己都不知道,领导者就应该把他们的才能引导出来,发挥他们的才能,给他们提供机会。只有这样,人才的才能才会为企业所用,才会为企业创造出更高的效益。

给员工提供归属感

【德鲁克微语录】

想要在组织内有所表现，个人和企业的价值观必须兼容。如果双方的价值观不求完全一致，但一定要达到求同存异，如果互相排斥，那么，个人不但无法做出成绩，还会产生挫败感。

——德鲁克《新现实——政府与政治、经济与实业、社会与世界观》

【活学活用】

每个企业成员对于企业来说都是非常重要的，他们就像是企业这部大机器中不可缺少的零部件。只有企业中每个人都共同朝着一个目标努力，做好自己的分内事，才能使企业创造出辉煌的业绩。企业发展最终靠的是全体人员积极性、主动性、创造性的发挥，有企业的发展才有个人的更好发展，每个人都要积极融入企业中来。

但是，每个企业中总有一些人抱怨自己怀才不遇，感慨工作环境不好，无法融入团队而频繁地跳槽，这不仅使员工发展缓慢曲折，同时，对于企业也是一种损失，因为频繁的人员流动必然造成工作延误或者衔接不畅等问题，所以说，领导者应该让企业有家的感觉，让员工能够融入团队，有归属感。在这方面，日本企业的做法值得借鉴。

第一，日本企业强调团队精神，例如，日本的大中企业，管理员工采用终身雇佣制，一般不轻易解雇员工，这不是法律的规定，而是日本企业共同继承遵守的传统。这样就使员工产生企业和他创造的成果共享、风险共担的心理，使员工把自己的命运和企业的命运紧紧联系在一起。

第二，日本企业内部等级分明。上下级在工作中有严格的界线，员工从不越级汇报情况，但是，这种等级制度并没有造成上下信息不通的隔阂和矛盾，管理者和普通员工一样在大食堂里吃饭，休息时间和员工一起聊天，一起参加娱乐活动。这就增加了企业和员工的亲和力。同时，如果工作中出现了问题，领导会第一时间赶到现场，并对员工道歉，如说"给您添麻烦了"之类的话。而员工心中会非常愧疚，认为自己的失职给企业和领导带来了不便。这就很容易形成上下团结一致的氛围。

第三，企业员工的晋升工资主要凭工龄，相应的职务晋升也主要凭工龄，这就限制了工人的"跳槽"现象，鼓励工人在一家企业一直干到退休。雇员工作时间的长短，表现出他个人的忠诚度。对企业的忠诚态度，比员工拥有技能更重要。这有利于增强员工对企业的忠诚度。

第四，把劳资关系转变为家庭内部矛盾关系，劳资冲突和交涉只限于企业内部，强调"家丑不可外扬"。

第五，在日本，无论大小企业，都实行员工的朝、夕仪式。每天早晨上班铃一响，人们都在自己的位置上站立，在值日员的带领下，大家手指社训，大声朗诵。内容多为"为今天工作加油"之类的话。夕礼的内容都是一些"安全驾驶，平安回家"的话。

这些因素，都使日本员工对企业的归属意识非常强，企业员工和领导都对企业有很深的感情，对公司也都很忠诚。他们认为只有依靠公司，为公司好好干，才能实现个人的理想。在多数企业，员工从早到晚穿着工作服，勤奋工作；下班后也不会马上回家，要么主动加班，要么就和同事聊天下棋或喝酒来交流思想，增进同事之间的感情。所以，他们的工作时间从来就不止8个小时，而是10小时、12个小时。也正因为这样疯狂的工作精神，才有了日本"二战"后腾飞式的高速发展。

当然，并不是所有的员工都要留住，每一位员工都有自己鲜明的个性特征。应该把员工区别开来，分成几类。对于员工大致可以分为四种类型：有才有德、无才有德、有才无德和无才无德。有才有德的员工应该重点培养，并最终给予重用。对于无才有德的员工可以留用，并逐步培养。而有才无德的员工和无才无德的员工是坚决需要予以清除的，以免影响公司的发展。

另外，领导应该考虑到，现在的员工多是20世纪80年代末、90年代初的年轻人，是在温暖的环境中走过来的，没有吃苦的思想准备，一旦离开家乡到了企业以后，作为企业该怎样做？平时应该多关心他们，了解他们最最关心的问题，必要时领导亲自过问，这会让企业员工有归属感。还有在薪酬制度上，制定得比较合理、优厚都能让员工产生归属感。

员工有了归属感才会安心在企业工作，才能更专注于自己的事业，才会在工作中创造更好的业绩。企业领导应该重视起来，并着手采取适合本企业的措施，增进员工的归属感。

第3章　做出卓有成效的决策

做决策不必心急冒进

【德鲁克微语录】

有效的管理者，并不做一大堆的决策，而只是做重大决策。他们要努力分清哪些是具有策略性的，哪些只是一般性的，而不是考虑该怎样"解决问题"。他们所做的很少的重大决策，都是基于理性认识上的最高水平决策。他们力求找到形势中的稳定因素。

所以，他们给人的表面印象是，做起决策来速度比较慢。他们认为，过于偏重不稳定因素，会让自己思想毫无条理、穷于应付。他们需要了解决策的全部含义和决策必须要适应的基本现实要求。他们需要的是决策的影响，而不是决策的技巧，他们需要的是明智稳妥的决策，而不是聪明巧妙的决策。

——德鲁克《卓有成效的管理者》

【活学活用】

现在已经进入一个飞速发展的年代，所以我们特别强调速度。

当今时代之所以发展快，一个主要原因是大量高新技术的应用。特快专递、传真、超音速飞机、调制解调器和移动电话等，已经大大地提高了商业生产率，而且提高了我们对信息进行反馈的速度。

与此同时，我们必须认识到，虽然高科技和人们趋向于要求我们用越来越快的速度去工作，但是，这种现象本身并不说明这是一种好现象。有人认为，有些事情如果慢慢做，效果可能会更好一些，我们应该停下来，平心静气地进行一番思考，然后再做。

比如，领导就像企业这条大船上的舵手，掌握着船行驶的方向，每一次决策，都是一次对企业发展的调整。而企业这条大船是经不起朝令夕改的决策的，这样容易更频繁地出现各种问题，而领导就可能陷入疲于应付这些问题上，而忘记了抬头看一看大船行驶的方向，结果可能导致大船误入歧途，陷入可怕的旋涡。

作为人事领导，在聘用人才的决定上，是应该慢慢斟酌后再做决定的。因为，如果你要邀请某个陌生人到你的公司去工作，你需要在对这个人有了必要的了解之后再做决定。但是，通常的情况是，人们往往倾向于尽快做出聘用的决定。因为他们迫切需要有人来填补某些空着的岗位。他们通常也不会问这份工作需要他人来代替吗？他们一般也不会重新做一份工作介绍。他们仅仅是在找一个合适的人选来填补一下某个职员离职后留下的空缺。但可能这个人其实无法胜任这份工作，不久后就可能离开，这给企业带来损失。

几年前的电脑可能要花近万元才能够买到。而现在，你只需要花费5 000元就可以买到一台，而且其性能比以前好得多。绝大多数人都明白这个道理。但是，没有谁能够压制住要购买这些东西的欲望，等到价格有朝一日降下来以后再去购买。

尽管我们都知道有些事情是需要慢慢完成的，但是，事实上我们并不这么做。在这里，必须提醒大家，慢慢地完成某些工作是很有好处的。

作为领导者应该学会等待，慢慢地研究，预见到决策可能给企业带来的影响，然后等待做出决策的最好时机，并随时调整企业发展情况，做好决策前的准备。然后再果断做出决策，将企业带入全新的发展领域。作为领导者，尤其是做关乎企业命运的重大决策时尤其要慎之又慎，不能心急冒进，要保持一颗冷静的心态，作出最适合企业发展的决策方案。

为决策制定一个准则

【德鲁克微语录】

除了个别事情外，所有的决策都要坚持一种共性，也就是说要为决策制定出准则。卓有成效的管理者会把决策当成一个有条理的处理过程，一个有清晰原则和明确顺序的处理过程。

——德鲁克《卓有成效的管理》

【活学活用】

管理者的管理决策艺术的高低，直接关系着企业的人、财、物等生产力要素组织得科学不科学、利用得好不好的决定性因素，它决定了企业是否出效率和效益的关键。所以，提高管理者的管理决策能力和管理决策水平至关重要。想要制定优秀的决策，首先应该为决策确定一个方向，

为决策制定准则就是为决策确定出方向。有了明确的决策原则，最终确定的决策才会更容易得到企业上下支持，更顺利得到贯彻实施。

西安杨森公司强调信条为本，即"德信至上，四个负责"。西安杨森公司的信条为"客户第一，员工第二，社会第三，股东第四"。西安杨森公司特别强调信条为本，而不是笼统地讲以人为本，立志把公司建成一个"客户信任，员工爱戴，同行尊敬，社会推崇"的公司。

为此，西安杨森公司每年都举行"信条日"和"信条周"活动。对信条加以重申和强化。正因为如此，公司自从投产以来，从来没有发生过质量信誉问题，他们为陕西、江西、北京和全国公益事业的捐赠已达到了2 000万元。

西安杨森公司还保证每年每个员工有100个小时的培训，最多的可达到200个小时，所以，在西安杨森公司，每年都会有一定比例的员工被选送去国外或在国内培训，这就是今日西安杨森公司引以为豪的"西安杨森的MBA"——

Many Business Action Learning。

爱立信公司专注于电信领域，在了解客户提出的问题和需求的前提下，提供更为优异的解决方案，制造出更适合顾客的产品。而实现爱立信这些目标的坚实后盾，就是分布在全球各地的员工们。

在1876至1880年4年间，爱立信公司的员工只有10人；而到了1884年，爱立信公司员工猛增到100人。在之后长达一个多世纪的发展中，爱立信公司员工人数始终保持着增长的势头，几乎没有出现过明显的倒退。之所以能够聚拢这么多的人才，因为拉什·马格纳斯·爱立信先生坚信："企业的灵魂是工厂，工厂的灵魂是工人"。

在爱立信公司成立初期，爱立信先生本人对产品质量有着近乎苛刻的追求，他总是为工人制定出比其他竞争者高得多的标准。同时，爱立信先生还意识到：在确保世界顶尖质量的同时，企业文化视野中的"人"，不应该是传统管理观念中的劳动力，而是有感情、有思想、有个人价值追求的活生生的人。

早在1882年，爱立信公司成立六周年时，拥有50名员工。为丰富工人的业余文化生活，同时也为增强企业的凝聚力，公司成立了"Mikrofon"男声合唱团，由卡布瑞尔彼德斯顿担任指挥，不久，又成立了爱立信管弦乐队。

1887年，在同行业的工作时间都在64小时时，爱立信公司把每周工作时间减少到57小时。

1903年，爱立信公司与国家电话公司组成英国爱立信制造有限公司。在那里，爱立信公司拒绝参加金属行业雇主协会为对付工人而关闭工厂的行动，并退出了该协会。

1906年，爱立信公司在纳克（Narke）为患肺结核的员工建设了自己的疗养院，实行免费医疗。

"立信"必先"爱人"。正是秉承着这一宗旨，爱立信公司才从一个小作坊，成长为国际化组织。

历经一百多年，爱立信公司从来没有改变对员工的关注与尊重。这成了爱立信公司一笔无形的财富，成为爱立信公司迎接未来挑战的坚实基础。

由此可见，企业一贯坚持的价值观和精神往往会成为企业做决策首先该考虑的问题，也是企业做决策时应该坚持的方向。因为，只有符合企业价值观和一贯做法，决策才会被顺利地执行，而不会遭到抵触。所以，管理者在做决策时，不仅要考虑企业的设备、技术等物质条件，还要考虑企业的精神和价值观这一精神层面问题，这样才能做出最适合本企业的正确决策。

用明确的思想和目的指导决策

【德鲁克微语录】

在决策过程中有一个重要的原则，那就是：这个决策要实现什么？这个决策要达到什么目的？这个决策的最低目标是什么？执行这个决策需要什么条件？

——德鲁克《卓有成效的管理者》

【活学活用】

任何领导都是人们有目标的活动。在这一过程中，决策是它的起点。就是说，一切领导活动，都必须首先解决打算干什么、怎么干和怎样组织干的问题。而所有这些都要通过决策来解决。决策一旦制定出来，一切领导活动都要围绕决策的实施而展开。领导决策，决定事业成败的关键——决策正确，工作顺利，事业发展；决策错误，一错百错，事业受挫。

因为领导的决策实在对企业发展至关重要，所以，要慎重制定决策，想要制定出正确的决策，作为领导者，首先要有明确的思想和目的。

决策者要善于从繁杂的信息中，确认和发现问题。在决策中，一个成功的决策者要从全局出发，以战略的眼光，用系统的方法，对诸多问题进行加工、处理，从中提炼出决策目标。这个决策目标要明确具体、主次分明，还要考虑约束条件、最优化、可行性等。

华源集团1992年由纺织工业部联合外经贸部和交通银行总行成立，其目标是通过科、工、贸、金融的结合发展成为"外向型、多元化、商科技"的大型企业集团。成立之初，华源集团抓住1992年邓小平南方谈话后全国经济快速发展的机遇，通过国际贸易和浦东的房地产开发掘到了第一桶金，在短期内积累了较为雄厚的资本，接下来的问题是如何确定企业的长期发展方向。华源脱胎于纺织工业部，对纺织行业非常熟悉，因此在进行业务选择时，纺织是首先考虑的方向。但如何看待纺织行业已经是夕阳工业这一说法呢？

行业研究表明，中国纺织业的主要问题是总量过剩和结构失衡。从产品角度看，纺织品的消费领域分为衣着用、装饰用和产业用三类。中国在装饰用和产业用纺织品方面的消费比例远低于国际水平，在竞争激烈的衣着用纺织品方面，虽然总量过剩，但对有特色和高品质产品的需求潜力非常大，这部分产品的利润水平也较高。从宏观环境角度看，当时正在进行中的"入世"谈判对中国纺织业来说是一个潜在的利好因素。从自身资源的角度来说，纺织工业部、外经贸部、交通银行总行的三重背景使得华源可以充分利用资本市场，对从技术开发、制造到进出口的产业链进行大规模的整合，抢占制高点，在竞争中占据有利地位。

通过以上详细分析，华源集团确定了发展高新技术纤维和装饰用、产业用纺织品的战略。在具体实施中，通过重组、购买等外部扩张手段，在集团内部形成从高新技术纤维、织造到成衣的完整的产业链，即所谓"大化纤"和"大服饰"的概念。1996年，华源集团将购并的常州合纤厂、南通复合纤维公司、锡山长苑丝织厂及生产成衣的江苏秋艳集团进行整合及股份制改造后，设立上海华源股份有限公司，向境外发行1.15亿股B股。

由此可见，一个正确的决策需要综合很多信息，通过内外信息的了解，逐步明确决策方向，做出正确的决策。

当然，德鲁克还认为在做出决策之前，都要考虑界限条件。因为人们在做决策时，最后总必须有所妥协让步，所以开始时必须着眼于什么是对的，而不是什么能被接受。但是，如果人们连什么是能达到目的和满足边界条件要求的决策都不知道，那他们就不可能区分正确和错误的妥协，最终会做出错误的妥协。界限条件越清晰，决策的有效性越大。对界限条件保持清醒的头脑，才能在环境发生变化的时候，能果断放弃某个决定。

广东某市一家房地产开发公司，投资上亿元准备在广珠公路南侧的1 000多亩土地建造广东面积最大的花园别墅楼群。公司的计划很庞大，准备将这些花园别墅出售给那些大款巨富们。但不幸的是，前期投资刚刚到位，不到两个月后，即传来国家银根紧缩的消息。公司看清形势，立即与市政府联系，经过批准将这块地的使用权化整为零，公开拍卖。由于地价低，再加上外商看好该市前景，土地使用权陆续卖出，但公司也遭受了300多万元的损失。公司老板却不以为然，认为壮士断腕值得，丢小注，保大注，不然遭受损失更大。果然，过了1年，广东房地产暴跌，其他房地产公司全部遭受巨亏。

这个房地产公司的老板是明智的，他在发现市场形势有变化后，认为自己很有可能会亏损，如果现在不卖出去，等到市场价格暴跌的时候，自己亏损会更大，于是，他果断决定放弃这块地，让自己及早抽身，不致陷入泥潭。

只有明确的、清晰的思想目的才能让自己在决策过程中更好地取舍，不至于失策。

要准备多套方案，提高成功率

【德鲁克微语录】

人人都想从决策人那里得到些好处。每个人都有自己的特殊要求，总希望决策能对自己有利。为了使决策人不致陷入特殊要求和先有结论的圈子中，最好的办法就是保证能引出不同意见，这些意见都经得起争论、查有实据，并且是经过深思熟虑的。

不同意见本身，就能为决策提供了可供选择的方案。如果决策时，连一个可供选择的方案都没有，那么，无论你做了多么仔细的考虑，也只是一种孤注一掷的赌博。这样的决策，很有可能是错误的。或从开始就是错的，或在之后，随着情况变化而造成决策的错误。如果人们在制定决策的过程中，已考虑过几种可供选择的方案，则当某种方案行不通时，还有回旋的余地。如果毫无选择余地，则当现实证明某种决策行不通时，就只能勉强进行挣扎了。

——德鲁克《卓有成效的管理者》

【活学活用】

几乎绝大多数的企业领导，都是自己有了完整的解决问题方案后，直接下达命令，让下属直接执行。这样决策虽然比较简捷，但效果却不怎么好。一方面，决策者独断专行，单靠自己的主观意见就制订计划加以实施，那么，决策的成功率也就大打折扣，甚至有失败的可能性。

林肯电气公司始建于1895年，一直到现在都是生产电焊弧产品，而且产品在美国非常畅销，其他的竞争对手包括通用电气公司在内也不是它的对手。

本来，凭借拥有电焊弧这种优势产品，林肯电气公司可以稳步前进的，但是，林肯公司的总裁威利斯却使林肯公司走向了另一条路。

威利斯向来是以武断、独裁和不听别人意见著称的，他自认为在他任职期间，林肯公司能够迅速发展成具有国际影响力的跨国公司，于是，他选择快速扩张的发展方向。在扩张的过程中，从谈判到决策，全部都是威利斯自己决定的。他事必躬亲，干预所有的项目，而且他几乎不考虑别人的意见，只考虑自己的意见。其他的员工虽然对扩张的速度和投资金额的庞大显得有些担心，但是因为多年来公司的决策全部都是由威利斯决定的，这已经成了公司内部不成文的规定了，他做的投资决策在很大程度上具有很高的风险，而且其他人顾虑他的自负不敢提出自己的意见，这让他一错再错。

1991年，林肯公司完成了它有史以来最大的一次收购，用7 000万美元买下了德国GRIESHEIM电焊弧厂。但不久，民主德国和联邦德国统一，德国政府要背负民主德国发展的包袱，令德国经济复兴的步伐变得软弱无力，工厂的经营非常困难。

1992年，林肯公司收购西班牙巴塞罗那的一个工厂，当时巴塞罗那奥运会刚刚结束，西班牙的经济还处于异常高涨的位置，经济迅速发展，所买工厂的售价在这个时期就显得比实际价格要偏高些了。然而，让人意想不到的是，不到1年的时间，整个西班牙的经济一落千丈，衰退的速度很快，工厂也在这一片衰退浪潮中陷入了困境。

这一连串失败的扩张行动，使本来拥有1亿美元现金储备没有负债记录的林肯公司欠下了高达2.5亿美元的债款。

这就是一个人独断专行的恶果，其实，只要他多了解别人的意见，多听听其他人的分析，就可能避免这些损失了。

另一方面，因为下属只是被动地执行命令，目的就是完成任务便可，这种决策没有完全满足下属的舞台感、成就感等心理需要。所以不会发挥其更大的精力和能量去工作，当然，也就不可能给领导带来"意外的惊喜"。

一个周全、完善、科学的决策，要靠调查、讨论、总结等几个步骤之后，才能够制定出来。这样，决策实施的成功率也比较高。所以，领导者在制定决策时应该集思广益，多听听下属的意见。

日本富士电机制造公司正是因为深谙此道才不断发展，成为世界的名牌公司。该公司非常注意用人，充分发挥每一个员工的聪明才智。近年来，每年平均每位员工提出的改进工作的建议多达99项，占日本第一。而且这些建议数的计算只限于实现以后有效果的建议，那些只提想法，没有付诸实施的，或者实行之后没有成效的建议数不计在内。因此，富士电机制造公司的建议数全是高质量的。该公司发动员工提出改进工作的建议的具体做法是：

首先，积极开展集体活动。从1969年起，该公司就开展高质量运动，即以小团队活动提高工作质量和可靠性。自从公司开展小团队活动以后，在员工中造成了这样一种气氛，哪怕1项也好、2项也好，都争先恐后地提出改进工作的建议。其次，公司提出了目标，以便调动员工的积极性。如"每人1年要提出100项建议，改进的目标是节约能源和改善工作"。由于目标和对象都很明确，建议也就容易被提出来。最后，对每个员工的建议，不论大小，公司都认真对待，一视同仁。根据建议的适用性和效果，分别评定为特别、优秀、优良、A、B、C建议6个级别。建议和C级奖由车间委员会表扬；B级以上提交厂小组委员会，在那里再次进行评定和选拔，并对B级和A级的建议提出者给予表扬；优良、优秀和特别三种奖则由公司进行表扬，发给一定的物质鼓励。这样，该公司员工的积极性大增，迸发出无限的活力，从而使富士公司在激烈的竞争中立于不败之地。

总之，领导要放下架子，多听听员工和其他人的意见，不搞"一言堂"，这样才能保证企业发展有源源不断的动力和新的活力，还能调动员工工作的积极性。

当然，有的意见可能是不可靠的，但通过理解他们持这种意见的原因，就可以从中找到正确的决策。

不实施，决策就是一纸空文

【德鲁克微语录】

在整个工序中，最费时间的，不是做决策，而是使它付诸实施。如果一个决策不能"转化成为工作"，它就算不了决策，它至多也不过是一种良好的愿望而已。这就是说，有效的决策本身是建立在理性认识的最高水平基础上的，但为了贯彻它所采取的做法又要尽可能简单和适应工作水平。

——德鲁克《卓有成效的管理者》

【活学活用】

对于决策者而言，在决策方案确定之后，并非决策已经完毕。相反，这只是其中一部分，如何实施决策，依旧是非常关键的部分。就好比水烧到了99℃但缺少最后1℃的火候，依旧不是开水是一个道理。没有确实可行的决策实施方法，这个决策必然会遭到失败。

一般人只把决策理解为从发现问题到做出方案选择的过程，而忽视决策的实施阶段。事实上，在实施阶段，也就是在决策落实过程中还有许多大大小小的决策问题。如在"抗美援朝"的决策做出后，还有"谁做总司令"、"什么时候开赴朝鲜"、"打到什么程度为止"等一系列问题；这些问题不落实，"抗美援朝"只能是一种口号或愿望。如果说"抗美援朝"是分析环境基础上的"策而后决"，那么后来的系列问题则是"决而后策"。没有这一系列"策"的选择和"策"的落实，这个决策显然是不完善的，甚至是无效的。

当目标方向确定以后，领导者就要脚踏实地地去干，制订实施方案，认真组织实施。把决策转变成行动，一定要明确回答以下几个问题：谁应了解此项决策？应采取什么行动？谁去采取行动？行动应是什么样的，以便执行者能将其付诸实施？在实施过程中，逐一解决每个实际问题。只有这样，才能干出成果。

因为各个企业的具体情况不同，组织实施方案也要适应企业具体情况，要把行动的责任落实到具体执行者身上，这个执行者必须具有足够的执行力，对下属的考核和奖励方式，也应该随着决策执行的变化而变化，并且考核应该激励到员工。明确员工努力方向，积极调动他们的工作积极性。

北京统一食品公司新一代的低端袋面即将上市，在全国开展铺货竞赛；同时，进行主打产品小浣熊干脆面的换卡促销活动（"小浣熊"主要靠面袋内赠送的精美卡片吸引中小学生）。当区域刘经理宣布完公司的决策之后，所有的业务代表都是一片欷歔声，大家都认为在公司规定的时间内完成两项工作是不可能的。刘经理面带微笑地说："这次的铺货竞赛奖大家想不想拿？"业务代表们异口同声地说"想"，刘经理一声"好"之后，便吩咐文员小李给大家发了一张《夺奖计划时间安排表》，详细内容如下：

早晨6：00，到附近的早市去做展售。到的时候，公司的厢式货车和两位同样住在附近的同事已经到位。

早晨7：10，和两位同事帮助司机布置好展售的工具后，早餐。

早晨7：30，迅速奔赴附近的小学开展小浣熊换卡的宣传和卡片兑奖的活动。

早晨7：50，赶到分公司开早会，收拾拜访客户要带的POP和活动用的奖品、宣传品。

上午8：30，奔赴各自区域，开展正常的业务拜访。

中午11：20，和两位负责邻近区域的同事集中在某学校门口，开始搞活动。

中午12：30，和两位同人一起午餐，休息。

中午1：30，和两位负责邻近区域的同事集中在第三所学校门口，开始搞活动。

中午2：00，赶回各自区域，开始进行正常的业务拜访。

下午4：30，赶到当天的第四所学校，开始活动。

晚上6：00，回分公司交单，总结，开会。

同时，在周六、周日的时候，财务人员还配合商场、超市组的同事，积极开展大型商场、超市的促销活动，而所有的业务代表则同仓管组的同事联手开展社区展售。

在一个月的时间里，零售组8位业务代表和商场、超市组的3位业务代表加上公司其他人员的配合，在正常业务拜访之外，共搞了商场促销24场，集市和社区展售38场，学校活动115场。高密度的地面宣传有力地保证了新品铺市的顺利进行和"小浣熊"系列卡片的成功切换。

通过案例中的成功，我们不难发现，该区域刘经理对团队成员工作时间进行了科学安排是其获得成功的关键。这个经理人通过对于团队工作内容的安排，提升团队的时间效率，使每一个团队成员的工作效率最大化。由此可见，一个好的经理人不仅会做出好的决策，还能制定出有效的决策实施方案。

勤于动脑而疏于动手的领导很难受人欢迎。不管你承不承认，判断领导的标准，理性上几乎所有人都把决策能力放在首位。但在感性上，几乎所有人把操作能力放在优先位置。勤奋、效率是人们判断领导最直接的标准。自然，勤奋是动手、动腿，而不是动脑。再好的决策，如果不能抓紧落实，也不过是一纸空谈。所以，作为领导者一定要重视决策实施，制定出适合本企业的好的决策实施方案。

做决策是为了防止恶化和抓住机会

【德鲁克微语录】

做一项决策，就像是动一次外科手术，每做一项新的决策，都会影响到现有的制度，并因而会给他带来风险。一位管理者不会做不必要的决策。

只有当如果不采取行动，事态可能恶化的情况时，管理者才做出新的决策。这也适合机会，如果这个机会很重要，或者如果不立刻行动，机会就可能错过，管理者也必须行动，做出一切急剧变革的决策。

——德鲁克《卓有成效的管理者》

【活学活用】

就如德鲁克所说的那样，任何决策的制定都会对原有制度造成影响，而企业发展需要平稳，所以，企业在发展过程中，作为管理者尽量少做决策，不要经常做一些实施起来弊大于利的决策。那么，什么情况是管理者必须做出决策的时候呢？在企业需要扭转危局或抓住发展机会的时候，作为企业管理者应该立刻行动。

美国通用电气公司，在1980年因为经营观念陈旧，陷入难以生存的地步。在这种情况下，年仅44岁的新董事长兼总裁韦尔奇上任了。他上任后，就接连砍出了三板斧，其中之一就是让大家出主意，调动全体员工的积极性。韦尔奇决心把通用电气公司办成一家"没有界限的公司"，无论什么人，无论什么职务、级别，都可以没有限制、没有拘束地和任何人交谈、提意见。他还把"毫无保留地发表意见"列为通用电气企业文化建设的一项重要内容，并认为"我们通用电气公司具有创造这样一种气氛的条件"。为此，他让在通用电气所属的公司、工厂中工作的2万~2.5万名员工每年都分散分批地参加"大家出主意"会议。同时，要求主持者必须善于引导大家坦率直言，这样，不仅有利于及时找到问题，改进管理，提高产品质量和工作效率，而且也调动了员工的积极性。

为了更好地做到集思广益，他规定每年1月，公司的500名高级主管在佛罗里达州聚会两天半；10月，100名主要主管又开会两天半，根据下属的反映，综合归纳，最后做出科学的结论。必要时，也要参加一些社会应酬，多方面接受信息，上至政界领导，下至街头小贩，甚至竞争对手，都要加以了解和结交，以求开阔自己的经营思路和决策思维，做出适当的决策。

就这样，企业员工积极性变高了，大家工作起来轻松而有活力，韦尔奇通过一系列成功的决策，解救了通用，使这个庞然大物重新焕发了生机。

韦尔奇及时地采取策略，改变了企业中限制发展的弊端，才使通用转危为安；反之，如果韦尔奇认识不到企业的危局，按部就班地工作，那么，通用可能早已经垮台了。

当企业情况不能令人过分乐观的时候，如果维持现状，不会有变化。那么，就不必去管它了。即使有些问题令人心烦，只要问题不重要，也不可能使情况发生异样，我们也用不着去进行什么变动。

当然，如果在这种情况下，我们制定新决策，情况可能会更好一些。这时，作为管理者要做一下比较，决定是否做出新决策：而做新决策会有什么成果和风险？不做新决策又会有什么风险？至于怎样才能进行正确判断，这里没有现成的公式。但是，只要遵循以下指导原则，根据具体情况进行决策，也不是特别困难的。准则如下：第一，如果利益远远超过成本和风险，那就采取行动。第二，要么行动，要么不行动，但切不要"脚踏两只船"，或搞折中。

通过以上的衡量，领导者要果断采取决定是否采取行动，因为稍慢一些，就可能和机会失之交臂。

决策更需要勇气

【德鲁克微语录】

决策不仅要求判断，也同样要求勇气。到了万事俱备的情况下，有效的管理者绝不会同意"让我们再研究研究"的做法。只有懦夫才会这样做。

——德鲁克《卓有成效的管理者》

【活学活用】

约翰·索尔(John R. Saul)曾有过这样一段精辟的论断：在处理身边的琐事时，我们容易固执己见，不肯随波逐流；但在面对重大决策时，却容易顺应潮流。人们的行动中充满了矛盾、不确定性和不一致性。大概所有主管都曾遇到这样的情况：选择全球化还是本地化，国内生产还是国外生产，是否要变革，竞争还是合作，多元化发展还是集中发展一个产业，寻求代理商还是自己培养业务员？对于领导者来说，做决策的过程就是一个冒险的判断过程。你要从诸多备选方案中作出选择，然后凭借极大的勇气向组织内外的人宣布自己的预测。

从第一次来到星巴克小店，霍华德·舒尔茨就深深地喜欢上了这里的优质咖啡豆和这里蕴涵着浓浓的艺术气息。他立刻决定辞职，来星巴克工作。

1983年，他去意大利米兰参加一个国际家居用品展。在米兰，他顿悟到售卖浓缩咖啡不仅仅是份工作，更是在创造一种情调。后来，他突然意识到应该在意大利开个星巴克。舒尔茨回到美国，就热切地向星巴克的人灌输意大利的咖啡精神，并倡导建立一种新的企业机制改变美国人喝咖啡的方式。但他的想法遭到星巴克高层的反对。"星巴克虽小，但很紧凑，很私密，而且每年有盈余。干什么要自己往船上装石头呢？"但最后，星巴克第6家店开张时，领导人鲍德温终于经不住舒尔茨的游说，同意尝试把它开成一家浓缩咖啡吧。

1984年4月的一天，这家在西雅图市场中心的咖啡吧开张了。从此之后，霍华德·舒尔茨又在提高员工待遇上做出重大变革，建立了丰厚的福利待遇，招揽人才。经过几十年的工作，他把星巴克从原来的只有几家小店，开到了全世界各地。数十年后，星巴克年收入额已超过百亿美元，在全球54个国家和地区拥有16 000多家门店，每周为5 000多万名顾客服务。

2000年，创始人霍华德·舒尔茨从CEO的位置上退了下来，担任董事会主席，此后不再涉足公司的日常经营管理，把目标定位在全球性战略扩张的策略上。

之后几年里，星巴克不断扩建门店，当然，销售利润额在每个季度都有所增长。但是，到了2007年，星巴克突然走下坡路了。因为过分追求增长，星巴克忽略了公司运营，也不再看重公司的核心价值。并且，更不利的是，当时金融危机又爆发了。星巴克该怎么办？

就在这危急时刻，舒尔茨毅然决定重新担当起首席执行官，来扭转星巴克局面。他亲自去与门店经理、区域经理、地区经理及咖啡师面谈。在交流中，舒尔茨发现星巴克正偏离它的核心业务。星巴克原本只供应咖啡，后来又推出早餐三明治，这些食品的味道把纯正浓香的咖啡香搅浑了，咖啡也就失去了它的魅力，整个星巴克越来越像个大众消费小店，而不是为高雅人提供的休闲场所。后来，舒尔茨做出了大胆决策，停止销售与主业无关的花哨产品，关闭疯狂扩张时期盲目增加的店铺。

2008年2月某个星期二的下午，星巴克在美国的店铺统一停业。停业的7 100家门店贴着相同的告示：

"我们致力于使我们的意式浓缩咖啡臻于完美。而这一切源于熟练，这也是我们全情投入雕琢自己技艺的原因。"

消息宣布后6天，也就是7月7日，星巴克的股票跌至52周以来的低点。舒尔茨又培训店员，创新饮品，对领导班子进行调整等一系列的措施。这些措施都曾遭到领导层各界人士的质疑和反对，但舒尔茨排除异议，勇敢地承担起重振星巴克的责任。最后，他成功了。到2009年6月，已有明显的迹象表明，星巴克的变革已经稳定下来：新门店设计得到了更多人的推崇和赞美；通过对顾客的调查显示，星巴克在服务和满意度方面也有了很明显的进步。雇员之间相处友好，服务效率提高了10个百分点，整体顾客满意度和最近的低谷相比，上升了8个百分点。

星巴克的利润再次增长。在2009年财务年度第三季度的业绩出乎所有人的意料，实现了自2008年第一季度以来的首次赢利增长。

2010年9月，星巴克创造了历史上赢利最高的财务季度，收益增长达到了创纪录的107亿美元，营业毛利增长了13.3%，创下了历史的最高点。

逆境中，我们更难做出决策，因为一个决策就可能影响到整个企业的命运。只有勇敢者才能临危不惧，做出正确有效的决策，扭转企业败局。其实，任何一个人在做出某项决策时，都会有些莫名其妙的担心、不安和烦恼，稍微犹豫了一会儿，这也是在所难免的事。

但通常对决策感到担心，是因为过分考虑一些无聊的细节而引起的。而有效的决策人不会等得太久，几天，最多几个星期。只要心理不再为那些细节担心，不管他是否喜欢，他都要以最快的速度和全副精力采取行动。

任何决策都是有风险的，降低风险也能提高我们决策的勇气，比如，我们可以在事先做好充分的调研工作，做出了很多套方案，然后逐一分析，并和团队成员共同探讨下，做出决策，这样的决策通常成功率更高，自己就不用太担心决策实施的效果了。

第4章　掌握沟通艺术有利于工作

了解员工期待，有针对性地沟通

【德鲁克微语录】

　　我们在很大程度上看见我们期待着去看见的，听见我们期待着去听见的。所以，在我们进行交流前，我们必须知道接受信息的人期望看到和听到的是什么。只有在知道了这些以后，我们才能知道，是否可以利用他的期望来进行信息交流，或者是否需要打破接受信息者的期待并迫使他承认已发生了他所不期望的事情。

　　　　　　　　　　　　　　　　　——德鲁克《管理：使命、责任、实务》

【活学活用】

　　要使一个人做任何事情，唯一的方法就让他自己乐意去做，而让他乐意去做得最好方法就是符合他的期待，并且注意人的期待是不同的。换个角度思考和沟通，往往能使问题迎刃而解。

　　有一位作家要举办一个为期一个月演讲培训班，他租用了一家旅馆的舞厅当做自己讲课的场所，但是，就在他快要开始讲课的时候，突然旅馆方面来电话说舞厅的租金要涨3倍。但此时，他讲课的入场证都已经印好并发放了出去，不可能再改换时间和地点了。可突然涨3倍的租金，这位作家也不情愿支付。

于是，他找到旅馆经理，开门见山地对他说："我听到这个消息时，感到非常惊讶，但我一定不会责备你们，因为如果我是这家旅馆的经理，我也会希望旅馆赚的钱越多越好。否则，自己很可能被炒鱿鱼。现在，让我们来分析一下这样做到底对你们有没有好处？"

那位经理听了他这番话后，点了点头。接着作家又说道："你会因为出租这个舞厅给我而收益很多，因为一连串的讲课所得到的收益，会比加倍的租金还要多。如果我只是租下你的舞厅，不去讲课的话，那么，对你来说是一笔不小的损失。所以，你们不仅不能涨租金，反倒应该减租金。因为，如果你们涨租金，我可能会另寻其他的地方租场地。这会造成你们一部分损失。并且，我的演讲会吸引一大批受过高等教育而有教养的人到你的旅馆来，这是一个很好的打广告机会。即便你们大量的钱投在广告上，也不可能像我在你们这儿讲课这样吸引那么多人来光顾你的旅馆的，而且这种效果难道不是非常有价值吗？"

最后作家说："希望你们能仔细考虑一番，然后再告诉我最后的决定。"第二天，这位作家就收到了旅馆的回应，通知他舞厅的租金不涨价了。

旅馆经理所期待的就是能够多赚钱，而这位作家正是明白了经理的期望，才进行了一系列有效的沟通，通过分析，让对方看出不涨租金会让自己得到更多的回报这一利益。这样，旅店经理就自然不再要求涨租金了。

某企业的制造部门经理，刚刚上班不久，就发现一个问题，就是企业员工在填写产品报表时，都是胡乱填写上，从来不重视。结果，产品质量出问题，只能到事情发生后，负责人才知道，提前根本看不到一点征兆，这样的事情已经发生了几次，每次，都是部门经理开会强调，要注意认真填写报表，但员工们没有放在心上，还是屡屡出现这样的事情。为此，新上任的这个经理采取了措施，将员工填写报表一项列入了业绩考核中，这之后，员工们再也不胡乱写报表了。这也帮助企业及时发现问题，防患于未然。

因为填写报表和员工的利益不挂钩，自然放松，一旦和员工期待的利益挂钩，员工自然就放在心上，不敢怠慢。

　　由此可见，沟通通常都是有目的的，想要达到某个目标，了解沟通对象的期望，往往能够有针对性地对其沟通，通过满足对方期望的方式达到自己的目标是非常有效的沟通之道。管理者不妨仔细琢磨，学习事件。

管理者要注意自己的言行

【德鲁克微语录】

　　老板的一言一行、随口说的评论、习惯，甚至他的癖好，在部属眼中都被认为是经过老板设计、安排，而且充满意义的。

——德鲁克《管理：使命、责任、实务》

【活学活用】

　　荀子说："君主就像测定时间的标杆，民众就像这标杆的影子；标杆正直，那么影子也就会正直。君主就像盛水的盘子，民众就像盘子里的水；盘子是圆形的，那么盘子里的水也是圆形的。"

　　作为管理者就是员工的带头人，管理者的言行举止直接影响员工的行为，管理者不当的言行会对下属产生错误的指引，所谓"上梁不正下梁歪"。要想让自己的员工有好的表现，就要从自身做起，严于律己，以身作则，起到表率的作用，用实际行动来影响和带动身边的人一起努力工作。优秀的管理者，应当成为员工的楷模。

　　日本企业家、三洋之魂井植薰就是一个以身作则的人物。他严于律己，时时为员工做出表率。比如，他每天早上7点准时到达公司，其误差率几乎精确到秒的程度。天长日久，公司大楼的门卫竟然把他当成了标准的时钟。每当他的身影出现在公司大门前，门卫就会下意识地伸手看看自己的手表，嘴里说"真准时啊"，或"我的手表怎么慢了1分钟"。井植薰将这种准时上班的习惯坚持了几十年，一直到退休。

"火车跑得快，全靠车头带"。要创建有凝聚力的团队，管理者就要严格要求自己，起带头和表率作用。

台湾鸿海集团董事长郭台铭是一个打仗冲在最前面的将军。他经常说："领导人要以身作则，任何困难的事，半夜不睡，待在现场的人里一定有我。""身先士卒是领导统御的诀窍。"

为了赶上交货期，郭台铭有很多次站在生产线上，有一次用手——测试每一个从模具刚刚开发出来的成品，结果手被锐角划破流血。有的时候，不但郭台铭站在生产线上，他的太太林淑如也站在生产线上动手赶做产品。如果遇到客户退货，他除了生气骂人外，更会放下董事长的身架，亲自带着员工上门赔礼道歉。

郭台铭每天开会马不停蹄，长时间工作，员工跟着不敢懈怠。"富士康的业务员，没有回家吃晚饭的权利，"一位资深业务经理说，"总裁都不回家吃饭，你为什么要回家吃饭？"

郭台铭说，美国曾做过一个调查，几十年来，经营不错的公司，问题都不在管理，而在领导。还有一个结论，尝试培养很多员工，给他很多训练，让他做很好的领导，最后都失败了。因为管理可以训练，领导没法训练。"任何一个组织重要的不是管理，而是领导。怎样才是成功的领导？我不晓得。但我可以告诉你怎样的领导不成功：不身先士卒的领导、朝九晚五的领导、遇事推诿的领导、希望讨好每个人的领导、赏罚不分明的领导。"

"总之，身先士卒是领导统御的诀窍。最困难的，我就先跳下去。这几年来，打重要的战争，我一定自己去做。只是再过几年，我会找一些人来分担领导的责任，我会退到二线去，并不是避免受伤，主要是给各事业群领导磨炼、独当一面的机会。我要培养综观全局的人，他一定领导过，如果没有领导过，没有人会听你的。领导就是一场实验的战争，所有经验的积累。"领导这样拼命地干，员工又怎么能松懈呢？富士康的成功，郭台铭的带头作用功不可没。

这样能够以身作则的好领导，能够严于律己的领导，也是值得人尊敬的。

有一次巴顿将军带领他的部队在行进的时候，汽车陷入了深泥里。巴顿将军喊道："你们这帮混蛋赶快下车，把车推上去。"

所有的人都下了车，按照命令开始推车。

在大家的努力下，车终于被推了出去。当一个士兵正准备抹去自己身上的泥污时，惊讶地发现身边那个浑身都是污泥的人竟然是巴顿将军。原来巴顿将军刚才和他们一起把车推了上去。

这件事一直都牢牢地记在这个士兵的心上。

直到巴顿去世，在将军的葬礼上，这个士兵才对巴顿的遗孀说起了这件事，这个士兵最后说："是的，夫人，我们敬佩他！"

当我们看完这个故事，再回顾巴顿将军那句名言："在战争中有这样一条真理：士兵什么也不是，将领却是一切……"

士兵的状态，取决于将领的状态；将领所展示出来的形象，就是士兵学习的标杆！每个管理者都是下属们关注的焦点，也是员工们积极效仿的榜样，领导的言行举止，直接影响到自己的员工。所以，想要员工服从管理，想要员工严格要求自己，就要以身作则，注意自己的言行。

用对方熟悉的语言交流

【德鲁克微语录】

与他人说话时必须根据对方的经验。如果一个经理和一个半文盲的员工交谈，经理必须用对方熟悉的语言，否则，结果可想而知。谈话时试图向对方解释自己常用的专门用语毫无益处，因为这些用语已经超出了他们的知觉能力的范围。

接受者的认知由他的教育背景决定，也受过去的经历和他的情绪影响。如果沟通者没有意识到这些问题的话，沟通就失效了。

——德鲁克《管理：使命、责任、实务》

【活学活用】

德鲁克认为跟木匠沟通，就要说木匠的话。大家有共同语言，就容易沟通，不会因为语言不通而产生误会乃至矛盾。

孔子在路边休息，突然，驾车的马匹因为绳子松，曳开绳子跑到人家田里吃庄稼，那户种田的人就把孔子的马牵走了。孔子让子贡去索要马匹，子贡来到种田人家中，好像搞外交似的，用辞令，说得文绉绉的。那个种田人听了半天也没有听明白什么意思，不肯把马还给子贡。子贡只好回来向孔子复命。

这时，孔子一行人中有个刚刚拜孔子为师的乡野之人，他请求孔子让他去索要马匹。他走过去对那种田人不客气地说："你也不是把地种到了东海上边，我也不是在东海里走路。活人总是要碰面的嘛！我的马怎么能避免不吃你的庄稼呢？"那个种田人听了这话挺高兴，回答道："如果像你这么说就好了，哪里像刚才来的那个人那样呢，说了半天话也没说明白。"说着，他就解开拴马的缰绳，把马交给了来人。

这就是有效沟通的方式，每个人都有自己熟悉的语言环境和沟通方式，子贡没有站在老伯的角度考虑自己的语言，结果，再好的辞令，在老伯那里也视为说不明白话。而那个乡野之人说的都是粗话，但种田人向来也讲这样的话，就自然听明白并接受了。

在银行工作的艾丽女士，一天遇到一个老船长来开户，她递给老船长几份表格让他填写，可是，老船长却毫不犹豫地拒绝了。艾丽女士想立刻告诉他，如果拒绝填写这些资料，银行无法给他开户。但后来，她转念一想，换了个说话方式："就像是您要出海航行，您要是不交通行证件，就不会被放行。"老船长听了这话，哈哈笑了起来，回答道："看来我要补上通行证件啊。"说完就把资料填写齐全了。

艾丽没有讲公司的有关规定，而是站在老船长的角度，拿他熟悉的事情举例子，很轻松地让老船长明白了填写资料的重要性，这样问题就迎刃而解了。

由此可见，使用对方容易接受的语言，使用对方喜闻乐见的沟通方式，对舒畅沟通非常重要。同样，作为领导者也应该学会使用员工熟悉的语言，这样能让人感觉更亲切，并能感受到管理者的真诚。管理者如果能用这样的沟通方式，员工感觉你是替他们考虑的人，认为你是自己人，自然就会敞开胸怀，畅所欲言了。千万不要装腔作势、言不由衷，这会让员工感觉到距离，不利于轻松沟通氛围的形成。领导如果和专业人士沟通，可以多使用他们经常使用的行话，也能增加沟通的便利性。

曾经拜访过罗斯福的人，都会对他的轻松洒脱，而又有广博见闻的谈吐表示佩服。一位官员曾说："不管来访的人是政治家、外交家还是骑兵。罗斯福总能说出符合对方身份的话，让彼此的交流非常愉快。"然而，之所以罗斯福能够有如此高超的沟通能力，和他的用心分不开的，每次来人拜访前，他就已经把来人的相关资料查得清清楚楚，所以，当他接待来客时，总能发挥得游刃有余，不管其是大人物还是小人物。我们其实也应该学习罗斯福的这种精神，当和某人谈话时，不妨先了解一下他，寻找共同沟通的话题和合适的表达方式，让交流顺畅愉快。

听取不同意见，少走弯路

【德鲁克微语录】

管理者要时常询问下属：你有什么不同意见？

——德鲁克《卓有成效的管理者》

【活学活用】

德鲁克认为，通常卓有成效地决策并非在开始就被所有人认可并一致通过。恰恰相反，它总是在不同意见的冲突和矛盾中产生，是综合考虑各方意见，并认真研究后的结果。

通用汽车公司总裁斯隆认为，做出的任何决策都应该建立在各种不同意见充分讨论的基础上。

斯隆为了在决策前能够得到不同意见，他组建了几个不同的特别委员会，然后，由这些不同的委员会提出不同的意见，最后，通过讨论最终达成一个可以普遍接受的意见。不可避免，在讨论时必然会产生激烈的冲突，但他认为，只有相互讨论，才有助于团队成员之间达成一致意见，最终实现相互理解，达成共识。

所以，在讨论中爆发出矛盾，甚至冲突的时候，斯隆每次都会克制住自己的情绪，让每一方都能把自己的不同意见表达清楚。有一次，一位同事和斯隆发生矛盾，很多人都以为，斯隆完全可以对此置之不理。当时，通用公司的一个律师问道："既然这名员工这么烦人，您为什么不解雇他呢？"斯隆没有正面回答，却反问道："解雇他？多荒唐的主意，他只是在完成他的任务。"

斯隆提出公司在听取异议时，应该遵循以下3个原则：第一，要鼓励所有成员互相交流意见；第二，让成员知道该怎样反映意见；第三，永远不要惩罚那些因为提出异议而反应过激的人。

"偏听则暗，兼听则明"，一个优秀的领导者应该有广泛听取不同意见的心胸和耐心，不要害怕麻烦，也不要害怕不同意见导致的冲突，只有经历这些，决策才会更准确，企业发展才不至于走弯路。

富兰克林·D·罗斯福不仅是美国历史上出色的总统，也同样是个善于听取不同意见的人。每当他对某项事情做决策的时候，就会找来一个喜欢散布小道消息的助手，对他说："我想请你一起探讨一个问题，但你不要声张出去。"当然，罗斯福心里清楚，这个问题一定会很快传遍华盛顿。

之后，他又找来几位从开始就对这个问题有不同意见的助手，和他们同样布置这个任务，同样让他们不要声张。这样，他就可以肯定，这些消息会迅速在利益相关者之间传遍。伴随而来的会有产生各种各样的声音。这样，他就可以综合各方面意见，做出较为客观可行的决策。

当然，罗斯福这样工作作风曾经一度遭到指责，但他很清楚，领导最重要的使命不是做形象，也不是搞行政，而是做决策。领导者是企业大船的掌舵人，把握企业的发展方向，才是最首要的，也是非常重要的。

不同意见能够避免决策者被某种主管看法左右；不同意见可以为决策提供多种备选方案；不同意见有助于激发想象力；不同意见还能帮助领导识别那些错误或片面观点。所以，作为领导者，我们绝不能闭门造车似地做决策，要联系各方面的力量，共同做出正确决策，这也有助于形成员工主人翁的责任意识，增加企业的凝聚力。绝不能搞独断专行，搞"一言堂"，很可能因为片面决策，给企业发展造成不利影响。

提高说服力，增强影响力

【德鲁克微语录】

管理者要有足够的阅历和知识储备，以提高说服力，增强影响力。

——德鲁克《卓有成效的管理者》

【活学活用】

无论是哪个行业或哪个层级的领导，都指挥和代表着一个群体或团体。所以，好口才是十分重要的，是一个领导不可或缺的重要素质。不管是哪一个行业或哪一个层级的领导，要想把人带领好、把事情处理好、把团队管理好，就必须导之于言而施之于行，能够说服对方按照企业的意志行事。可以说，领导者这个立言的过程也是立权立威的过程。能够立言，能够用自己的语言征服他人，那么，越是获得他人的钦佩，越有影响力。

但是，说也是有技巧的，作为领导善于说话，才能够面对各种复杂的交际场面，应付自如，同时也树立了自己良好的领导人形象。

首先，领导应该有足够的阅历和知识储备。拥有足够的阅历和知识储备，才能说出更动听，更能打动人的话。阅历越丰富，储备的知识越多，运用得越灵活，才能使谈话、表达更有成效，也更具有艺术性。

南北朝时期，有一个北周人苏绰，一次随同太祖和大臣去昆明池捕鱼。行走到城西汉代曾屯粮的地方时，太祖询问身边的大臣，有没有人知道这里的史实。有人说苏绰通晓地理，太祖问苏绰，苏绰便详细说明。

太祖听后，非常高兴，接着向他问起大地造化及历代兴亡之事。苏绰本有善辩之才，又博闻广识，所以，应答自如。太祖听了更加高兴，等走到昆明池时，他竟然已经无心捕鱼，马上回返，把苏绰留在宫中进行了彻夜长谈，询问治国之道。苏绰侃侃而谈，陈说古代帝王之道，兼述申墨子、韩非子的法家学说精要，太祖开始还在床上半卧而听，后来竟起身整衣正身而坐，并且不知不觉地移动膝盖，到了苏绰的坐席之前，一直到第二天凌晨，还在津津有味地听苏绰的讲说，一点不感觉困倦。早朝时，太祖对大臣说："苏绰真是位奇士！我将重用他。"不久，苏绰就被封为大行台左丞，参典机密。从此，苏绰一天比一天位高权重起来。

如果只有卖弄油嘴滑舌的本领，而腹中空空，定然不会整晚都能侃侃而谈，哪里有那么多可谈的材料啊？所以，只有阅历丰富，且博学多识的人才会有资可谈，并且才会给听者启迪和更多新知识，吸引他去继续听下去。所以，拥有足够的知识，能够让我们的谈话游刃有余，更能让人佩服。

其次，说话要以理服人，以情感人。即便你学识渊博，引经据典，如果你说话没有道理，也无法能说服人。想要说服人，就应该寻找漏洞，直击要害。也可以驳倒对方的论据，最后驳倒对方的论点。

俄罗斯杰出的思想、文学家赫尔岑年轻的时候，有一次，他的女朋友请他参加一个音乐会。可是，音乐会没开始多久，赫尔岑就用双手堵住耳朵，低着头，露出厌倦的表情。不久，他还打起瞌睡来。

他的女朋友看了赫尔岑这样，感到非常不理解，就问他："你对音乐一点也不感兴趣吗，怎么成了这副样子？"

赫尔岑摇了摇头，说："我不喜欢这种怪异、低俗的乐曲。"

"你说什么？"女朋友愤怒地大叫起来，"你竟然说这种音乐低俗？这可是目前社会最流行的音乐！"

赫尔岑平静地反驳了他的女朋友："难道流行的就一定都是好的吗？"

女朋友说："当然了，否则它怎么能流行呢？"

赫尔岑不紧不慢地又问道："那这么说，流行感冒也是好的了？"

女朋友听了这话顿时哑口无言。

另外，在说服对方时，还要注意不要让对方难堪，可以先褒后贬，先抑后扬的方式说出自己的观点，让对方接受。

当然，以理服人还不够，还要以情感人，这样才会达到说服人的最佳效果。作家王潜先生论"零度风格"时告诫我们："说话人装着对自己所说的话毫无情感，把自己隐藏在幕后，也不理睬听众是谁，不偏不倚、不痛不痒地背诵一些冷冰冰的条条儿，玩弄一些抽象概念，或是罗列一些干巴巴的事实，没有一丝丝的人情味，这只能是掠过空中的一种不明来历去向的声响，所谓'耳边风'，怎能叫人发生兴趣，感动人，说服人呢？"有人说得好："只有被感情支配的人最能使人相信他的情感是真实的，因为人们都具有同样的天然倾向，唯有最真实的生气或忧愁的人，才能激起人们的愤怒和忧郁。"人都是感情动物，感性信息，内涵十分丰富，有时候加上情感动人，更容易说服人。

所以，说服他人的时候一定要注意语言要有充沛的感情。

希腊著名演说家德摩斯梯尼在希腊要面临马其顿王国入侵，国民要遭受亡国和失去自由的危机的时候，他做了一次著名的演说，他的每一句话，每一个词语都充满着发自内心的极为丰富的爱国主义情感，他热情洋溢地说："即使所有民族同意忍受奴役，就在那个时候，我们也应当为自由而战斗。"从这洋溢着爱国热情的词句中，人们看到了一颗真挚的拳拳之心，因而他的演讲激励了无数的希腊人从聆听演说的广场直接奔赴战场，连向家人作一声道别也认为耗费了时光。他的敌人，马其顿的国王腓力见到这篇演说词，也不由感慨地说："如果我自己听过德摩斯梯尼的演说，连我也要投票赞成他当我的反对者领袖。"

可见这种炙热的情感的力量有时能产生强大说服力和号召力。

最后，恰当的幽默。心理学家瑟琳说过，"如果你能使一个人对你有好感，那么也就可能使你周围的每一个人甚至全世界的人，都对你有好感。只要你不是到处与人握手，而是以你的友善、机智、幽默去传播你的信息，那么时空距离就会消失。"幽默是不可缺少的调味品、润滑剂，有了它便能冰释误会，稀释责任，和缓气氛，减轻焦躁，缓冲紧张。有了它便能使陌路人相识，孤独者合群，戒备者松懈，对立者为友。

90多岁高龄的民谣学家钟敬文，在赴朋友宴席时，当佳肴摆满桌后，牙齿几乎掉光的钟先生对大家说："你们吃吧，我是个无齿之徒，对付不了这些东西。"钟老先生说完以后，笑声四起，避免了冷场的尴尬。不久，特为钟先生做的汤面摆上来了，他又说："我是欺软怕硬，你们千万别学我啊！"这又避免了窘迫情况的出现。

当然，幽默应该建立在丰富的内涵和人格魅力上，这样更容易获得听者的接受和好感。所以，说话时，不妨适时幽默一下，可能产生意想不到的效果。

第5章 实行有效的目标管理

用目标管理激励人心

【德鲁克微语录】

目标管理是以相信人的积极性和能力为基础的，企业各级领导者对下属人员的领导，不是简单地依靠行政命令强迫他们去干，而是运用激励理论，引导职工自己制定工作目标，自主进行自我控制，自觉采取措施完成目标，自动进行自我评价。目标管理通过诱导启发职工自觉地去干，其最大特征是通过激发员工的生产潜能，提高员工的效率来促进企业总体目标的实现。

——德鲁克《管理：使命、责任、实务》

【活学活用】

企业要想取得好的发展，离不开企业中每个成员的努力，虽然，各个成员各司其职，干着不同工作，但只要都是朝着同一个目标努力，就能产生强大的力量，产生绝佳的效果。

戴尔的工厂于1997年建成，但两年之后这个工厂已经不能满足生产的需要了。迈克·戴尔给设计人员下了一个死命令：把工厂的生产能力提高2倍。这在外界看来是不可能实现的，就连戴尔的员工都不知道该怎么做。但1年之后，其生产能力提高了15倍，最后通过不断地改善，终于实现了提高2倍的目标。

福特汽车公司的老板亨利·福特在生产V-8型引擎时，决定把8只汽缸铸成一个整体，他命令工程师们设计出这种引擎。但是工程师们经过仔细研究讨论后一致认为，这种有8只汽缸的引擎是不可能制造出来的。但福特却坚持说："无论如何也要生产出这种引擎!"工程师们都感觉很为难，都沮丧地抱怨这是不可能的。但福特依然没有松口，并继续坚决命令："一定要做出这样的引擎，不管需要多长时间，只管继续去做，直到你们成功为止。"这些工程师们只好硬着头皮回实验室反复琢磨研究。

在工作长达6个月后，工程师们都愁眉苦脸地告诉福特，工作没有任何进展。虽然工程师们已经尝试了各种可能的方法，都争取尽快按要求完成任务，但毫无结果，这件事看似没有丝毫能实现的可能。

但福特没有放弃，在年终时，他和工程师们进行讨论时，命令他们继续去做，直到成功为止，我一定要生产这种引擎。"

无奈，工程师们继续去进行枯燥且可能无结果的研究工作。然而，奇迹终于发生了，他们终于找到了诀窍，最终成功地制造出了V-8型引擎。

给员工树立目标，大家凝成一股绳，朝着同一个方向努力，终究能够有所成就的。领导者是企业的带头人，他的职责是统一全体成员的意见和行动，并为他们确立目标，提供行动的方向，也就是"领而导之"。

企业目标应该有长远目标和短期目标之分。制定企业长远的发展目标是企业发展所需的必要力量，尤其是在企业创立之初，更是需要长远目标带给员工一定的动力。所以，作为管理者不仅要明智，还要明确企业的长远发展目标。有长远目标的企业，往往也是长盛不衰的企业。比如，世界500强企业可口可乐公司的长远目标是：我们致力于长期为公司的股东创造价值，不断改变世界。通过生产高质量的饮料为公司、产品包装伙伴及客户创造价值，进而实现我们的目标。

企业不仅拥有长远目标，还应该有短期目标，分步实现长远目标。当世界首富比尔·盖茨为自己的公司确立"让每一个家庭、每一张桌子上都有一台计算机"的目标时，全世界都为之震惊，并认为他是一个不知天高地厚的年轻人。但比尔·盖茨确实通过一步步短期目标的实现，逐渐实现了这个看似不可能实现的目标。

总之，拥有了目标能够激发员工的工作积极性，就会把更多的注意力转移到企业目标而不是个人利益上，会激发员工更多的激情。大家目标一致，整个企业就能拧成一股绳，激发出强大的力量。

目标明确才能有的放矢

【德鲁克微语录】

企业发展取决于目标是否明确。只有对目标做出精心选择后，企业才能生存、发展和繁荣。一个发展中的企业要尽可能满足不同方面的需求，这些需求和员工，管理层，股东和顾客相联系。

每一位管理人员，上至"大老板"，下至生产工长或主管办事员，都必须明确规定其目标。否则，一定会产生混乱。

——德鲁克《管理：使命、责任、实务》

【活学活用】

目标管理能够使管理者明白自己未来的成就，能有效控制达到成就的过程。也正因为此优势，管理者应该明确目标，并清楚每个步骤每个环节，每个员工围绕完成这个目标应该做的事情，让他们朝着实现目标的方向努力工作。

对于没有航向的船来说，从任何方向吹过来的风都是逆风。而航向就是做事情的目标，目标明确才不会让员工白费力气，目标明确才能控制住所要达到的目标。所以，确立明确的目标，不管是对员工，还是对自己，都是必需的。

一位成功学大师所说："人的头脑具有一种像导弹一样的自动导航功能，人一旦有了明确清楚的目标后，头脑就会自动发挥它无限的能量，产生强大的推动力，并且能够不断地瞄准目标和修正你的行为，自然地引导我们向目标的方向前进。"尤其是在短期目标实现上，更需要每个员工明确自己具体工作任务，以便更准确地朝着实现目标方向努力。

曾经有人做过这样一个实验：组织三组人，让他们沿着公路步行，分别向10公里外的三个村子行进。

甲组不知道去的村庄叫什么名字，也不知道它有多远，只告诉他们跟着向导走就是了。这个组刚走了两三公里时就有人叫苦了，走到一半时，有些人几乎愤怒了，他们抱怨为什么要大家走这么远，何时才能走到。有的人甚至坐在路边，不愿再走了。越往后走人的情绪越低，七零八落，溃不成军。

乙组知道去哪个村庄，也知道它有多么远，但是路边没有里程碑，人们只能凭经验大致估计需要走两个小时。这个组走到一半时才有人叫苦，大多数人想知道他们已经走了多远了，比较有经验的人说："大概刚刚走了一半儿的路程。"于是大家又簇拥着向前走。当走到3／4的路程时，大家情绪低落，觉得疲乏不堪，而路程似乎还长着呢！而当有人说快到了时，大家又振作起来，加快了脚步。

丙组最幸运。大家不仅知道所去的是哪个村子，它有多远，而且路边每隔一公里有一块里程碑。人们一边走一边留心看里程碑。每看到一个里程碑，大家便有一阵小小的快乐。这个组的情绪一直很高涨。走了七八公里以后，大家确实都有些累了，但他们不仅不叫苦，反而开始大声唱歌、说笑，以消除疲劳。最后的两三公里，他们越走情绪越高，速度反而加快了。因为他们知道，那个要去的村子就在眼前了。

这个实验说明当人的行动有着明确的目标，并且把自己的行动与目标不停地加以对照，清楚地知道自己行进的速度和不断缩小达到目标的距离时，人的行动动机就会得到维持和加强，人就会自觉地克服一切困难，努力达到目标。

这就是明确目标作用的结果，员工明确了自己该努力的方向，便会更加专心致志，心无旁骛地工作，并且在工作过程中，随着目标的不断接近，而越发产生高度的工作积极性。

但现实生活中，有很多领导者本身就没有明确的方向，他们不知道自己该何去何从，一会儿向东，一会儿向西；一下子试试这个办法，一下子用用那个办法。做得不如意，就马上换一个方向，运气好时就能收到一些成效，运气不好就会有损工作业绩。他们往往一听说谁怎么做好，就立刻学着人家做，永远没有固定的方向，因此，工作业绩也不尽如人意。其实，在旁人看来，他们的问题很简单，这就是他们根本不知道追求的是什么。

那么，作为领导该怎样做出明确的目标呢？

对于领导者来说，在头脑进行这种运作的过程中，最重要的不仅只是设定一个明确的目标，而是要十分明确达成这个目标的"原因"，毕竟原因主导一切，也只有这个原因才是让人持续朝目标前进的原动力。对领导者来说，要像庖丁解牛一样将目标进行分解。

那么，怎样让员工明确自己的工作目标呢？

首先，领导者要和下属进行充分的沟通。只有通过充分的交流，组织上下层之间才能对环境有更充分的了解，并在最大限度上消除信息不对称的现象，使上下级之间相互理解。

其次，必须对目标进行初步的分解。目标的分解过程遵循参与决策的方式，鼓励下属共同参加目标制定的决策。通过参与决策的方法，很大程度上鼓舞下属的士气，他们普遍会对自己选择的目标满意，也充满了信心，因为他们是在主动地挑战自我设定的目标，这对于目标的实现是十分有利的。

再次，必须对目标进行深度分解。管理队伍成员在理解组织的经营目标后，在工作中有正确和清晰的方向感，在追求短期利益的同时，保证组织的长期战略的实现，并据此重新拟订下期的工作计划。

最后，是拟订工作计划。当目标分解完之后，下属对于下期的工作细节也就基本上胸有成竹了，然后就可以根据每个细节的重要性与紧急性安排好自己的工作计划，并形诸文字和表格，在执行时记载进度情况。

瓦伦·本灵斯研究了90位美国最杰出的领导者，发现他们有四种共有的能力：令人折服的远见和目标意识；能清晰表达这一目标，使下属明确理解；对这一目标的追求表现出一致性和全身心的投入；了解自己的实力并以此作为资本。我们要想成为杰出的领导者，不妨从确立明确目标开始。

目标不是唯一的，可能有多种

【德鲁克微语录】

企业必须有多种目标而不是唯一的目标。追求"唯一的正确目标"不仅像寻找金石一样很难有成果，还容易把企业引向歧途。管理一个企业就是在平衡各种各样的需要和目的。

——德鲁克《管理：使命、责任、实务》

【活学活用】

电影《阿凡达》中，人类在利益驱使下，派遣战机准备摧毁潘多拉星球人的家园。在当时的条件下，该星球族人想要抵御拥有先进武器的军事入侵者，这几乎是不可能的任务。在美国前海军陆战队员杰克的带领下，潘多拉星球所有民族人，一起组建了一支有几千人之多的反抗军，虽然付出了惨重代价，但潘多拉星球人还是击退了入侵者，完成了不可能完成的任务。

与潘多拉星球上的人一样，现实生活中也有很多不可能的目标需要我们去完成。在刘翔没有摘得奥运冠军时，我们肯定认为，刘翔不可能跑出如此好的成绩。但是，刘翔跑出了这个不可能的时间。导致其成功的因素有很多，如身体条件和战斗力，当然还有科学的训练方法。这三个目标能够达到最佳状态，刘翔才跑出如此成绩。反过来，我们也发现，其实只要实现与之相关的每个小目标，就能实现一个大目标，即便这个大目标让人看上去不可能完成。

Google常常设定不可能实现的目标，然后发掘出解决方案，实现它们。大多数大型企业都会设定年度目标，计划1年内将一些指标提高或增加几个百分点，然后每年进行一次绩效衡量。但在Google公司，1年相当于10年，员工不仅要制定年度目标，还要设定季度目标，Google的每个团队的每个季度都要设定未来90天内的目标，通常这些目标看上去是不可能实现的。然后搞清楚如何实现它们。每个季度都要进行一次绩效衡量，然后对突出成就进行奖励。解决这些不可能完成的目标的战斗心态，早已经灌输到了Google团队中的每个成员的心里。当然，他们并不是真的在制定空洞的不可能实现的目标，通常他们会分析实现目标的因素及遇到的困难，然后再逐一分析攻克难关的办法，通过这样分解，不可能的事情很可能就变成了能够实现的事情。

　　企业总组织总目标的设定是目标管理的起点，总目标会产生分目标，然后，按企业层级逐级分解下去，形成目标网。在企业体系内的各个层级，为了达成企业的总目标，都必须有部门目标或个体目标。各层级的工作目标都是整体目标的一个组成部分，数个部门的目标支持总目标。总目标和分目标彼此呼应，构成一个完整的体系。

　　另外，和企业生存有关的各个领域都需要设定目标。所有企业的生存都依赖于人力资源、资本资源和物质资源。所以，这些资源的供应、雇用和发展需要设定目标。一个企业是为顾客服务，所以，需要市场营销目标，在这方面，企业要有创新目标。另外，企业还要提高生产率，就要设定一个生产率目标。企业生存在社会和社区之中，所以，要承担一定的社会责任，还要有社会责任目标。当然，对多数企业来说，企业最重要的目标是利润目标。没有利润目标，其他任何目标都不可能实现。因为其他种种目标，都需要资金，而资金的来源要取自于企业利润。

　　所以，企业目标不是孤立存在，有很多层次，多种多样，想要实现某个目标，就要调动其他目标，通过其他目标的实现，实现想要实现的那个目标。因此，任何目标都有实现的可能，关键看怎样调动其他因素克服困难，朝着这个目标努力。

制定目标要切合实际

【德鲁克微语录】

　　目标必须是作业性的，即必须能转化成具体的工作安排。管理者必须知道公司的目标是什么，以及他们自己的活动怎样适应这些目标。

——德鲁克《管理：使命、责任、实务》

【活学活用】

企业之所以制定发展目标，就是为了让企业全体员工清楚自己在企业发展中应该努力的方向，鼓舞他们的斗志。想要持续经营的企业，就要制定一个个清楚且能够让员工切实可行的目标。目标制定得不符合实际，往往会导致失败。

曾经不可一世的法国皇帝拿破仑的失败，就是因为制定了一个不切实际的目标的结果。1812年，在俄法爆发战争前，拿破仑的军队强盛一时，所向披靡，横扫欧洲大陆，拿破仑也更因此被尊称为"战神"。节节胜利冲昏了拿破仑的头脑，他想重新划定欧洲政治地图，并把征服俄国作为自己成功的最后目标。随后，他在没有对自己的实际情况进行认真分析的情况下，仓促制定作战目标，结果为失败埋下了祸根。

1812年，拿破仑的军队开始出征俄国。但是，因为俄罗斯幅员辽阔，拿破仑的战线拉得过长，导致兵力不足，一再分散。再加之给养不足和兵员大量减少、暴风雪袭击等原因，拿破仑军队处境越来越艰难，最终兵败俄罗斯。曾经以60万威武之师，在撤出俄罗斯时，仅剩下2.7万名残兵败将。此后，法军便一蹶不振。3年后，在滑铁卢会战中，拿破仑被欧洲联军彻底击败。

拿破仑对自己的实力缺乏正确的评估，也没有正确地了解对方情况，结果制定了错误的目标，导致惨败。由此可见，制定切实可行的目标是多么的重要。

一个关键的目标可能影响企业的兴衰命运，如果目标制定得正确，往往能够在竞争中抢占先机，赢得优势。

TCL集团股份有限公司创办于1981年，是一家从事家电、信息、通信、电工产品研发、生产和销售的特大型国有控股企业，其几大主导产品都在国内销量榜上名列前茅。特别是以王牌彩电为龙头的音视频产品和以手机为代表的移动通信终端产品是TCL集团的主要利润来源。

随着业务的发展，集团制订"龙虎计划"准备开拓国外市场。在进军发达国家市场期间，也就是2001年至2003年的这3年间，集团总裁李东生亲自到世界各地考察，寻找国际合作的机会。2001年，TCL集团开始不断与国际知名电子集团展开合作，比如，与飞利浦和松下电器的合作。2002年年初，TCL集团又低调宣布完成股份制改造，引入数家国际国内战略合作者，其中东芝、南太电子、住友、金山和Pent口等国际企业都成为TCL集团的大股东。通过以上行动，TCL集团逐步走向了国际化道路。

经过几年发展，TCL又提出"阿波罗登月计划"，随后，TCL有计划地逐步实施开来。第一步，TCL逐步增持上市公司股票。目的是大量吸纳TCL通信的法人股，成为其绝对控股股东。第二步，快速制定换股计划。第三步，成功完成整体上市。2004年1月5日，TCL集团发布招股说明书，称集团将发行9.944亿股A股，其中，5.9亿股为向社会公众首次发行，4.04亿股为定向发行，用于与TCL通信的流通股股东换股。在完成了集团整体上市后不久，2004年4月7日，TCL集团又制订了移动业务分拆上市计划。

TCL集团真正发展的时间为1997年，在短短的不到10年的时间里，突飞猛进。发展国际化战略，整体及分拆上市，总裁亲自考察，认真调研，制定的符合企业实际的目标终于给企业发展带来了巨大财富。

所以，制定切合实际的企业发展目标，对企业发展有着至关重要的作用。企业的领导层要明确企业目标，牢记企业目标。不能通过主观判断去制定企业目标，也不要过急、过高地制定不切实际的目标，更不要空喊口号，否则都可能给企业带来致命的伤害。

通过目标管理进行业绩考核

【德鲁克微语录】

任何目标都应该在数量上或质量上具有可考核性。有些目标，如"时刻注意顾客的需求并很好地为他们服务"，或"使信用损失达到最小"，或"改进提高人事部门的效率"等，都没多大意义，因为在将来某一特定时间没有人能准确地回答他们实现了这些目标没有。如果目标管理不可考核，就无益于对管理工作或工作效果的评价。

——德鲁克《管理：使命、责任、实务》

【活学活用】

德鲁克认为，每个管理者的工作目标都应该是由他对公司所做的贡献来规定的。比如事业部门经理的工作目标应该是由他和他的团队对公司在人力资源调配上所做的贡献规定的；而销售部门经理的工作目标，则应该由他和他所领导的团队对公司销售部门所做的贡献来规定的。

张杰是一家家具公司的销售经理，这年，他的销售业绩不错，他感觉很自豪。有一次，他急不可耐地向老板表白，说自己是多么卖力工作，是多么辛苦地劝说客户购买产品。听完张杰的倾诉，老板没有说什么，只是默默地点点头。

张杰看老板态度淡淡的，就鼓足勇气问："我们的工作就是销售家具，难道您对我的客户有什么不满意吗？"

"张杰，你是销售经理，不是销售员，不要只把眼光盯在小客户上，应该把更多的精力花在普通业务员不能办到的大客户身上。"老板严肃地对他说道。

张杰恍然醒悟，自己本应该承担更大的责任，怎么能为区区的小客户而沾沾自喜呢？于是，张杰把手中较小的客户交给一个属下，自己努力去找大客户。最终，他给企业找到了一个大客户，他一个人创造的利润比十个普通业务员创造的利润还要多很多。

由此可见，身处不同职位的人，所要承担的任务也不同，需要有不同的目标标准。所以，目标管理的核心思想就是把目标分解后，企业的每个层次、每个部门和每个成员的工作业绩都可根据其需要达到的目标为标准进行衡量。

管理者通过目标管理，能够正确而公正地判断每个组织成员的业绩和工作努力程度，当然，这个目标的实现前提是对目标进行科学的分解。

通常情况下，如果没有目标分解或目标分解不清的企业，很可能就导致一些不公平事情发生。比如，一些人光说不做，推卸责任偷懒，管理者因为没有分清每个员工该达到的目标，结果也容易被花言巧语而不实干的人所蒙蔽。企业上下环境就变得复杂而混乱，这样的企业怎么能留住优秀的人才呢？这样的企业怎么能够发展良好呢？在目标管理的条件下，考评不是看你说得怎样好，而是看你所做的和目标要求的差异程度，考量你所干出的业绩。

所以，要想员工在目标管理下激发出强大的工作热情，就要建立考核，明确每个员工的目标，并且要使业绩目标和员工的能力相适应。这样才可行、公正，能让人信服。那么，这个企业一定是很有效率的。因为仅仅是公正的评价就已经成为组织成员的激励因素。事实上大多数组织很难做到这一点，组织很容易错爱那些说得多做得少的人，导致那些真正埋头苦干的员工被忽视，以致影响组织的士气。

而对部门的领导业绩考核，就要了解管理者在计划、组织、指导与领导、人员配备、控制等方面的工作做得如何，才能知道那些管理者是否进行了有效的管理。这个关系到企业目标的实现，甚至关系到企业的生死存亡，所以，更要重视起来。

制定目标就要保质保量地实现

【德鲁克微语录】

当管理者对政治、财务、人事等这些问题进行妥协时，这种妥协是否偏离管理者的使命和目标，这将决定他是否能够成为一个卓有成效的管理者。

——德鲁克《管理未来》

【活学活用】

目标是指路明灯。想要做成某件事，你就得有个明确的目标，一个你和你的公司员工共同要瞄准射击的靶子。如果没有方向，作为管理者就不知该往何处去，还会为此浪费大量宝贵时间。有了目标，才能集中精力，带领大家直奔前方。

但目标固然重要，如果在实行中打了折扣，没有实现预期的目标，也不算是成功。面对未来要达到的目标，作为领导要一步步地走。如果想一步登天，转眼就实现总体规划，只能是把自己陷入了空想中。作为领导要做好多多的事，完成一个又一个的小目标，才能实现梦想。小目标的分设，使你能合理地将团队分成若干小兵团作战，继而发动总攻，大获全胜。

伊士曼化工原料国际有限公司是一家拥有50亿美元资产的化工生产商。该公司领导人在高层推行他们几年来在基层发展的经营哲学——全面质量管理，由此慢慢形成了一种自己的方式，有效地实现了保质保量完成工作目标。

伊士曼采用业绩标准实现战略目标时，采用了许多与其他公司同样的方式。不过，其质量流程显示出伊士曼公司的独到之处。在发展高标准的同时，伊士曼公司努力"把这些标准与我们的战略意图及顾客、员工、投资者、供应商和公众五大企业的利益关系人联系在一起"。

比如，其中第一项高标准是顾客价值，第二项是员工留任率，第三项是社区满意度，第四项是一项主要的财务标准——经济收益。

伊士曼在企业内逐级实施这些标准。"相互维系"的团队建立相互维系的标准；高层团队是由11位成员组成的领导人团队，为整个企业制定高标准。领导人团队的每位成员又分头带领一个团队，制定出自己的标准。这些标准都是依据相关高层标准制定的，如此这般逐级落实到第一线。

这种方法，让企业中全体员工都能明确企业的发展目标，自己该实现什么目标，使大家有动力众志成城地一心支持各项决策。

以前，伊士曼在不同部门为不同员工制定不同的标准，并根据这些标准确定浮动薪酬。1994年年初，伊士曼决定对所有员工采用一种浮动薪酬标准，投资回报。他们相信，这样会使公司上下心系一处。在公司制定重大决策，如关闭一间企业时，员工就能更体贴公司，会意识到良好的资金运作有利于他们的切身利益。即使公司小有举措，员工也会这样想，会更在意钱花得明智与否。

财务总监弗吉尔说道："这就是员工的主人翁精神。"之所以有这种主人翁意识，是因为公司有一种管理体制，把高层战略和基层行动结合在一起。

正因为企业把上下捆绑在一起，让每一个企业成员都感到企业的发展和自己密切相关，所以，企业的目标更容易实现。

由此可见，企业领导既然制定了目标，就应该积极地实施，但是，在实施过程中必然会出现很多意外，让目标无法实现，其中最重要的是要调动起全体员工朝着目标前进的积极性，这样共同努力，才能克服困难，实现目标。

作为领导者应该不断地向员工提示和警告，需要为他们指引方向，需要让他们明白事情的重要性，需要让他们弄清事实的真相，需要让他们明白自己的工作与其生存和成功紧密相连，还需要表明他们的贡献有多大，需要承认他们在公司中所处的地位，需要让他们看到自己的将来。

领导要将公司的长期目标转化为让自己部门的员工可以实现的具体目标，并为集体中的每一个人指明方向。同时，要达到目标，领导必须明确重点。帮助员工把握目标，如果偏离方向，应及时予以纠正。而这些也是员工愿意了解的事情，因为他们也不想生活没有目标，处于茫然无措的状态。

领导人员可以每隔一段时间和员工坐下来，共同描述一下整个部门及每个人将来的工作前景，这是十分重要的。这幅蓝图就是整个部门工作的重心，也是为员工提供了一个明确方向。称职的领导能根据自己上司的要求确定自己部门的工作方向。另外，他们还会向员工表明，除完成公司确定的目标外，他们还期望员工做些什么。当管理者为员工确定了具体的方向以后，他们自己最清楚以何种方式达到你所确定的目标。如果你不把公司长远宏大的计划的重点指给员工，不让他们感受到自己的努力与公司成功之间的内在关系，他们的工作动力从何而来？如果你不讲明问题，员工怎么会认可其他同事对他的帮助？如果你不帮助员工做出重点选择，介绍一些他们从未运用的解决办法，他们怎么能够去面对那些十分棘手的问题？

可是实际上，我们在许多事情上失去了重点，看不到问题的关键，缺乏远见，只见树木不见森林，易于受外部的影响，看不到自己好的一面，只是想到那些阴暗面，只听那些自己想听的东西，做事没有分寸。

找一个时间，把一两个人拉到一起，共同讨论工作，开诚布公地研究问题。你只需给员工提出一些有关市场和竞争对手的情况，公司高层的最新指示，公正地判断员工的谈论内容。这有利于帮助员工找到问题的关键，保质保量地实现目标。

第6章　有效利用时间做有价值的事

从管理中要时间

【德鲁克微语录】

管理者对于那些因为管理不善和组织不良造成的时间浪费，也应该给予同样的关注。蹩脚的管理，会浪费所有人的时间，最先就是浪费管理者自己的时间。

——德鲁克《卓有成效的管理者》

【活学活用】

不仅仅是管理者要从自身工作习惯中寻找浪费的时间，作为管理者也要留意在管理工作中，是否因为管理制度不完善而造成了时间浪费。可以从以下几方面寻找原因。

第一，找出因为缺乏制度或远见而造成的时间浪费。这种症状是，年复一年地出现同样的"危机"。同样的危机如果已出现了两次，就不应让它再出现第三次。

一项重复出现的危机，其实是可以预见的。为了不要重复出现这样的危机，我们要么可以采取措施，防止它再次发生，要么让它成为一种例行公事，把它划分成一套系统的、有步骤的形式，成为人人都可以处理的事情。

通常一个管理完善的企业，常常是很平静的，甚至是有些单调乏味的，不会发生激动人心的事情，因为人们对可能发生的危机都早已预见，并且已将它们转化成为例行事项了；反之，如果一个企业经常出现"戏剧性的"事件，比如，轰轰烈烈地忙碌于昨天的扫尾工作，那么，这个企业管理制度一定存在问题。

第二，人浮于事，常常造成时间浪费。对于某项任务来说，可能的确人手太少。即便勉强能够完成工作，结果也不会太理想。但这种情况很少见。最常见的情况是，人员太多，影响了工作的有效性，因为大家把大量时间都花在了"相互关系"上，而不是工作上。

想要诊断是否存在人员过多的问题，可以观察一下，假如某个管理者把很大一部分时间，可能是十分之一的时间用在了处理"人事关系问题"、矛盾、争执和合作等之类的问题上，那么，这个单位的人员就肯定是太多了。因为，人员过多，就会造成相互干扰，这样就会给工作带来阻碍。如果一个组织合理，人人都有活动的余地，就不至于出现相互冲突的情况了，也不用总要向别人解释自己的工作了。

第三，会议太多造成时间浪费。谁也不能同时做两件事情，开会太多，工作的时间肯定就减少了。其实，开会的目的一种可能是担负不同工作的人们需要彼此合作，去完成某项特定的任务；另一种可能是因为某种特定情况所需的知识和经验，一个人无法全部具备，需要集思广益。除此之外，如果会议开得过多，就可能有些多余了。会议开得太多，可能是某一类工作本应该由一个部门负责，却被拆分成了多个部门共同负责，这样就导致开会过多，进展速度太慢。

另外，会议要开得目的明确。如果漫无边际地开会，不仅让人生厌，也是一种危险。会议不应该成为常规行为，应该定位为例外事件。

第四，因为信息失灵或者提供信息针对性不强而造成的浪费。比如，一家图书公司中，编辑应该快速得到市场变化的信息，而这些信息需要发行部门提供，但发行部门只有每半年提供一个图书销售情况的记录表，这对于编辑把握市场，快速做出适应市场变化的图书就是一个阻碍。两个部门应该及时有效地进行沟通。

管理者如果发现以上这些问题的话，就应该及时调整制度，优化企业制度，以便企业上下畅通，高效工作。

永远做有价值的事情

【德鲁克微语录】

一位希望自己有效，也希望其组织有效的管理者，必然会自我检视一切的方案、活动和任务。他会问："这件事现在还有继续做的价值吗？"如果认为没有价值了，他便立即停手，而将时间精力转移到其他只要做得好，便能使自己更为有效的新任务上，也能促使他的组织更为成功。

——德鲁克《卓有成效的管理者》

【活学活用】

每个管理者在做事情的时候，都应该问一问自己，这件事情值得去做吗？如果做的事是无法给企业带来效益的，甚至是只消耗成本的，就要考虑一下是否有再做这件事情的必要了。

有一位制药公司的总裁，在刚刚接手这家公司的时候，这家公司规模很小，业务也只限于国内。这位总裁在最初几年时间里，主要把时间和精力都集中放在推动研究工作上。但公司一直在研发方面没有优势，发展得也很吃力。后来他当机立断，决定公司绝不能再花 5 年时间去做别人已经在5年前做过的事情了。结果不到5年，公司就在两项新计划中高居领先地位。

接着，他又着手准备把公司推向世界，成为国际性大企业。在当时，瑞士药业处于领先地位，他仔细研究了全球药品销售市场，判断将来在健康保险和大众医疗服务方面是刺激药品使用的主要因素。他配合一家国际健康保险的发展，大踏步打入新的国际市场，并且没有卷入竞争的漩涡。

就这样一点点地发展，决策，转变方向，集中精力再发展，他终于把这家小企业成功运转成了国际型大企业。

　　这家企业的成功，领导的英明决策功不可没，是他下定决心，缩短时间，集中精力做有价值的事情，才使得企业稳步朝着大企业方向发展。

　　的确，我们在工作的时候，发现有价值的事情，就应该义无反顾地去探索、研究，把时间花在最有价值、最有意义的事情上。除此之外的事情都要为它让路。

　　一定不要做不值得做的事，因为通常不值得做的事会让我们误以为自己做成了某些事情，对白费力气的事情沾沾自喜。不要把时间和精力都浪费在某一项不值得做的事情上，要把资源分配到其他有价值的事情上。

　　当然，如果我们认为有价值的事情，也应该坚持去做，因为，最浪费时间的一件事就是太早放弃。人们经常在做了90%的工作后，放弃了最后可以让他们成功的10%。这不但输掉了开始的投资，更丧失了经由最后的努力而发现宝藏的喜悦。

做事情前先规划好

【德鲁克微语录】

懂得利用时间的管理者，可以通过规划来取得成果。

——德鲁克《管理的实践》

【活学活用】

　　凡事应做好准备。有无准备，做起事来效率大不一样。有准备，就会使工作一开始就进入"重负荷运转"，减少"空运转"时间。所以，每个时期的工作应有预见性，走上步，看下步。克罗斯公司就是通过有计划地实施，打败派克公司的。

　　20世纪90年代，被称为"世界第一笔"的派克笔，年销量达到5 500万支，产品销至全世界120多个国家和地区。克罗斯笔有90年以上的历史，年销量达到

6 000多万支。所不同的是，派克笔占领的是高档的市场，克罗斯笔则热衷于低档的市场。这两家公司的产品流向并不是一开始就这样的，而是经过几番竞争才形成的。数十年来这两家制笔公司虽然在表面上井水不犯河水，但在暗地里却不断地加强自己的力量，双方斗智斗勇，各使绝招。

20世纪90年代初，钢笔市场的竞争日趋激烈，为了在激烈的市场竞争中进一步拓展市场，派克公司任命了新的总裁彼特森。与此同时，克罗斯公司也在采取对策，除调整营销策略外，还加紧搜集彼特森的兴趣、爱好及上任后所要实施的营销策略。

由于种种原因，钢笔的高档品市场呈疲软状态，为了不使公司的经济效益受影响，也为了打响上任后的头一炮，彼特森意欲在拓展市场方面下一番工夫。正密切注视彼特森决策动向的克罗斯公司获悉这一信息后，立即召开会议研讨对策，决定实施反间计，和派克公司展开一场殊死的较量。

通过一系列的部署规划，克罗斯公司通过一家有名气的公共关系信息咨询公司向彼特森提出了"保持高档市场，下大力气开拓低档产品市场"的建议。这正中彼特森下怀。咨询机构的权威建议，使彼特森没有把主要精力放在针对市场变化来改进派克笔的款式和质量，巩固发展已有的高档市场，而是采纳了开拓低档产品市场的建议，趁高档产品市场疲软之时，全力以赴地开拓低档产品的市场。

听到这个消息，克罗斯公司欣喜若狂，赶紧实施第二步计划。一是装模作样地召开应急会议，作出一副恐慌、胆怯状，制定出了和派克公司争夺低档产品市场的措施，给人的印象是克罗斯公司非常害怕派克公司前来争夺低档品市场，全公司上下一片恐慌，而且没有制定出行之有效的应变措施。二是由公司总裁给派克公司总裁致函，声言两家产品市场的流向是有协议的，派克不能出尔反尔，行不义之事。克罗斯这么一番逼真的表演，愈发坚定了彼特森的决策信心，于是派克紧锣密鼓地开始向低档钢笔市场进军。为了不使派克公司看出破绽，窥出有诈，克罗斯公司还做了几次广告，制造竞争的紧张气氛，摆出一副决战的架势。这一切使派克公司看在眼里，急在心头，为了抢先一步，派克公司凭借财大气粗和名牌效应，投以巨资大做广告，制造声势。

克罗斯公司见已达到预期目标，便倾全力向空虚的高档钢笔市场挺进。

尽管派克公司花了不小的力气，市场效果却收效甚微。试想，派克笔是高档产品，是体面的标志。人们购买派克笔，不仅是为了买一种书写工具，更主要的是一种形象，一种体会，以此证明自己的身份。派克价格再昂贵，人们也乐意接受。而现在高贵的派克笔却成了3美元1支的低档大众货，这还有什么名牌可言呢？派克公司顺利地打进了低档市场，但没有达到预期目的。不仅如此，消费者像受了愚弄似的，拒绝接受廉价的派克笔。

这样，实力雄厚、财大气粗的派克公司竟是一败涂地，走向衰落，而克罗斯公司则趁机崛起，成了美国制笔业的新霸主。

正是克罗斯公司目标明确，做好了严密的计划，做好了这次商战的准备，最终才一举打赢了这场仗。

不仅在商战中如此，领导在决定做任何事情前，都应该做好准备，做好准备才更有把握取胜，才更容易避免不必要的损失。

细化到每天的工作也应该做好计划。如果头一天做好计划，当天又能提前一会儿上班，不仅能为下级和群众树立良好榜样，还可以对当天的安排进行思考，使一天的工作处于主动状态。再如，领导者要在办公室里尽可能多准备一些必需的手册、参考资料和各种工具书，以便在需要时随手拈来，减少时间上的浪费。

拿破仑虽说过"没有哪场胜利是按计划取得的"，但他还是会为每一场战役都制订好作战计划，而且比以往任何一位将军都要细致得多，因为这样才能把行动的主动权掌握在自己手中，而不是成为事件的俘虏。作为企业的领导者同样需要这样细致制订计划的精神。

做好时间记录，提升效能

【德鲁克微语录】

通向管理有效性方面的第一步是记录实际用时情况。关于记录方法，有的管理者自备时间记录本，有的人请秘书代记。不论使用什么样的方法，重要的是，要做时间记录，并要在工作进行的当时做记录，而不是事后追记。

有效管理者，都永远坚持对自己的时间管理。他们不仅要经常做时间记录，并要定期分析记录。他们要根据自己的自由时间，对重要事情给自己规定完成的限期。

——德鲁克《卓有成效的管理者》

【活学活用】

我们都知道时间很重要，但我们有时候又在不知不觉地浪费时间。想要工作有效益，我们就首先要学会管理好自己的时间。管理不好自己的时间，就不可能产生效益。怎样来管理好我们自己的时间呢？记录实际使用时间的情况是个很重要、实用的方法。

通过时间记录我们能够清楚地了解到自己的时间都用来做什么了，哪里有浪费的情况，怎样才能再提高工作效率，在记录时间的过程中，要注意一定要保证真实性，并且把事件发生的确切时间记录下来，千万不能事后凭着记忆再去追记，否则就可能有失真实性和客观性。

有很多有效的管理者都经常保存这样一个时间记录本，并且每月会定期拿出来看看。通常他们在1年时间内，至少做两次记录，每次大概持续三到四周。当他们做完这样的记录后，他们再重新考虑和规划自己的时间表。

但是，有时候，过了几个月，他们可能会发现自己又陷入了把时间浪费在琐事上的情况。然后，他们再次纠正时间。这样长期持之以恒地努力管理时间，最终让他们避免了让时间听其自然发展的情况。

由此可见，通过记录时间，我们能从中发现自己在利用时间上的问题，这样，我们就可以改正自己之前利用时间上的不良习惯。所以，作为管理者要经常逐项检查时间记录本上记的所有活动，想一想"这件事如果根本不做，会出现什么情况呢？"通过这样的分析，留下有价值、值得去做的事情，抛弃那些没有价值的事情。

当然，通过分析记录本上所记录的活动，还可以分析一下，看看是否有些事情可以完全交由别人办理，效果也一样好呢？如果有这样的事情，那就赶快交给别人去做，不用担心会出现什么意外。因为下属接到领导派发的任务是很高兴的，这让他们有充分发挥自己能力的机会。

最后还要分析一下，是否自己有浪费别人时间的情况。想要了解这种现象，可以问问下属："请你想想看，我常做哪些浪费你的时间而又不产生效果的事情？"而且问得对方敢说真心话，才是有效管理者的特色。

在现实生活中，许多管理者能意识到哪些事情会浪费他们的时间，但他们却不敢面对这个问题。殊不知即使有了错误，也能很快弥补。

另外，因为时间比较紧张，有些管理者，虽然每天记录活动，但很少翻看，也从没有仔细动脑筋想一想，那记录时间也等于是在浪费时间了。一定要记住，记录时间的目的是调整自己的活动，以免再浪费时间。所以，要正视自己的时间记录本上的问题，立刻行动，大刀阔斧地砍去不必要的活动，或者交由其他人办理，或者直接删去，让工作更有效率。

一次只做一件事

【德鲁克微语录】

一个管理者能完成许多大事的秘诀就在于一次只做一件事。一次只做好一件事，这个原则要求我们集中精力把一件事情做好，一次性地把事情彻底做完，不必在做完之后还要回过头来填补漏洞。

——德鲁克《卓有成效的管理者》

【活学活用】

数字时代，更加重了管理者的工作量，他每天都需要处理大量的信息。当这些信息杂乱无章地摆在眼前时，很容易让人产生焦躁情绪。所以，应该做好时间规划，一次只做一件事，做好之后再做其他事情，这样做事效率会明显提高，也定然会节省大量时间了。

纽约中央车站咨询处，只是间10平方米左右的小房子。但每天来这里询问问题的人却人潮汹涌，旅客们都急着问问题，都希望能立刻获得答复。在这样紧张的环境中，那位在窗口的服务员却一点也没有紧张和压力的神情，反倒淡定自如，轻松自如。

有一个矮胖的妇人，正在冲着窗口问问题，她脸上充满焦虑和不安。那位问询处的工作人员斜着上半身，大声问："你再说一遍，我刚才没有听清。"

这时，一个提着皮箱子的男子试图插话进来。但是，这位服务人员好像没有看到他，旁若无人地继续和那位妇人说话："是俄亥俄州的春田吗？""不，是马萨诸塞州的春田。"

然后，他不用查，流利地回答了老妇人那辆车的时刻表和候车厅号码。

妇人转身离开后，这位服务人员立即把注意力转移到那个提着箱子的男子。但是，不一会儿，那位妇人又回头来问："你刚才说是15号月台？"这时，这位服务人员集中精神在听那个男子说话，不再管这位妇人了。

等到他回答完那个男子的问题，才又转过头来说："是的。"

有人请教那位服务人员："能否告诉我，你是怎样做到有条不紊地并保持冷静的呢？"

那个服务人员回答说："我并没有和公众打交道，我只是单纯地处理一位旅客的问题。忙完一位，才换下一位，在一整天之中，我一次只服务一位旅客。"

听了这位服务人员的话，我们是不是感觉很认同。的确，把一大堆的事情，用一次只做一件事情的方法去做，压力和紧张顿时会减少很多。而当你一件件把事情做完后，再回头看看，你会发现自己已经做了很多了。

"一次只做一件事"，对一个管理者来说尤其重要。在繁杂的事务中，"一次只做一件事"，能够使我们静下心来，心无旁骛，一心一意地把手头上的事情处理得妥妥帖帖。如果我们见异思迁，心浮气躁，试图一下子把所有事情都做好，结果就可能像黑熊掰棒子似的，掰一个，丢一个，到头来什么都没有做好。

所以，作为领导者不妨静下心来，一件一件地去处理问题，这样，可能就会感觉轻松一点儿了，效率反倒大大提高了呢。

值得注意的是，在分配时间时最好在每件事情中间留出空当，以避免当有其他事情突然插进来时引起慌乱。

要事优先原则

【德鲁克微语录】

处理事情按优先次序的原则是节省时间的好方法。这种原则旨在提高利用时间的效率，提高人在一段时间内的产出。

要事第一，能让我们把更多的精力集中在重要的事情上。在精力充足的时候把重要的事情做完，增进做事情的质量，这样就不用反复核查，能节省不少时间。

——德鲁克《卓有成效的管理者》

【活学活用】

孔子曰："物有本末，事有始终，知所先后，则近道矣。" 即便你能够同时做好几件事情，但专注地去做一件重要的事情，要比同时做几件事情的效果好得多。因为一个人的精力总是有限的，人不可能长时间处在同时做几件事情的紧张工作状态中。所以，不如学习德鲁克的"要事优先"的原则。并且，20%的重要事件可以产生80%的绩效。所以，我们可以按照工作的轻重缓急设定优先次序，并且长期坚持按优先次序工作。

一堂课上，老师把石头填进一个玻璃杯里，直到装不进去为止，然后，他问他的学生："这个罐子现在满了吗？"学生们异口同声地回答："满了。"

听完学生的回答，老师从一个包里拿出一袋沙砾，再把沙砾慢慢地填进杯子里。这时，沙砾填塞到石头和石头之间的缝隙中，直到不能填进去为止。老师这时又问："这回杯子里满了吗？"

这时，学生都心领神会地说："没满。"

"很好，"老师回答，之后他向玻璃杯中倒水，直到漫到杯口为止，然后他问道，"这个试验说明了什么？"一个同学回答说："不管你的时间表安排得多么紧凑，你总能再安排进更多的事情。"老师说："对，但这不是关键，关键的问题是合理安排时间。先把重要的事安排好，你就有更多的空闲时间去做其他的事情。"

这里的"大石块"就是要首先处理的重点要事，"小沙砾"指的则是需其次处理的无关琐事。卓有成效的管理秘诀就是善于集中精力，总是把最重要的事情最先做。

在处理要事上"集中精力"，就是要善于分配和运用自己的精力，就像怎样有效地使用汽车里的汽油一样：明确自己能控制什么，不能控制什么；确定哪些是自己想控制住的，并且控制到什么程度，然后再适当地分配精力。

"集中精力，要事优先"的管理工作习惯和方法对我们非常有用、有效。但我们还要明确，要事优先中的哪些事情才算"要事"。对此，德鲁克给了我们几条准则：重将来而不重过去；重视机会，不能只看到困难；选择自己的方向而不要盲从；目标要高，要有新意，不能只求安全和方便。

"工作中无小事"。要事，不一定是大事。比如，美国"哥伦比亚"号航天飞机升空后80秒就爆炸的灾难，其罪魁祸首竟然只是一块脱落的泡沫。而之所以出现这样的灾难，就是因为某个设计师不重视细节，导致因小失大。要做好要事，就要关注组成要事的每一件小事、每一个细节。

要按要事优先的次序，把事情安排好，然后就一件一件地去做完，如果能坚持这样做，必然会加快工作速度。通常，管理者越是善于集中时间、精力、资源，那么，他就越能完成好各种各样的任务。

第7章 "做出贡献"才是成功的真谛

着眼贡献工作更有成效

【德鲁克微语录】

有效的管理者总是把注意力放在贡献上。他不仅仅只埋头自己的工作，还会抬起头来，把目光朝向目标。他常常会自问："对我所服务的机构，我能做些什么对它的工作和成果有重要影响的事呢？"

——德鲁克《卓有成效的管理者》

【活学活用】

曾有一位企业培训师问他的学员："你在公司里做些什么？"通常对方的回答总不外乎是："我负责文化部工作"、"我在市场部门工作"、"我要管500多人的工作，要保证他们能完成各自的任务"。很少有人这样回答："我为团队成员提供资源支持"、"我的任务是向我们的市场部门提供他们所需的资料，使他们能作出正确的决策"、"我主要研究公司的客户都需要什么产品和服务。"

可见，绝大多数管理者总是把眼光朝下。他们忙于努力工作，出发点却常常不是为了未来的成果。他们总以为组织和上级欠了他们什么，认为组织和上级应该给他们做什么。他们首先关心的是，他们"应该享有"的职权。结果，他们使自己成为劳而无效的人。

不论一个人的职位有多高，如果他只是一味地把注意力集中在努力工作，只看重自己的职权，他只能被列入从属地位；反之，如果一个人的职位不论有多低，如果他注重贡献，负起求取成果的责任，那他可以列入"高层管理"。

军事科学院领导公方彬教授曾在一次和基层战士们的对话中说："军队发展到现在，是前人智慧的结晶，是经过了一代代人努力创造出来的，想要打赢高技术战争，就必然要从我们每一个人做起，这既是空的，也是实的。就像我们批评社会不良现象一样，首先我们要问一下自己，你做了什么？我们希望这支军队担负起历史使命，打赢未来战争，就要考虑我在这个历史过程中，做了什么贡献。我在中华民族崛起的时候，我在军队现代化建设中做了什么，我能做什么，我是怎么去做的。"

如德鲁克所说的，管理者要经常问自己："我能做出什么样的贡献"，而不是"我想做出什么样的贡献"或"别人要我做什么样的贡献"。因为，这在落实的意义上是不同的，前者表明知识已经转化成行动，成为落实的一部分；而后者则还只停留在意愿或被动的思考阶段。

常常有这样的人，虽然他工作得很出色，但同他充分发挥出潜力后所做出的成绩相比，通常他们现在的工作就相形见绌了。如果一个管理者能更多地着眼于"我能贡献什么"，那么，他旨在寻找工作中尚未被发现的潜力，能够更好地发挥自己的才能，做出的成绩也会更好。

一个重视贡献的管理者，不会因为自己的专长或职务限制，而不作为或抱怨。他们会积极、主动地提升整体绩效。他们会把自己的能力、作为放在整个组织中进行考量。不足之处，他们会主动改进；薄弱之处，他们会主动增强。正因为这样，他们通常都能取得不俗的业绩。

在决定"我应该做出什么样的贡献"的时候，我们要从以下几方面思考：

第一，"在这种情况下，我们需要做什么？"

第二，"我该怎样利用自身优势、做事的方式和我的价值观去做出最大的贡献，我做出这样的贡献的目的是什么？"

第三，"我需要取得怎样的成绩，才能产生大的影响？"

厘清思路，然后再积极、主动地行动，就能让我们脱离职业部门的限制，能更好地完成一份任务，并能做出自己难以想象的好成绩。而不是为了工作而工作。

领导者要有责任，不推诿

【德鲁克微语录】

对于任何一个组织而言，可以预见的是它肯定会遭遇危机，这可以算是福祸参半。危机发生的关头，就是呼唤领导出现的时刻。

——德鲁克《非营利组织管理》

【活学活用】

在德鲁克看来，组织内任何职位的设立都不是摆设，都不是空架子。管理者拥有某个职位，更意味着他同时被赋予了与职位相匹配的某些权力和责任。管理者的最大价值就是解决问题，尤其在危急时刻。

丘吉尔是20世纪的成功领导者，但在1928年至1940年近12年的时间里，他并没有获得重视，反倒备受冷落，没有人认为他有什么过人之处，曾一度在野、辞职、落选……因为在那个时期，整个英国一切看来都是例行公事，不需要像丘吉尔式的人物。

第一次世界大战后的英国沉浸在和平主义氛围中，上到政党领袖下到平民百姓都鼓吹裁军，人民天真地认为，第一次世界大战后将再也不会有残酷的战争了。但丘吉尔是议会中极少数反对裁军的人，他认为希特勒的法西斯独裁将给欧洲带来灾难，如果不立即阻止甚至可能导致文明的毁灭，他督促英国应当重整军备，并鼓励盟友法国加强军事势力，而不是"裁减你的武器，增加你的义务"。但是多数人都将他的警告视为危言耸听。

后来，慕尼黑会议后，英国采取绥靖政策，放任法西斯肆意扩张。丘吉尔一直反对绥靖政策，但没有几个人听他的意见。直到德国吞并了捷克的剩余部分，斯洛伐克则在德国的支持下独立，宣告绥靖政策的彻底失败。

这时，英国首相张伯伦才意识到事态的严重。当灾难降临国家的时候，英国人立刻把丘吉尔视若救星。张伯伦下台，建议丘吉尔重组内阁，丘吉尔没有半点犹豫，在战时担当起了保卫国家的重任。他坚持不投降，战斗到底的精神，鼓舞了全英国人为保卫国家而战斗。最后的胜利证明丘吉尔的政策是非常关键且正确的。

危机时候正是领导者站出来的时候。当然，这意味着领导要主动承担起责任。不管是组织还是个人，如果具有强烈的责任感，一定目标明确，就会勇往直前，绝不退缩；反之，如果领导没有敢担当的责任感，遇事推诿，消极懈怠，不敢决策，那么，这个组织也将停滞不前或走向弯路。

在沃尔玛之前，美国零售业的龙头一直是凯马特，但20世纪90年代末期，凯马特一系列政策的失败，导致其在2002年提出破产保护申请。而其之所以失败，很大原因是企业成员责任感的缺失。

在一次年度总结会上，一位高级经理人认为自己在工作中出现了一个失误，他向坐在他身边的上司请示该怎样改正和弥补。这位上司不知道怎么回答他，便向他的上级请示。他对上级说："我不知道该怎样回答他，我需要听您的指示。"

而这位上级怕承担责任，便转身对他的上司请示。结果这个小小的问题，一直推到了公司总裁那里。总裁后来回忆说："真是不可思议，居然没有一个人愿意为一个小问题承担责任，而宁愿把问题推到我这里。"

拥有这样一些唯命是从的领导者，凯马特怎么能不失败呢。领导者是应该承担责任的，他的职责就是决策和解决问题。它完全可以建立起一个信心高涨并互相信任的团队。如果领导者都这样不负责任，那么，又怎能期望下边的员工努力工作、团结上进呢。领导者没有这种责任感，没有这种信念，不能使员工上下团结一心，那么，做事情就很难取得胜利。

随职位改变，改变工作重点

【德鲁克微语录】

管理者失败最常见的原因，是当他换到一个新的岗位后，他不能或不愿意按照新职务对他的要求进行相应的工作调整。如果他还继续沿用过去工作中成功的一套，那么，他几乎注定要失败。

职务变了，他要为之贡献力量的重点当然也随着变了。管理者如果不了解这一点，而完全照搬过去工作中的一套，尽管过去这样做是用正确的方法做正确的事，那现在将是用错误的方法做错事了。

——德鲁克《卓有成效的管理者》

【活学活用】

我们经常会看到这样的领导者，他们在某个职位上工作了很多年，做得卓有成效，但当他们被派到另一个职位的时候，他们工作起来却可能屡屡失误。我们会怀疑，同样是领导的位置，为什么他做出的决策会有这么大的不同呢。其实这样失败的管理者多数是因为他们没有对自己提出挑战，他们没有看到改变自己努力方向的必要性。有许多领导者在做出决策的时候往往只凭经验，而不去想环境发生了什么变化。他们会凭几年前在某个工作上的失败经验告诉你："老兄，5年前我就这么做了，根本行不通。"他们没有想到，5年后在新的岗位上情况发生了变化，以前不适用的做法现在没准是恰逢其时。

还有一种人，他们死死抱住以前的规矩，不敢越雷池一步。他们顽固地认为"这个方法5年前在这个岗位上有效，现在当然还有用"。在他们的眼里，世界是静止的。

朱利安·巴赫年轻时在《生活》杂志做记者。第二次世界大战后的一天，他与一名从纳粹集中营逃出来的罗马尼亚小伙子共进午餐。小伙子以在纽约大都会剧院门口兜售演出纪念品为生。当时剧院正上演著名指挥家索尔·赫罗克指挥的芭蕾舞剧。

那是个星期二，天气晴朗。演出票销售一空，小伙子的纪念品也全卖了出去。又过一个星期，还是星期二，天气依旧晴朗，剧院上演着同样的舞剧，演出票又销售一空。可这一次，演出纪念品却一份也没兜售出去。

演出结束后，小伙子在剧院走廊上遇到了赫罗克，告诉他自己实在想不通。赫罗克的回答出乎意料的简单："因为这是另一个星期二。"

因此，每当你做出新决策前，千万不要犯墨守成规的错误。不要以为你以前失败过现在还会失败，也不要以为，你以前成功过现在还会成功。我们的工作不是静止不动、一成不变的，职位改变了，时间变化了，我们就该在思想观念和工作的侧重点等方面都要变化，要适应新的工作环境，要给自己设置新的挑战。过去的辉煌已变为历史，不一定就适合当前职位的需要。如果你仍用以前的框框来指导目前的生意，期望从中找到共同之处，那只会使你失去更多认识新事物和把握其特殊性的机会。

所以，用归零的心态，重新审视自己的这份新工作，调整心态和工作方式，力求在新的岗位上再创辉煌。

让自己的知识有助企业发展

【德鲁克微语录】

一个人如果想成为优秀的管理者，想有所贡献，他就必须关心他的知识的有用性。

一个愿意有所贡献的人，会把自己的狭窄的知识领域同真正的知识整体联系起来。他自己可能永远也不能把很多知识领域结合成一体。但他能很快认识到，他必须了解别人的需要、意向、局限和认识，以便让别人运用他的成果。

——德鲁克《卓有成效的管理者》

【活学活用】

使企业的目标与个人的需求很好地结合起来，有效的管理者都懂得这一点。管理者要协调好以下两种需求：员工需要把企业当成实现他们人生目标的舞台；企业需要员工为企业作贡献。作为管理者不仅要善于发挥自己的长处，还要善于利用自己的优势为企业创造成果。只有这样，管理者的工作才能变得卓有成效，并且不可替代。

有人说，有三个苹果改变了世界，第一个是夏娃的苹果，第二个是牛顿的苹果，第三个则是乔布斯的苹果。

乔布斯是苹果公司的联合创始人之一。自从成立之日起，苹果几乎每年都有新的产品问世。1978年4月推出的苹果II是当时最先进的电脑；1983年推出的丽萨 (Lisa) 电脑也是当时世界上最先进的；1984年推出的麦金托什电脑 (Macintosh)，设计精美、技术领先，是当时最容易使用的电脑。

后来他因内部权力斗争而黯然离开苹果，随后于1997年重返公司。任职后，他发现苹果已经成了一家二流公司，充斥着普普通通的产品，据说撑不了几个月就要破产。回归后，乔布斯用他超凡的创造性和独特的审美，带领这个奄奄一息的苹果公司东山再起。他改变了手机只是通信工具的观念。让苹果推出的每一款产品都能给客户带去最新的体验，引领时代潮流。2001年1月份苹果发布了用于播放、编码和转换MP3文件的工具软件iTunes，改变了流行音乐世界；2001年11月推出了引领音乐播放器革命的iPod，以及用于将MP3文件从Mac上传输到iPod上的工具软件iTunes2；2007年6月推出了改变智能手机市场格局的iPhone；2010年4月发布的iPad则让平板电脑成为一种潮流，极有可能改变PC行业的未来发展。

正如苹果董事会成员阿尔特莱文森所说的那样："乔布斯独特的视野和领导力拯救了苹果，是他引领苹果成为世界上最具价值和创新力的科技公司。"

在苹果公司联合创始人乔布斯看来，历史上没有一个大公司曾成功地持续创新，而长盛不衰的关键正是完全、纯粹地创新。不仅乔布斯一个人在追求创新，他还为激发并保持员工的创造力努力。个人主义至上是创立之初的苹果公司激发员工创造力的重要法宝。苹果公司鼓励个人主义，个人主义可以创造差异，苹果公司更愿意雇用那些有思想、懂得自我激励的人。在乔布斯的领导下，苹果公司在成立之初就形成了一种充满活力和创造力的企业文化。苹果的文化鼓励努力工作，强调个人成就。这种文化使得苹果公司开发出令人不可思议的产品，如当初苹果Ⅱ型电脑成为计算机行业的领导者，其市场份额在1980年年底即达25%。

苹果的成功与作为苹果精神支柱和灵魂人物的乔布斯密不可分，更与他卓越的领导力密不可分。无疑，乔布斯是当之无愧的魅力型领导，他巨大的个人魅力让苹果的员工甚至消费者，对他建立了极高的崇拜和忠诚。

整个苹果公司都在乔布斯的感染下，不断推陈出新，发掘创新潜力，创造出给消费者更好体验，更具完美形式的产品。

乔布斯已经做到了让自己的知识成为可以帮助企业抓住机遇的促进因素。他在强调创新、完美中，把自己的价值最大地转化成了组织的效益。

我们在怀念乔布斯的时代时，作为管理者也应该多学习他的个人魅力，以及把自身优势和企业结合，并发挥到极致的能力。

建立正确的人事关系

【德鲁克微语录】

一个组织的管理者的人事关系并不一定就好。但是，如果他在自己的工作中和与别人的关系上都着重于贡献，他们的人事关系就会融洽。因为他们的关系是具有成效的，而这才是正确人事关系的唯一含义。如果人事关系只是建立在工作关系和任务关系上，而毫无成就，那么，热情待人或愉快的交谈都是毫无意义的假象，是不足称道的；反之，如果大家都是建立在关心成果和取得成就的基础上，那么，即便相互有争执，也不会影响关系。

——德鲁克《卓有成效的管理者》

【活学活用】

企业在信息交流方面通常是一种自上而下的，从管理者到雇员、从上级到下级。但是，如果信息交流只建立在自上而下的关系基础上，是达不到交流目的的。因为通常情况下，上级越是想努力对下级说点什么，下级听错的可能性就越大，因为他只是听见他想听的，而不是去听对方所说的。

但是，一个重视在自己工作中做贡献的管理者，会打破这种情况。因为他们常要求他们的下级也重视贡献，所以他会主动问下级，"这个组织和我，你的上级，应当要你负责做出什么贡献呢？我们应当对你寄予什么希望呢？怎样才能最好地利用你的知识和才能呢？"这样主动征求下级的意见，一旦下级考虑决定了自己应做的贡献，上级就有权利和责任来判断所建议的贡献是否恰当。这样，交流就容易了。

大家都把着眼点集中在贡献上，那么，就有了交流的平台。相互配合工作也就有了可能，当工作中需要回答"谁必须参与进去，才能让任务更快完成？"员工是站在共同完成任务，做出贡献的基础上的，是根据情况的必然发展和任务的需求，而不是根据正式的法定结构范围来确定工作的员工的。

凯姆朗公司的发展归功于公司的创始人杜克，正是他创造了"不合常规"，以"爱的精神"经营企业的方法，并把它一直坚持下来。

杜克的老父亲传给公司的信条是："我们的人第一，顾客第二，只要坚持这样做，一切都会顺利。"杜克对这一信条非常赞同，在他的工作中始终支持它。他不仅要求员工对用户要尽心尽力地提供服务，而且他还时常和员工们在一起，和他们谈心，解决他们的困难，有时也让员工们参与管理和决策。他尽力营造一个环境，使员工对杜克非常尊敬，他们把公司作为自己的"家"，全心全意地为公司、为顾客服务。在凯姆朗公司，喷药、施肥的员工被称为"草坪养护专家"，同样受到企业管理层的尊重。

正是和员工打成一片，用共同的信条把员工团结在一起，使公司取得了突破性进展。

随着社会的发展，人们的生活节奏不断加快，竞争的压力也越来越大，这已成为一个不能回避的现实。即使在一个公司内部，竞争也无处不在。所以，作为一个领导者，就要设法使公司内部的竞争朝着良性的方向发展。

一个公司就是一个大家庭，或者说是一部机器，而每个成员都是机器上的一个组成部分。作为领导者的你，就是要想方设法使这架机器正常运转。只有建立正确的人事关系，把大家拧成一股绳，公司才有力量前进，并充满无穷活力。

当重视贡献、充满责任感成了人们固有的一种习惯，那么，大家互相配合协调工作，则几乎不成为问题。

所以说，如果你想拥有一个高效的团队，就绝不能让团队成员只关注自己个人的工作范围那点事，还应该帮助他们把主要精力放在团队的整体任务上。因此，你所布置的任务必须明确。所有的成员都必须理解团队的任务，并且，他们的理解基本上是一致的。比如，"使顾客满意"相对来说比较明确，而"生产高质量的产品"就不那么清楚了。

在这样为贡献而努力的环境氛围中，即便有争论也不会破坏人和人之间战友般的友谊的。

会议要服务于所承诺的贡献

【德鲁克微语录】

有效的管理者，知道他们能从各种会议中得到什么，也知道会议的目的是什么或应是什么。他们常常自问："我们为什么要召开这次会议？是为做某项决定？是为了通通情况？还是为了明确我们究竟应该做什么？"

他们认为，事前一定要把目的考虑好，并要说清楚，不论是召开一次会议，应邀做报告，还是组织报告会，都应如此。他们还认为，会议一定要服务于他们所承诺的贡献。

——德鲁克《卓有成效的管理者》

【活学活用】

某企业开会，主持人上台说："现在开会，请张经理做报告，大家欢迎……"下面传来稀稀拉拉的掌声。张经理拿着稿子走上台，清了清嗓子开始念。从国家形势讲到地区形势，再讲本行业形势，等讲到本企业形势的时候，下面的员工不是已经睡着了，就是在与旁边的人聊天。

张经理好不容易讲完了，主持人又上来说："下面进行会议第二项，请王主任讲话，大家欢迎……"醒着的人拍了几下手，把旁边睡着的人吵醒了，醒了之后看到会议还没有结束，只是又换了个人讲而已，又接着睡。

好不容易等会议结束了，大半天的时间也过去了，问问员工这次会议的主要内容是什么，没有人能说出来。再将相同的问题问讲话的领导，他也说不出所以然来。

这种情况在我国很多企业中都存在过或者现在还存在着。开会只是例行公事而已，没有其他别的意义，不论是讲话的领导还是参加会议的员工都不知道会议的重点在哪里，不知道开会的目的和意义是什么；讲话的拿着不知道是什么时候、也不知道是谁写的稿子念；参加会议的可能已经能背出前几句，但是却不知道后面的主题内容是什么。这样的会议不仅没有起到任何作用，还占用了领导和员工的工作时间，给企业带来的只有损失，没有任何好处。

有效的管理者，知道他们能从各种会议中得到什么，也知道会议的目的是什么或应该是什么。其实，开会真正的意义在于上级传达命令，上级与员工之间互相交流，是经理人发出信息并得到反馈的平台，是领导工作的一部分。作为企业领导，应该激发大家的积极性，把自己想要对企业做出的某些贡献传达给员工，并把这种对企业的热爱也一并传达给员工，让员工受到感染，让会议服务于所承诺的贡献。

为此，作为企业领导人应该在开会前明确以下一些问题。第一，不开没有主题的会议，每一个会议都要有个主题，都要有明确的目的和需要解决的问题。第二，尽量不开多议题的会议，使每个会议只有一个中心议题。因为在一个确定的时段里，人的精力和注意力是有限的，太多的主题往往容易使参加会议的人产生倦怠和厌烦的情绪，不利于会议达到预期的效果。第三，开会前要有充分的准备，除了特殊和紧急的情况，不要开"突然袭击"的会议。因为开会是为了传递、反馈信息，没有给参加会议的人一些准备时间，将大大减弱会议的效果。第四，有必要时再开会，尽量减少开会的次数。第五，开会的人必须与会议要讨论的主题有关，不要随意扩大参与会议人的范围。第六，禁止出现与会议无关的话题，发言人要言简意赅，不重复其他人已经说过的情况。第七，会议要有结果，即会议结束前要有决议，即便不能在开会的时间内得出结论，也要将这次会议的成果总结一下，并提出下次会议的要求，让会议参加者有所准备。最后，开会时要注意会场秩序，禁止无关人员的出入，也要防止出现争吵的现象。

开会是应该有它的目的和结果的，是为了企业更好地发展才开会。不能只是例行公事。如果公司规定每周必须开一次会，而这一周确实没有什么要讨论的议题，也没有什么需要总结的事情，那就取消会议，千万不要为了完成开会这一过程而开会。否则，既浪费时间，又造成损失，得不偿失。

第8章　管理者时刻要自我提升

要坚持精益求精的心态

【德鲁克微语录】

如果一个人想要有所成就，就要为自己的行为负责。对自我要求不高，就会对自我的成长造成阻碍，如果能严格地自我要求，就能成为一个杰出的人物；而其中所付出的心力，并不会比那些一事无成的人多。为此，除了要不自满外，更要有精益求精的心态。

——德鲁克《管理的实践》

【活学活用】

"人生就是逆水行舟，不进则退"。要想在这个竞争日益激烈的社会立足，占得一席之地，非有努力进取，精益求精的精神不可。做事精益求精是一种优秀的习惯，这种习惯不仅能够使我们心情愉快、精神饱满，还可以使我们的才能迅速得到提升，学识日渐充实，自己在不断进步中逐渐提升人生品位；反之，即便你再有才华，再有能力，如果做事没有精益求精的精神，总是马马虎虎，那么，我们定然无法进步，做不出什么成就来。我们所有的能力、天分、智慧和独创力也可能会消磨殆尽。作为一个企业的领导者更应该有精益求精的精神，这样才能带领企业走向卓越。

华硕的作品从来都是整体和细节结合得相当精妙，它拥有领先业界的工业设计能力，总是追求更好更完美的产品。

现在的计算机用户，除了要求产品的性能够好，够强悍，还要求产品在外观足够令人赏心悦目。比如，华硕中的散热器的技术团队都优先考虑消费者的情况。他们会精心研究，把散热器的重量保持在用户期望值之下，比如针对游戏用户，设计师会恩惠考虑800g的最高上限，而针对非游戏的顶级用户则考虑小于600g的产品。在外形上，华硕的设计师会从草稿、2D模型直到3D模型一步步地精细设计，甚至连着色也会做出很多种方案，使作品精益求精。

针对散射器功能的研究，华硕的工程师同样追求精益求精。他们研制的每一款华硕散热器都会通过"数值分析"到"手工样品"到测试验证三道极其严格的工序才能够定型。比如散热鳍片的设计，华硕的技术团队就要先制作模型，然后用先进的STAR-LT软件描绘实际应用的情景，接下来是手工模型阶段的试验，直到给出最后的优化方案。

另外，华硕在静音设计方面也在业内居领先地位。华硕认为散热器噪声的来源有三个，震动噪声、马达噪声、电子噪声。特别是马达噪声是影响散热器静音效果的最主要因素。针对这个问题，华硕技术团队做了仔细的分析和试验，给出了最优化的设计。最终，华硕"冰冻城堡"噪声仅仅16dBA；另外最新推出的华硕LGA775平台散热专家V-60，它采用了更安静的Vopa气化轴承，噪声也被控制在了16dBA。

当然，华硕散热器的其他性能也都很先进。比如，华硕独有的Inner fan，即吸风跟抽风各切一半的内置风扇设计，这种风扇技术在处理风流及散热的分配上做最佳处理，提升整体效能的同时还可以保证系统更安静。另外还有华硕的扣具设计，每一款华硕散热器产品都可以通过3步简易的操作稳固地安装在主板上。

华硕这支强大的技术团队，本着精益求精的工作态度，使华硕散热器拥有了对手不可比拟的优势，特别在技术基础、工业设计、外形设计等方面，华硕更是一马当先，让其他品牌望尘莫及。

也正因为华硕有众多像散热器研究团队这样具有精益求精的严谨工作态度的团队，所以，保证了华硕品牌在市场上拥有越来越多的用户，稳步前进。当然华硕的领导层对产品质量严格把关，对精益求精的追求必然能使华硕团队创出更辉煌的业绩。

对自己的技术精益求精，可以让你的技术更加进步，山外有山人外有人。对生活质量精益求精，可以让你看到更好的生活方式，让你的生活更加美好。对企业管理追求精益求精，会让整个企业焕发生机，蓬勃发展。

老子说："天下大事，必作于细。"其实，只要我们能够端正工作态度，每个人都能做到精益求精。精益求精就是不满足于现状，从身边小事开始，一切都要力求完美，不能随随便便了事。精益求精就是对自己严格要求，给自己一个高的标准，并且每件事情都按照这样的高标准去完成。精益求精就是从现在开始，戒掉"马马虎虎"、"差不多"的口头禅，开始准备做得更好。

但是，现实工作中，我们有很多领导者身居高位放松了对自己的严格要求，有得过且过的心态，这就容易失去认真工作的态度，对什么事情都马虎应付，这样下去，必然做不出精细的东西来，甚至会造成灾祸。

人生就是由一件又一件的事情组成的，没有高品质的事情，又怎么成就高品质的人生呢？对自己放松就是对自己不负责任，对自己放松，就失去了进步的机会。那么，领导不思进取，不能为员工们做表率，又怎么能领导好一个团队呢？又怎么能保证企业的发展呢？

生命中最大的推动力往往就是要在社会上安身立命、出人头地的进取心。认真地做事，认真地做人，拥有精益求精的工作态度，这在今日这个浮躁的时代尤其需要领导者身体力行。制造一台糟糕的蒸汽机不如制造一根质量过硬的针挣钱。你想拥有金子，只有辛勤耕耘，追求精益求精，追求更完美。

多经营自己的长处

【德鲁克微语录】

对于你不太擅长的领域，要尽量避免花费力气，因为从"不太胜任"进步到"马马虎虎",需要花费精力和时间,要远比从"表现一流"提升到"优秀卓越"多得多。

——德鲁克《21世纪的管理挑战》

【活学活用】

富兰克林说:"宝贝放错了地方就是废物。"每个人都有自己的长处也有自己的短处,一个人成功与否,常常取决于他是否善于经营自己的长处。

法国近百年来最年轻的首相梅杰,47岁就登上了首相宝座,为世人所瞩目。但是,他年轻时从来没有表现出有什么聪明过人之处。他16岁就因学习成绩不好而退学,之后,又因为心算能力差,结果连公共汽车售票员的职位都没聘上。有很多人对这样的人竟然能当总统表示疑惑。针对这种怀疑,梅杰在一次谈话中回答道:"首相不是售票员,用不着心算。"

的确,也许梅杰真的应付不了那些数字,而他的长处在于政治,所以,他能够当总统,这个结果只是因为他找到了自己的长处,并将其最大化地发挥了出来。

"尺有所短,寸有所长。"每当我们感觉总是失败或者遭遇挫折时,不如仔细想一想,自己是否站错了位置。要善于发现、经营自己的长处。但是,现实中,我们绝大多数人只留意自己的短处,有的看到自己的短处,就决心改正,不断下工夫在自己的短处,结果也只可能是差强人意;还有的人只盯在自己的短处上,产生自卑心理,越发缺乏信心了。其实,这些做法浪费了自己的宝贵时间,还不会产生好的结果。一个人受自己短处的限制是可大可小的,这取决于你自己如何看待和处理它。关键是应该注意发挥你所具有的长处,而不是总记着自己的短处。

毕业于西点军校的弗郎克军士,在一次军事演习中,不幸被手榴弹散片炸伤了左小腿,结果不得不做切除手术。伤好后,他自然只能选择退伍了,更让他伤心的是他不能在自己心爱的棒球场上奔跑了。在之后的球赛上,他只能用棒击球,然后,让别人替他跑垒。有一天,他看见一个队友连摔带滑地去占领了第三垒。当时他就想:如果我也去试试跑垒,最多也就像他那样嘛。于是,在他把球击出后,他推开了替他跑垒的队友,强忍疼痛,一瘸一拐地跑了起来，当跑到第一垒和第二垒之间时，他看到对方球员已经接到球，正朝守第二垒的人扔过去。于是，他闭上眼睛，头朝前猛地滑入了第三垒。裁判员喊出了"安全"的口令，弗朗克胜利了。几年之后，他又向上级请战，带领一个中队到一个地形复杂的地方演习，他的上级担心由于一条小腿的切除，他是否能胜任这工作，而弗朗克告诉他们说可以，并且说："这甚至可以让我与士兵更亲近。如果我的假肢陷在烂泥里了，我会告诉他们，这是因为我没有两条完整的腿。"并圆满地完成了任务。后来，弗朗克升为四星上将，而且还可以跑步，稳稳地骑自行车。

虽然，弗朗克失去了一条左腿，但是这丝毫不能影响他聪明才智的发挥，他可以发挥自己智慧的长处，为部队为社会做出更多的贡献。甚至正是因为这次事故，他才发现自己的长处，才最终凭借自己的长处走了一条辉煌的人生之路，也许，如果没有这次事故，他可能一直默默无闻，也从没有发现自己的长处呢。

认识你自己、发展并经营自己的长处，只有这样，你才能更准确地发现自己的最佳才能，找到能到达成功目的地最迅捷的途径。如果一个人站错了位置，用自己的短处而不是依靠自己的长处来谋生的话，这个人必然会遭到无数次的失败和挫折，甚至因此沉沦，失去了努力的方向和动力。领导者领导企业发展也同样如此，也应该关注企业的发展长处，发挥长处，才会让企业更快地站稳脚跟，发展起来更强劲。

荷兰有一家医药跨国公司，在进驻中国时，北京某个地方的地产非常便宜。有个中国员工就建议公司投资地产，并预言这个地方将来肯定抢手。第二天，老板召集全体员工开会，并向员工陈述公司发展的历程，然后强调"专注"于自己擅长的领域才能获得成功。后来，公司没有投资地产，结果这块地区在之后的几年的确炙手可热。但该公司却已经发展成了医药领域占世界市场份额一半以上的主导公司。之所以能够取得成功，不得不归功于企业领导能专注于自己的长处。

总之，发现自己的长处并善于经营，是一种智慧的生存方式，也是我们摆脱局限、超越自我、超越他人的最好捷径。但是，长处不会轻易被我们发现，需要我们自己去挖掘，所以，我们还要敢于实践，寻找自己的长处。

追求自我更新，自我完善

【德鲁克微语录】

有一次，一个在优秀管弦乐队演奏单簧管的乐手，偶尔坐在观众席上聆听自己乐队的演奏。这是他平生第一次作为听众听自己乐队的表演。这之后，他不但能用完美的技巧演奏单簧管，而且还能创作出新的乐曲。这件事情的最大意义就是使他自我更新。

——德鲁克《管理的实践》

【活学活用】

"水不流动，必至污浊"，同样，如果一个人不常改进创新，不努力更新完善自己，那最终定会落伍、失败。优秀的领导都有一个显著的特征，就是他在任何地方和任何时候，都追求进步和发展，不断完善自己，唯恐自己的事业不进则退，一败涂地。他们从不会因为事业上达到某一点，就自我满足，他们时常超越自己，奋斗不息。

搜狐的创始人张朝阳有一套著名的"删除哲学"。他认为，企业家一定要有"归零"的心态，"每天都要从零开始，不要老惦记着自己赚多少钱，钱只是数字而已，"张朝阳说，"这几年对我来说就是一个不断删除的过程。目前来说，还没有删完。"

张朝阳把自己的奋斗目标定为要把奋斗变成不奋斗。几年前的张朝阳，每天很早就来到办公室，员工可以随时找到他，他每天的工作也都是安排得满满的。现在的张朝阳，则甘愿做个公司的"隐形人"。

他说："我现在跟几年前完全不一样了。现在我把主动权收回来了，我现在不被安排，只有我去找谁开会，别人没有权利找我开会。有时候，对别人的短信我也有权利不回。以前，我每天要和很多的商家见面，但现在我拒绝跟任何人吃饭。虽然，和商家吃饭可能提升我这个季度的销售成绩，但是，我现在主要关心的不是这个季度或下个季度的销售业绩，而是公司的长久竞争力。"

通过这种工作状态的调整，现在张朝阳可以有足够的不被干扰的时间，在这个时间里他可以专注地研究关于公司的最重要的事情。

张朝阳还警醒所有的企业家：要忘掉过去，忘掉过去的挫败、过去对自我的否定，脑电流引起的浑身痉挛的反应要赶紧忘掉。没有过去，没有未来，要活在当下。作为一个领导者，一定要多思考，再忙也要抽出时间思考，不断更新自我。那些旧的东西要及时在思考中过滤、删除。

事实也证明，张朝阳留给自己思考的时间越多，反省得越深刻，"删除"得越多，搜狐发展得越快。2005年11月7日，搜狐公司和北京2008奥运会组委会正式签约，成为奥林匹克历史上第一个互联网赞助商，这一年，搜狐稳坐国内互联网的头把交椅。

成功企业的领导者必定有他们之所以能成功的优秀品格，他们往往学识渊博，有优秀的资质，并且积累了很多常人没有的经验和感悟。但是，正是这些优势，也往往成为领导者走向失败的导因。因为他们达到一个顶峰之后，常常找不到让自己继续进步，继续学习，更新和完善自我的理由。他们拒绝学习，拒绝自我更新。但是，"过去不等于将来"，如果一个领导者长期凡事自以为是，结果"是"的东西就越来越少，最终走向失败。特别是现在这个知识更新速度飞快的年代，什么事情都在发生着变化，稍不学习进步，就可能跟不上时代步伐，被时代所淘汰。

所以，作为一个领导者一定要懂得不断完善自我，更新自我，让自己与时俱进，始终保持活力。

一位著名的芝加哥商人，他每年总要到外面旅行一次，去考察各家著名商店的管理方法和经营方法。他认为，只有坚持旅行，才能使自己能够站在广阔的、不偏的视野上观察自己的素养，保持自己的事业不衰败。花一星期的时间去拜访国内的各同行商店，可以完全更换对于自己的经营的看法。

每次旅行回来，他总能收获种种办事和营业的新方法、新观念、新暗示。这样，他再看自己的商店时，就和旅行前的不一样了。以前没有注意到的日常办事和营业上的小缺点、小毛病，或者虽然注意到却总认为无关紧要的细微弱点，现在他都能发觉并引起了注意，并且发现这些无关紧要的事，其实关系重大。于是，他就改进工作方法，更新结构，精简无用的员工，使事业又焕发了勃勃生机。

古人云："反己者，触事皆成药石。"一个人只有不断反省，不断更新，才能保证事业的正常发展。

要想自我更新，自我完善，就应该多交流，常和外界接触，常去参观、拜访同行的各商店，多了解和掌握一些使自己工作得到提升的新方法、新观念。

还要多读书，耶鲁大学的校长海德雷说："人，若是能养成每天读10分钟书的习惯，20年后，必判若两人。"书籍虽然看上去和我们的具体工作联系不大，但长期读书，则书中闪烁的智慧和思想就会潜移默化地影响到我们的看法。通过书籍，我们可以开阔眼界，了解他人的成败，从中吸取教训，这些都能为自己更新观念，完善自我有助益。

另外，还要多倾听来自各方面的意见，通过客观分析，更新和完善自己，不至于让自己陷入经验主义和主观判断中。

要时刻心存危机感

【德鲁克微语录】

一旦觉得自己对例行性的公事开始熟悉后，那就是该强迫自己有所改变的时机了，就像植物一样，需要被换盆栽种。

——德鲁克《使命和领导》

【活学活用】

如果我们已经感觉自己的工作在例行公事，那就表明工作状态开始僵化。工作僵化，则人工作起来就没有积极性，没有了进步，就会逐步丧失了竞争能力，是人生走向失败的开始。一个人想要在激烈的竞争中不被淘汰，就该时刻保持危机意识。

中央电视台"动物世界"中，赵忠祥曾讲过：在非洲的草原上，生活着斑马、羚羊和狮子。每天早晨，羚羊和斑马睁开眼睛第一件要想的事情就是：我必须比狮子跑得快，否则，我就可能被吃掉；狮子也在想：我必须追上跑得最慢的羚羊和斑马，否则，我就会被饿死。这就是一种危机意识，生存危机意识。人类社会中，从另一个意义上也重复着同样的故事。

随着我国进入21世纪，竞争越来越激烈，就业，下岗，再就业，再下岗，已经成了司空见惯的事情。要想避免生存上出现困难，唯一的办法就是多学几手，一专多能。同样，商海中，领导者更要保持危机意识，这样才能保证企业躲避风险，平稳顺利地发展。

李嘉诚就是一个时刻怀有危机意识的人。所以，他的企业能够根据变幻莫测的经济形势和市场状况，随时调整经营策略，成功躲避可能遭遇的危机。

李嘉诚旗下的长江实业一直奉行"低负债"的财务政策，注重维持流动资产大于全部负债，以防地产业务风险扩散。低负债，承担的风险就变小，所以，即便在亚洲金融危机时，长江实业依然岿然不倒。

1997年亚洲金融风暴之前，香港经济连续多年保持高速增长劲头，很多企业领导看到经济发展如此之好，就有了趁此机会加大投入，扩大生产，赚一笔大钱的心态，于是采取高负债经营。但李嘉诚面对经济高烧，没有被诱惑，而是用冷静的态度观察经济发展状况，保持了高度的危机意识。财报显示，以地产开发为主要收入来源的长江实业，在这一年内大幅降低长期贷款，提高资产周转率，使流动资产足以覆盖全部负债。1996年，香港经济再度上扬，房价和股市都走出了出人意料的大行情，长江实业的流动资产净值大幅增长，长期负债却保持着原有的线性增长速度。正是因为其拥有足以承担全部负债的流动资金，即便地产价格跌多少，都不至于给长江实业带来致命伤。所以，长江实业才在1997年下半年的亚洲金融危机中平安度过，而当时，有很多企业倒闭，有的企业老板无法承受破产压力甚至选择跳楼自杀。

"现金为王"是李嘉诚经营成功的又一重要理念，长江实业公司始终保持拥有大量现金。在没有特别好的投资机会时，他就把现金存入银行，赚取利息。而一旦出现特别好的投资机会，他就立刻进行投资，然后大赚一笔。

在1997年亚洲金融危机爆发前，李嘉诚就聚集了大量现金。在金融危机爆发后，香港的股市和楼市都受到了重大打击，仅1年时间，香港股市就跌幅超六成，而楼市也大幅下跌。1998年香港房地产进入低潮期，李嘉诚看准这个竞争者少的机会，使用大量聚集的现金大量低价购买土地，用超低的成本建造房产，等到香港经济复苏后又高价卖出。这一保持现金的策略让他降低了经营风险，同时又不错过绝佳的投资机会。

在2007年美国次贷危机爆发之前，李嘉诚旗下的和黄公司就开始采取静观待变的态度，逐步积累大量现金。2007年和2008年上半年，和黄明显减少对外投资，在国内收购土地的活动也明显减少。且收购的土地都是像上海浦东、武汉和重庆等大城市。

同时，李嘉诚还采取多元化经营策略，和行业中业绩优良的企业联合成立公司共同经营。这样做既可以分享到该公司权益增长所带来的收益，也不至于因该公司出现问题而增加"长和系"的财务风险。比如，"长和系"从1996—1997年间投资互联网行业。2000年，长实、和黄与香港两家最大的银行——汇丰和恒生银行合资成立汇网集团有限公司。这一年，和黄以战略投资者身份成为同仁堂科技第二大股东。2004年，和黄与广州白云山股份有限公司合作成立了白云山和记中药有限公司。通过与这些龙头企业合资经营，"长和系"利用其先进的生产技术和行业管理经验为自己找到了既能赚钱，又能降低风险的成功方法。

李嘉诚从不把鸡蛋放在同一个篮子里。他旗下的长江实业与和黄都是经营地产、港口、零售、能源、投资等多种业务的综合性企业。这就大大分散了行业风险和地区风险。

李嘉诚说："好景时，我们绝不过分乐观；不好景时，也不必过度悲观，这一直是我们集团经营的原则。在衰退期间，我们总会大量投资。我们主要的衡量标准是，从长远角度看该项资产是否有赢利潜力，而不是该项资产当时是否便宜。我们历来只做长线投资。"正是李嘉诚在商战中能够保持平和心态，能够冷静思考，时刻准备着怎样度过可能到来的危机，能够保持高度的警惕性，使得其公司能够长久发展壮大。

没有危机意识的个人，随时可能面临困难；没有危机意识的企业，随时可能面临经营的困境。正是因为战战兢兢、如履薄冰，才成就了今日的海尔；正是因为"十八个月破产临期"的观念，才缔造了微软这个电子帝国。

华为总裁任正非说："华为的危机、萎缩、破产的那一天一定会到来的，这十多年来我一直在思考的都是危机、失败、破产，我没有什么荣誉感、自豪感，有的只是危机感，也许正因为有这样的危机感，我的企业才活了10年，甚至可以活更长的时间！"

确实如此，只有心存危机意识，才能在危机到来时有所准备，才能顺利地渡过危机，保证企业长久的发展。每个领导者都应该思考这个问题，要放眼长远，提高警惕，做好准备，防患于未然。

平衡好自己的工作和生活

【德鲁克微语录】

如果一个人把工作当成自己生命的全部，那么，这个人会全力以赴地去努力工作，保持住自己在公司中的位置，这样就会打压潜在的竞争者。

——德鲁克《卓有成效的管理者》

【活学活用】

工作和生活是我们每个人人生中最重要的两件事情，两者相辅相成，互相作用。拥有良好的生活状态才能保证高效的工作；而拥有稳定的工作也是良好生活的保障。

但是，在现代这个疯狂发展的世界，找到工作和生活之间的平衡点，真不是一件容易的事情，尤其是管理者，常常会把大量的时间花费在工作上，这就使生活质量大大降低。因为工作和生活严重不协调，也会大大影响工作的效率，最后只能是让自己身心疲惫，却毫无幸福和成就可言。

优酷总裁古永锵在刚刚创业的2年中，每天都被工作占据了，他带领团队没日没夜地加班，经常熬通宵。在创立了叽歪网项目后的一天，古永锵偶然地看完了一部叫做《神奇遥控器》的电影，看完电影，他突然醒悟，自己就像电影里的那个主角，把生活中很多美好的东西都被自己以工作为借口忽略了，比如，个人爱好、身体健康、亲朋好友。当他在获得了成功后，感觉到的不是喜悦，而是对失去的生活的懊悔。后来，他严肃地考虑了自己的人生奋斗目标。决定分给生活一些时间，于是，他开始学习一直喜欢的拉丁舞和搏斗，并且越发关心自己的身体健康，也花时间陪自己的家人和朋友，现在他能够同时安排好工作和生活，人生也变得不再单调乏味，变得美好幸福。

曾任可口可乐首席执行官的布赖恩·戴森说："工作是一个橡胶球，你把它丢在地上，它还会弹回来。但是另外四个——家庭、健康、朋友和精神是玻璃球，如果你把其中任何一个丢在地上，它们将不可避免地磨损、打上印痕甚至支离破碎。它们永远都不会一样。你必须懂得那些，并且致力于你生活中的平衡。"

是的，我们在拼命工作时，不要忘记还有生活。工作不能构成生命的全部，挤一些时间给生活，让自己享受一下生活的美好，这更有助于积极地工作。因为美好的生活能让我们心情愉快，能给我们带去更大的创造更美好明天的动力。而失去了美好的生活，没有亲朋的关爱，那么，生活就像机械一样，天天运转，毫无感情，更无幸福，长时间在这种状态下工作，定然不会给工作带去什么好处。所以，不要吝啬把时间分给生活，只有生活好才能工作好。当然，光享受生活，忘记了工作也是不可取的。因为作为领导有很多事情需要你去做，如果拖延不做，就容易导致企业运转不正常，容易发生问题。所以，工作和生活都不该偏废，要懂得平衡的艺术，让自己的生活变得幸福而充满希望。

为了能够掌握两者平衡，关键是提高时间的利用率，在工作中，我们就该学会聪明地工作而不是拼命地工作，多用"脑"工作。

每天可以把要做的工作列出来，把重要的、很急的事情放在第一位，不急的、不太重要的事情放在次要位置慢慢做。这样，就会减少很多不必要的疲惫，去掉许多不该有的烦恼。让工作忙得有目标、有重点、有成效。

还要拿得起放得下，上班的时间就专心工作，下班和周末的时间就尽量放松自己，享受生活。这样有张有弛，才能使自己的身心平衡。

不要再把时间浪费在无谓的人和事上。如果一些人和事在浪费你的时间，那就摆脱掉。不要再去参加一些无所谓的会议和饭局。

总之，要善于动脑，善于调节，让工作和生活齐头并进，让生活变得更丰富美好。

在工作中习惯享受挑战

【德鲁克微语录】

有时候一个变化，不管是微小的变化还是巨大的变化，都会对人产生刺激作用。

——德鲁克《使命和领导》

【活学活用】

在我们生命的长河里到处都是机遇，到处都是挑战。我们常常习惯了自己熟悉的领域，恐惧陌生的领域。其实，心有多大，舞台就有多大。我们每个人都有无限的潜力，勇于挑战，敢于创造变化，就可能创造出非比寻常的业绩。

林肯在1832年失业后，他下决心要当政治家，当州议员。但是，那1年，他在竞选中失败了。接着，他又着手开办起了公司，可是不到1年，公司就倒闭了。在之后的17年时间里，他不得不为偿还企业倒闭时所欠的债务而到处奔波，历尽磨难。

随后，林肯再一次决定参加竞选州议员，经过努力，他这次成功了。他内心萌发了希望，他认为自己的生活有了转机："我可以成功了！"

1835年，他订婚了。但离结婚还差几个月的时候，他的未婚妻不幸去世。这对他的精神带去了又一次巨大的打击，他心力交瘁，数月卧床不起。1836年，他得了神经衰弱症。

1838年，林肯觉得身体状况好些了，就决定竞选州议会议长，这次，他又失败了，但他想，我下次一定能成功。接着，在1843年，他又参加竞选美国国会议员，但仍然没有成功。1846年，他又一次参加竞选国会议员，最后终于当选。

在国会议员担任2年工作即将结束后，他决定争取连任。他认为自己作为国会议员表现很出色，相信选民一定会继续选举他的。但结果却让他很遗憾，他落选了。

这次竞选，他又赔了一大笔钱，他决定申请当本州的土地官员。但州政府把他的申请退了回来，上面指出："作本州的土地官员要求有卓越的才能和超常的智力，你的申请未能满足这些要求。"

然而，聪明而富挑战精神的林肯没有就此服输。他在1854年，再次竞选参议员，但又一次不幸失败；2年后他竞选美国副总统提名，结果被对手击败；又过了2年，他又一次竞选参议员，还是失败。

就这样，林肯尝试了11次，只成功了2次，但他从没有放弃自己的追求。1860年，他当选为美国总统。

林肯曾是个平凡的普通人，但正是因为他有一种强大的敢于挑战，永不放弃的精神，让他终于走向了事业的巅峰。他的成功不是偶然，是努力的结果。如果我们领导者能够有林肯这样敢于挑战，不怕失败，敢于坚持的精神，那么，企业定然能够焕发蓬勃生机。

伟人毛泽东说："与天斗，其乐无穷；与地斗，其乐无穷；与人斗，其乐无穷。"卡布利埃尔·比尔在1495年也曾说过这样的话："没有斗争，就没有征服。"

管理企业就如掌舵大海中的行船，只有勇敢才能到达幸福的彼岸。不敢搏击风浪而去绕浅滩，船儿就要颠覆搁浅。面对有挑战的机遇，一定要保证必胜的信心，牢牢抓住。在险象环生中，成为最终的赢家。这种挑战精神是推动企业发展的宝贵精神。

　　大凡世界上卓越的企业，都有适合自身发展的企业管理理念和方法，这些理念和方法在实践中逐渐渗透到每个企业的细胞中，它们无形中成为企业永续发展的不竭动力。比如，企业发展战略、企业组织结构优化、企业成本核算、企业营销渠道管理、企业核心竞争力、企业赢利方式，等等。这些理念和方法都是一个管理者经营企业必须精通的。

第9章 企业的存在目的是创造顾客

我们的事业是为顾客服务

【德鲁克微语录】

"我们的事业是什么"并不是由生产者决定，而是由消费者决定的；同样这个问题也不是靠公司名称、地位或规章来定义的，而是靠顾客的购买产品或服务时获得满足的需求来定义。所以，要回答这个问题，我们只能从外向内看，从顾客和市场的角度来看的，认真对待客观需求，其重要性不亚于销售员的报告、工程师的测试结果或会计部门的财务报表。

——德鲁克《管理的实践》

【活学活用】

德鲁克对于"事业是什么"的思考角度让人耳目一新，因为通常情况下，的确如德鲁克所说，我们对这个概念很模糊，每天忙于事业，服务客户，从没有认真仔细地去思考这个问题，所以，有时候很多企业家都在被这个问题困惑着，或许这正是企业失败的最重要原因。

"我们的事业是什么？"我们要弄清自己的事业是什么，就要连续问自己这些问题。第一个问题是：我们的顾客是谁？谁是我们的顾客？谁又是我们潜在的顾客？这些顾客在哪里？他们如何购买？如何才能接触到这些顾客？下一个问题是：顾客购买的是什么？最后是最难的问题：在顾客的心目中，价值是什么？顾客采购时究竟在寻找什么？这样，我们才能明确自己的事业是什么，并知道努力的方向。

比如，在企业刚刚创业初期，创业者无暇顾及这个问题，他能和其他小公司一样，做出果酱，然后沿街叫卖，他此时只需要知道他的配方功效很好，能给人带去更多美味就够了，但是，越来越多的人去做果酱之后，他为了生存，就要决定究竟要继续维持直销方式，还是铺货到零售商店销售；考虑应该通过百货公司、超级市场、专卖店销售，还是在以上三种渠道都铺货——那么，这个时候，企业就必须提出和回答这个问题。

那么，我们的事业应该是服务于更多的果酱需求者，而果酱的需求者更多地去哪里购买产品？怎样的铺货渠道能给顾客带去方便？当然也有人可以回答，我们的事业是为孩子们服务的，那么，我们就要考虑怎样铺货才能让孩子们更多地接触到果酱。

总之，明确了我们的事业是什么，是为谁服务的，怎样服务才更好，我们才会更加思路清晰地往前迈步，才能稳扎稳打地走好每一步。如果这个果酱厂没有办法在蒸蒸日上的时候回答这个问题，即使拥有最好的产品，它仍然很快就会回到磨破鞋底、挨家挨户推销的苦日子中。

这个问题对任何企业都非常重要，例如，铜矿业出产铜，如果市场上不需要铜，铜矿就会关闭。但是市场上对于铜究竟有没有足够的需求，其实完全要看企业管理层采取什么行动来创造市场、寻找产品新用途，并且及早看出可能创造新契机或危及现有用途的市场趋势或技术发展趋势。

所以，关于"我们的事业是什么"的问题，不能割裂着去看，而要结合顾客，通过对顾客的观察，以顾客为导向，我们才能真正了解自己的事业究竟是什么。

顾客需要什么企业就生产什么

【德鲁克微语录】

只有为一种商品或一种服务付款的顾客才能使经济资源转化成财富，使物件转化成商品。企业本身打算生产些什么东西并不具有十分重要的意义，特别是对企业的未来和企业的成功来讲，并不非常重要。顾客想要买的是什么，他认为什么是有价值的，这才是最重要的，因为它决定着什么是一个企业，它生产些什么，它是否会兴盛起来。

顾客是一个企业生存的基础，只有顾客才能提供就业。正是为了满足顾客的要求和需要，社会才把物质生产资源托付给工商企业。

——德鲁克《管理：任务、责任、实践》

【活学活用】

正如德鲁克所阐述的那样，顾客是一个企业生存和发展的基础，只有生产出顾客需要的产品，企业才有存在的必要。

李嘉诚就是站在顾客的角度来考虑企业经营，最终为自己赢得商机的典型人物的代表。

李嘉诚在创业初期，厂子小，资金又少，为了能摆脱困境，在市场上占有一席之地，非常珍惜每一次与客户合作的机会，想尽办法留住客户。

有一次，李嘉诚准备第二天去见约好的订货商。这个订货商对他来说，是个大客户，订货商想要他生产塑料花。他权衡了一下，目前市场上有卖塑料花的，但价格都很昂贵，自己也抬高价格，事情成功，自己就可以一时获得更多的利润回报。但是，订货商可能会考虑去其他家订购，因为自己的厂子不大，资金不足，还没什么名气。而自己如果多让利给订货商，再保证产品质量，那么，就一定会和订货商顺利合作，而自己薄利多销，销售得多，并且还能打响知名度，占有市场份额。他敏感地预测到如能与这位订货商达成协议，自己的长江工业公司不但能脱离困境，而且还可以在香港取得相当有利的竞争地位。

第二天，他们在一家咖啡馆见面了，李嘉诚和订货商对坐着。有几秒钟，他们都没有说话，而是静静地品尝着咖啡。接着，李嘉诚从手提包里拿出八种塑胶花，放到外商面前。然后，诚恳地告诉外商："先生，这八款塑胶花是我和公司设计人员昨晚一夜没睡按您的愿望设计出来的，有五款我想基本符合您的要求；而另外三款，因为我考虑到您的订货是为圣诞节准备的，所以，我在您要求的基础上，又把一些东方民族的传统特色融合进花的制作中，我认为或许您会喜欢，所以全部拿来，供您挑选。"

李嘉诚明白自己资金不足的劣势，但他看准了这次薄利多销的机会。因此，在设计产品时，他费了一番周折，仔细考虑了客户的需求，他认为，只有让客户获得最大利益，自己才能获得利益。

李嘉诚接着说："就我个人而言，我当然十分希望能够长期与您合作。长江目前虽然资金不够充足，也没有担保，但是我们却可以给您提供全香港最优惠的价格、最好的质量、最美的款式，并保证在交货期按时交货。而且，这八款塑胶花样品，如果您觉得满意，我愿意送给您，只是希望有机会跟您合作。"

这位订货商听完李嘉诚的话非常惊讶，没有想到他竟然能在一夜之间设计出八种款式的塑胶花供他挑选。订货商仔细地欣赏这八款塑胶花，非常满意，他用钦佩的目光注视着面前这位华人企业家，高兴得情不自禁地握着李嘉诚的手连声说："了不起，年轻人，我同意跟你合作，我相信你会干好的!"

这次成功合作，最终让长江实业公司在市场上站稳了脚跟，并在香港塑胶企业内有了相当的竞争能力。

李嘉诚站在顾客角度考虑问题，急顾客之所急，充分考虑顾客的利益，这样才留住顾客，为自己赢得生存和发展的可能。但有些企业家一味地生产自己喜欢的产品，并且主观上理所应当地认为自己喜欢的东西，也应该是顾客喜欢的东西，这样想就有些主观臆断了。企业想要稳步成长壮大，就要切实站在顾客的角度，通过系统的调查研究顾客的需要，调整生产的产品，这样才能在不断满足顾客需求的同时，也获得自身的发展壮大。

企业也要学会创造顾客

【德鲁克微语录】

企业的存在目的在于"创造顾客",事实上,企业的目的必须在社会之中,因为工商企业是社会的一种器官。企业的目的只有一种适当的定义:创造顾客。

潜在的顾客可能并没有感觉到需要。在静电复印机或电子计算机出现以前,谁也想不到他需要一部复印机或计算机。在企业采取创新、信贷广告或推销等方法创造出人们的需要以前,可能需要并不存在。以上讲的每种情况,都是企业的活动创造出顾客。

——德鲁克《管理:任务、责任、实践》

【活学活用】

正如德鲁克所言,市场不是由上帝、大自然或各种经济力量创造出来的,而是由工商人士创造的。当顾客在获得能满足他所需要的事物以前,企业所能满足的需要可能已经被顾客感知到。好像饥荒年代中的食物一样,这种需要可能在顾客的生活中占据着统治地位,并在他有意识的时候常常想到它。但是,直到工商业人士把这种潜在的需要变成实际的需求之前,它始终只是一种潜在的需要。只有在把它变成实际的需求以后,才会出现顾客和市场。

有时候,顾客也不知道自己想要什么,自己的需求还没有被自己发现,作为以满足客户需求为目标的企业,就要替顾客考虑,发掘顾客身上潜在的消费需求,不断创造顾客,也创造企业的奇迹。

肯德基是世界最大的炸鸡连锁餐厅。20世纪30年代中期,热衷于烹饪的山德士上校(Colonel Harland Sanders)经常尝试用各种各样的调味品进行配方。当他发现用10种神奇香草和香料配合的面粉裹在鸡块上烹炸后,他的声誉渐渐提高。然后,在一个星期天,当他正准备为游客们烹制炸鸡时,他增加了第11种成分。山德士上校说:"用我发现的这第11种配方使我拥有了世界上最美味的鸡"。

如今的肯德基已经遍布全球80余个国家，目前拥有超过9 600家店。它还在传承着山德士上校那种孜孜不倦的研发精神，不断地为世界各地的各个民族的人们，研发适合他们的各种各样口味的美味。

1987年，肯德基落户中国，在北京前门安下了家，从此踏上了它"立足中国、融入生活"的征程，一做就是20多年。"美味安全、高质快捷；营养均衡、健康生活；立足中国，创新无限。"短短的24字囊括了新快餐的全部内涵。"美味安全，高质快捷"清晰地描述了传统洋快餐的特征；"营养均衡、健康生活；立足中国，创新无限"又重点展示了中国肯德基致力打造的目标和方向，这也是肯德基在中国本土化政策的具体体现。

现代消费者的生活正向个性化和多样化发展。一方面，人们带着强烈的自我与自主意识，在日常生活的各个领域中生活着。人们试图通过自我显示来向他人展示自己在某一方面的魅力，希望通过品牌消费表现出自己独特的个性和品位；另一方面，消费者行为也向着多样化发展，生活成为一个剧场，人们存在着一种想要借助于演出而体验另一种生活的愿望，消费者向着多变的和感性的生活者转化。

面对个性化和多样化的消费倾向，肯德基运用以消费者特点为基础的资料库的信息开展个别化品牌营销，不断地推出不同的产品，能够为品牌带来其他方式所不能提供的利益，也使营销更容易成功。

尤其是在2008年金融危机和中国通货膨胀渐起期间，麦当劳等其他快餐店都在涨价，而肯德基坚持原价，并且更加专心地研发新产品，不断地为顾客创造新产品，提供个性化服务。各种搭配套餐，各种新产品层出不穷，如欢乐儿童餐、经典搭配、新年浪漫套餐、回味蟹柳堡、黄金蟹斗、超值全家桶、深海鳕鱼条、上校鸡块、爱尔兰甜酒烤鸡腿……在不断地推陈出新中，肯德基在大环境不景气的情况下，没有倒下，其品牌反倒更加深入人心，人们越来越愿意去肯德基，那里满足了顾客各种个性化的需要，满足顾客的好奇心。

综观肯德基在中国的这些年，它的成长和变化有目共睹，它在中国正不断变化，不断融入中国特色，创造越来越多的顾客。它这种不竭的、创造顾客的活力，值得每个企业去学习和借鉴；反之，诺基亚在与苹果的竞争中败下阵来的原因，又怎么能逃脱其创造顾客能力不足呢？正是苹果满足了顾客的潜在的个性化需求，让其赢得了更多的市场，成为智能手机的领先者。其实，也许有少数的诺基亚帝国中的管理者们还可能回忆起10年前，当诺基亚第一次让手机屏幕亮起蓝色的背景灯时、当诺基亚第一次让手机轻轻薄薄随意地放在衬衣口袋里、当诺基亚第一次让手机响起动听的十三和弦音时，人们觉得它如此迷人、如此美好……诺基亚也曾拥有创造顾客，创造自己奇迹的辉煌，恰如今天的iPhone一般。由此可见，想要企业永远充满活力，孜孜不竭地创造顾客的能力是多么重要。

关注顾客需求，信息是至关重要

【德鲁克微语录】

企业内部认为自己所了解的顾客和市场的情况有可能是错的。的确有可能，因为只有顾客才是真正了解市场的人，只有通过询问顾客、观察顾客，设法理解他们的行为，企业才能发现他们是谁，他们做些什么，他们的购买习惯是什么，他们的期望是什么，他们珍惜的是什么，以及其他种种情况。

——德鲁克《成果管理》

【活学活用】

我们不是缺少客户，而是缺少发现客户的眼睛。作为以为顾客服务为目的而成立的企业，知道顾客的消费需求是什么吗？你了解顾客的需求变化吗？如果不能充分掌握这些信息，想要生产出受消费者喜欢的产品，常常有些捉襟见肘。只有深入消费群，真正获得顾客需求第一手资料的企业，才会更准确而明确地生产出适合消费者需求的产品。

巨人集团董事长史玉柱从"最成功的创业者——最著名的失败者——最著名的东山再起者"，是个最富传奇色彩的企业家。知道史玉柱的个人经历的很多人不禁要问：史玉柱究竟是怎样白手起家，为自己打开一片广阔的天地的？

他又是怎样走出挫败的阴影，再创新的辉煌呢？

他的秘诀其实非常简单：就是准确地把握市场需求，深度了解自己的消费者。他说过这样一句话：市场上没有所谓的专家，唯一的专家是顾客。他最爱做的事情就是研究顾客，他说：谁消费我的产品，我就要把他研究透，一天不研究透，我就痛苦一天。

他第二次创业，准备进入保健品市场，他把目标瞄准了江苏省江阴市。这里地处苏南，购买力强，启动项目投入的广告成本也不会太高。

为了摸清消费者的需要，史玉柱戴着墨镜走村串镇，挨家挨户寻访。老年人是保健品的主要消费群体，史玉柱通过和许多老年人聊天，掌握了非常重要的信息。他发现老年人对保健品的保健作用有一定认识，而且比较信赖保健品增强体质、改善睡眠等功效，但老年人往往舍不得为自己买保健品，也不好意思张口问孩子要，有的老人甚至把空空如也的盒子放在显眼的地方对子女进行暗示。

通过亲身调查，史玉柱心里有底了。他用大赠送的方式打开了脑白金在江阴上市的第一步，首先向社区老人赠送脑白金，一批批地送，前后送了10多万元的产品，慢慢地形成了回头客，不少老人拿着脑白金的空盒跑到药店去买，越买不到，老人们问得越起劲。

正当药店为只见空盒不见经销商上门的脑白金而犯愁时，脑白金的广告出现了，于是，那句脍炙人口的广告语"今年过节不收礼，收礼只收脑白金"便风靡了全国，后来更成为中国广告史上的一个传奇，尽管无数次被人批评为中国最"恶俗"的广告之一，但它却整整播放了10年，为巨人累计带来了100多亿元的销售额。脑白金让史玉柱得以东山再起。通过这次保健品的成功运作，他终于找到了成功的秘诀——了解消费者，研究消费者，从消费者的角度做好策划方案。

这条秘诀，他后来在开发《征途》游戏时也一直贯彻始终。

史玉柱是一个网络游戏迷，他在玩网络游戏时，发现这个行业利润空间巨大。于是，他就产生了自己开发游戏的想法。2004年10月，他在绝大多数行业专家不看好的情况下，宣布投资新项目——网络游戏《征途》。

在开发《征途》时，史玉柱同样对消费者进行了深入研究。他坚信，只有自身参与的第一手调查，才最准确、最可信。于是，他走进网吧，在游戏中和玩家交流，听取玩家的意见和建议。据说史玉柱在开发《征途》的过程中与2 000个玩家聊过天，每人至少两小时。这样算下来的话，他竟用了超过4 000个小时的时间来研究消费者的需求，对于一般的企业家来说，这简直是不可想象的。

经过调查他发现，网游和保健品一样，真正的最大市场不是在北京、上海、广州这样的大城市，也不是像南京、武汉、无锡这样的较大城市，而是农村。农村玩网游的人数比县城以上加起来要多得多。而针对二三线城市及农村用户电脑配置水平普遍不高的特点，他将《征途》开发成2D游戏，这样也能避免日、韩3D游戏的冲击。

为了让消费者在游戏中体验最大的乐趣，他用心考究游戏的画面、音效，就连马蹄踏在沼泽里的声音，水珠下滴的声音，都制作得十分逼真、精细，在游戏品质方面已经大大高于同类2D游戏，这也成为《征途》超越其他网游的基础。

史玉柱又把玩家细分为有钱没时间、没有钱有时间、有钱有时间、没钱没时间四类。逐步确定了"养100个人陪1个有钱人玩"的运营模式。他又打出了"给玩家发工资"的广告：只要玩家每月在线超过120个小时，就可能拿到价值100元的"全额工资"。工资虽然是以虚拟货币的方式发放，但玩家可以通过与其他玩家做交易而获得现金，这一点对于经济拮据的平民玩家无疑是非常有吸引力的。

史玉柱的努力没有白费，《征途》很快得到了广大消费者的认可，截至2007年5月27日晚，同时在线的人数突破100万人，《征途》成为全球第3款同时在线超过100万人的网络游戏。

了解消费者对于很多企业家来说早就是老生常谈的事，但真正能将它做到极致的，却并不多见。而正是这最简单的道理，却往往具有最大的威力。史玉柱之所以能够取得了一个又一个令人瞠目结舌的成果，其根本原因就是掌握了这个最简单的道理，并将其运用到极致。

顾客需求信息中蕴涵着商机，只要深入消费者，多和他们近距离接触，一定能找到属于自己的商机。

顾客之所以付钱是为了得到满足

【德鲁克微语录】

顾客极少购买企业所销售给他的东西。这里的一个原因当然是，没有人付钱为的是买一个"产品"，人们之所以付钱买的其实是一种满足感。但是，没有人能够制造和供应满足——企业只有可能销售或提供获得满足的手段。

——德鲁克《成果管理》

【活学活用】

各种各样的产品有各种各样的需求，顾客在挑选各种产品时，其实，也是在寻找一种满足感，这种满足感是顾客决定是否购买产品的重要导向因素。一些企业的成功就是因为很好地掌握了这一规律，能够将注意力真正转向顾客，以顾客的满足作为企业和产品的承诺。

比如，像劳斯莱斯和凯迪拉克这样的豪华车，和低价车没有竞争关系。不管劳斯莱斯和凯迪拉克作为交通工具是多么优秀，人们购买它们的目的主要是为了获得身份上的满足。所以，其所有的产品与服务都发生了变化，似乎都服务于怎样体现车的豪华身份上了，生产和销售的方式也要不同了。也就是说，劳斯莱斯和凯迪拉克的生产商应该侧重营销或突出产品的豪华上，以便充分满足消费者能体现身份的需求。

有时候，我们认为理所应当的竞争对手，其实，并不是真正的对手。比如，我们总会认为保龄球设备生产商的主要竞争对手并不是其他的保龄球设备生产商，他所生产的是物质的设备，但顾客购买的是一种活动，而不是去占有这套设备。因此，保龄球设备生产商的竞争对手就是其他消耗顾客"自由支配时间"的活动。如果顾客没有时间去享受这种满足，没有这份需求，他肯定不会购买产品，只要有充足的休闲时间，才会让他想到保龄球。因此，保龄球设备商能够帮助消费者找到充足的打保龄球时间，就很可能卖出产品。

有一天，一位老太太离开家门，拎着篮子去楼下的菜市场买水果。她来到第一个小贩的水果摊前问道："这李子怎么样?"

"我的李子又大又甜,特别好吃。"小贩回答。

老太太摇了摇头没有买。她向另外一个小贩走去问道："你的李子好吃吗?"

"我这里是李子专卖,各种各样的李子都有。您要什么样的李子?"

"我要买酸一点儿的。"

"我这篮李子酸得咬一口就流口水,您要多少?"

"来一斤吧。"老太太买完李子继续在市场中逛,又看到一个小贩的摊上也有李子,又大又圆非常抢眼,便问水果摊后的小贩："你的李子多少钱一斤?"

"您好,您问哪种李子?"

"我要酸一点儿的。"

"别人买李子都要又大又甜的,您为什么要酸的李子呢?"

"我儿媳妇要生孩子了,想吃酸的。"

"老太太,您对儿媳妇真体贴,她想吃酸的,说明她一定能给您生个大胖孙子。您要多少?"

"我再来一斤吧。"老太太被小贩说得很高兴,便又买了一斤。

小贩一边称李子一边继续问："您知道孕妇最需要什么营养吗?"

"不知道。"

"孕妇特别需要补充维生素。您知道哪种水果含维生素最多吗?"

"不清楚。"

"猕猴桃含有多种维生素,特别适合孕妇。您要给您儿媳妇天天吃猕猴桃,她一高兴,说不定能一下给您生出一对双胞胎。"

"是吗?好啊,那我就再来一斤猕猴桃。"

"您人真好,谁摊上您这样的婆婆,一定有福气。"小贩开始给老太太称猕猴桃,嘴里也不闲着："我每天都在这儿摆摊,水果都是当天从批发市场找新鲜的批发来的,您媳妇要是吃好了,您再来。"

"行。"老太太被小贩说得高兴,提了水果边付账边应承着。

这个有趣的小故事中,第一个小贩根本没有了解什么能满足顾客,第二个小贩虽然积极提问,了解到什么能满足顾客,但他还是没让顾客获得真正的满足。顾客之所以要买酸李子，是为了给她儿媳妇买。这表明顾客很关心儿媳妇，所以，第三个小贩认识到了这一点，帮助顾客挑选能满足她为儿媳妇做些事情的想法。结果，这第三个小贩轻松卖掉了猕猴桃。

由此可见，客户要买的产品和采购指标是表面上的需求，而客户遇到的问题才是深层次的潜在需求，是真正让顾客获得极大满足的东西。

顾客永远都是没有错的，不要在产品卖不出去时找借口或者埋怨顾客，也不要在不能满足顾客需求时试图说服顾客接受你的产品。如果企业意识不到顾客更需要什么样的产品和服务，企业的可持续发展就很危险了。而那些有远见的企业总是能最大限度地满足顾客的需求，让他们获得满足。

第10章　战略规划为企业描绘发展蓝图

战略规划是责任而不是技术

【德鲁克微语录】

在制订战略规划的过程中，可能要用到许多技术——但这并不表明这些技术是必不可少的。战略规划可能需要电子计算机，但是，它们不是战略规划，它们只是用于特殊目的的工具。

战略规划是思想、分析、想象和判断的应用。它是责任而不是技术。

——德鲁克《管理：任务、责任、实践》

【活学活用】

战略规划的实施者是人，要实现战略规划的目标，起决定性作用的是人而不是所谓的技术，即便拥有再先进的技术，如果没有人的努力工作，将技术转化成实现战略规划的成果，技术就失去了意义。所以，战略规划是否成功，关键是人的责任心强不强，战略规划是否能实施成功，也要看员工工作时的责任心强不强。所以，人的责任心在战略规划中起着决定性作用。

联想自成立后，经过几年奋斗，生产的高技术产品广泛应用于全国各地的各行各业，有些还远销国际市场。同时公司的资产、人员数量、营业额、税利等也迅速增长。但是，公司总裁柳传志却认为，联想"还只是一叶飘零小舟，经不起大风大浪的冲击"。他明确提出："争取在几年内创办成全国第一流的外向型计算机企业，为国民经济作出更多的贡献。"为创建外向型高科技企业，1988年公司便制定并实施了一个海外发展战略规划，探索进军海外市场的途径。这个战略规划主要包括"三部曲"和"三个发展策略"。

三部曲：第一步，在海外建立一个贸易公司，进入国际流通领域，作为寻求开发外向型产品的突破口。1988年4月，联想电脑有限公司在中国香港成立，开业时仅投资90万元港币，3个月就收回全部投资。第二步，建立一个有研究开发中心、有生产基地、有国际经销网点的跨国集团公司。这是整个外向型事业的重心所在，是关键的一步。1989年11月14日，北京联想计算机集团公司正式宣告成立，是实现这一步的重要标志。第三步，1993年在海外上市，形成规模经济，开始跻身发达国家计算机产业之列。

三个发展策略（海外发展战略）：第一是"瞎子背瘸子"的产业发展策略。所谓"瞎子背瘸子"，即取其优势互补之意。中国香港联想公司是由3家各有优势的公司合资而成的。其中，中国香港导运公司熟悉当地和欧美市场，有长期海外贸易经验。另一家中国技术转让公司能提供坚实的法律保证和稳定可靠的贷款来源。北京联想公司的优势在于其技术和人才实力在中国香港无与伦比。在海内外产业结构上，联想也运用了互补原理。中国香港是国际贸易窗口，信息灵敏，适合搞开发和贸易，而生产基地则需要建在内地。同时，中国香港移民倾向严重，缺少技术人才。基于这种情况，公司决定派一批高技术人员在中国香港成立研究开发中心，而把生产基地主要放在内地。第二是"田忌赛马"的研究开发策略。联想的做法是，摸准市场需求，选准突破点，集中优势兵力，断其一指。当时286微机在欧美有极广阔的市场，充斥这个市场的主要是中国台湾和韩国的产品，而联想微机可以与它们较量。从技术上说，在国际市场上286属于"中马"、"下马"的范围，联想决定拿出"上马"来和竞争对手对阵。于是，公司投入较为充裕的资金，调动一流技术人才，运用先进的设计思路，选用国际通用的、集成度最高的、最新生产的元器件，使设计出来的机器成为上乘产品，性能远远优于中国台湾、韩国和中国香港当地的产品。第三是"汾酒与二锅头酒"的产品经营策略。他们认识到，要想跻身国际市场就必须优质低价。由于公司技术和人才实力强，国内劳动力价格低廉，生产成本低，完全可以做到这一点。联想286在当时可以说达到了"汾酒"的质量，卖的却是"二锅头"的价格，这就使联想产品挤进了国际市场。另外，联想集团与IBM、惠普、康柏等计算机集团互换市场或商标使用，通过在美国建厂生产或商标互用占领美国市场。

在实施这个发展战略中，联想的决策者认识到，没有一支组织严密、战斗力很强的队伍，企业就成不了气候，进军海外市场也就无从谈起。于是他们探索出了"大船结构"。组建跨国集团公司，实施"集中指挥，分工协作"，人员统一调动，资金统一管理。1988年，公司按工作性质划分了各专业部，实行"船舱式"管理，任务明确，流水作业，有利于提高工作质量和效率，有利于实现按劳分配，调动职工积极性，确立企业职工的主人翁地位。同时，逐步实行制度化管理。从1998年起，公司开始完善各种企业管理制度，着力进行规范化企业管理，为创建大规模外向型企业做准备。

为把联想办成一个长久的、有规模的高科技企业，最终成为具有世界水平的高科技产业集团，联想制定了企业发展的近期、中期和远期目标。近期目标是到2000年完成经营额30亿美元，进入世界计算机行业百强60名以内；中期目标是到2005年左右，完成100亿美元的营业额，逐步逼近世界500强的入选范围；远期目标是在2010年之前以一个高技术企业的形象进入世界500强的企业行列。

这样，经过16年的奋斗，联想终于发展成为开发、生产、销售、信息、服务五位一体的跨国集团公司，并已跻身世界计算机产业的先进行列。联想的成功是一个奇迹，这一奇迹的出现，靠的是联想决策者具有战略眼光，靠的是决策者善于制定并实施企业的海外发展战略，靠的是联想员工的共同努力。联想集团创造了中国企业海外直接投资极为丰富和宝贵的成功经验。

柳传志提出的"争取在几年内创办成全国第一流的外向型计算机企业，为国民经济作出更多的贡献"是抱着一种高度负责任的态度，他不是一时冲动，而是满怀责任制定企业的宏大规划。另外，联想虽然拥有国内先进技术，但在开发海外市场的战略中，联想重视人的因素，它认为，人才的生产力是企业发展之本，人性的真善美是企业管理之本，人才的培养和合理使用是增强联想综合实力的重要内因。因此，联想花大力气整合集团上下员工，调动他们的积极性，使联想这艘大船顺利起航。

总之，联想海外战略规划的成功，是和领导、员工负责任的态度分不开的。所以，我们在制订战略规划时，写进怎样和他人合作融资、怎样引进新设备时，不要忘记加上怎样提高人的积极性。同样，作为领导在制定一项决策时，一定要慎重，要抱着负责任的态度去规划企业发展战略，这样企业才会走得更稳。不要因为自己喜欢，或者因为一时好奇心，也不要因为自己的技术先进，就制订规划，应该想想企业和员工的未来，抱着负责任的态度。

战略规划不是预测未来

【德鲁克微语录】

战略规划不是预测。它没有想过掌握未来。任何想要掌握未来的企图都是愚蠢的。未来是不可预测的。如果我们企图去预测未来，结果只能使我们怀疑自己目前正在做的事。

如果还有人心存幻想，认为自己可以预测很短的时期以外的事情，那就让他看一看昨天报纸上的大标题，并问一问他，在10年以前，有哪些是他可以预测出来的。

预测这种人类行为，并不值得称道，而且，超出了极短的时期也没有什么价值。战略规划之所以需要，正因为我们不能预测。

预测试图找出事件发展的最可能的途径，或至少是一个概率范围。但是，企业的问题是独特的事件，它将改变概率。企业的世界不是物理的世界，而是社会的世界。事实上，企业的最中心的贡献，是它才能得到利润报酬的贡献，就是造成一种将改变经济、社会或政治情况的独特事件或创新。

　　由于企业家推翻了预测赖以建立的概率，预测并不能为战略规划的制定者的目的服务，而他们试图把他们的组织引向未来。对于那些想对人们工作和生活的方式进行创新和变革的战略规划的制定者来说，预测也很少有什么用处。

　　规划的实质是在了解决策的未来性的情况下做出当前决策。

——德鲁克《管理：任务、责任、实践》

【活学活用】

　　为什么战略规划不是预测？德鲁克认为，一方面，未来确是不可预测的。比如，发生在我们身边的或悲或喜的事情，哪些是我们能够预测到的？我们希望发生的事情发生了，我们不希望发生的事情也同样发生了。如果我们能够预测未来，那有很多不愉快的事情都可以避免了。但是，我们每个人都可以看一看当前的报纸，报纸上所报道的事件，哪一件是10年前我们所能预测到的呢？正因为未来不能被预测，我们才需要战略规划去帮助我们在不可预测的未来中尽量少走弯路。另一方面，预测试图找出事件发展的最可能的途径，或至少是一个概率范围。但是，企业的问题是独特的事件，它将不在预设的路径和概率范围内。企业的世界不是物理的世界，而是社会的世界。它是受各种因素影响的，往往对预测根本起不了作用，甚至会起负面作用。

　　德鲁克认为，战略规划并不涉及未来的决策。它所涉及的是目前决策的未来性。决策只存在于目前。战略决策者所解决的问题，不是他的企业明天应该做什么（这就是预测了），而是"我们今天必须为不确定的未来做些什么准备工作（这才是战略规划）。"战略规划的关键问题是，不是未来将会发生什么事情，而是"在我们目前的思想和行动中，必须包含一些什么样的未来性；我们必须考虑什么样的时间幅度，以及我们如何运用这些情报在目前做出一个合理的决策。"

　　深圳康佳电器就是在不断地做出成功的战略规划中，一步步走到今天的。它除了长期发展电视产品外，始终贯彻了市场缺什么，康佳就生产什么的市场导向战略。最早生产的产品，就是基本采用国外订单生产，例如最早的"三合一"电视，就是电视屏幕装在录音机上，但有电视、录音机和收音机三种功能。

后来，为了规避市场风险，凡是代表彩电潮流方向的产品，康佳都加大了技术开发和技术储备——液晶电视、背投电视、等离子电视、数字电视等的开发，但只是根据市场发育的具体情况，分阶段地推出适时产品。

虽然我国数字电视标准还没有出台，但国内很多彩电厂商十分重视数字电视的研发。早在1999年，康佳美国硅谷开发中心研制出全球华人世界第一台高清晰数字电视——康佳T3289，这标志着康佳彩电的研发技术达到了世界领先的水平。

2001年10月，康佳推出了中国第一台自主研制的液晶显示器LC1520，从而成为目前中国唯一一家集液晶显示器的开发、生产、销售于一体的企业。

康佳的发展告诉了我们，它的每一步都是踏踏实实走出来的，它是分阶段逐步地制定符合当时市场发展情况的战略规划的。康佳一直着眼于现在，抓住市场上的变化波动，现在市场上缺什么，他们就生产什么，市场上有什么新技术潮流，它就去研究，并集中精力加大投入高新技术研究。最终，抢占了先机，发展出了具有自己特色的中国唯一一家集液晶显示器的开发、生产、销售于一体的企业。当然，社会在变化，康佳会随时顺应市场发展情况，寻找商机。

由此可见，成功的战略规划并不需要预测，战略规划的立足点是在今天而不是将来，一个个今天构成了一个个明天，现在的发展，就是在为未来的成功打基础。所以，企业立足现在制订规划，把握住事物中的未来性，为未来做好行动计划和资源支持，这要比盲目地预测要好得多。

战略规划的关键是"摆脱过去"

【德鲁克微语录】

规划从企业的目标开始。在每一个目标领域都应该提出这样的问题，"为了实现我们未来的目标，我们现在必须做些什么？"为了实现未来的目标，要做的第一件事始终是摆脱过去。

系统地摆脱过去，本身就是一项规划——在许多业务中，这都是适用的。

它会迫使人们进行思考和行动。它会使新事物有可用的人力和财力。它会产生行动的愿望。

——德鲁克《管理：任务、责任、实践》

【活学活用】

正如德鲁克所言，规划的第一步就是对每一项活动、产品、生产程序或市场提出这样的问题，"如果我们目前没有把资源投入这项活动，我们会从事这项活动吗？"如果答案是否定的，那就要问，"我们怎样才能摆脱它——迅速摆脱呢？"

摆脱过去失去活力的、失效的或陈旧的东西，这样企业才能轻装上阵，才会更加明确发展方向，集中精力发展新产业。

企业在做战略规划中，首先做的就是立刻把组织内部最有价值的资源——优势资源从无效的领域中释放出来，并投入充满机遇的未来中去。

《财富》发布2007年度全球500强排名，三星以895亿美元的年营业额大幅领先索尼公司的709亿美元，这已经是三星连续3年超越索尼了。

早在2002年4月2日，美国纽约股市发布消息，三星电子当日市值以496亿美元，历史性地超越索尼480亿美元的市值。这一轰动全球媒体的消息，使得三星员工欢呼雀跃，秘书们忙于汇报这一消息。而如今，三星已经是连续3年超越索尼了。三星作为全球第一电子品牌的形象，已经深入人心。

是什么造就了三星这一系列的辉煌？

1988年，在三星株式会社成立50周年庆典上，会长李健熙决定抛弃"替日本三洋打工"的角色，宣布三星进入"二次创业"阶段。在李健熙的蓝图里，三星将是全球排名前5位的电子品牌。李健熙将公司的半导体业务合并入"三星电子"，最大限度地配置技术资源，开发增值产品。

1999年，"三星电子"成立30周年庆典上，李健熙决定集中精力发展优势业务，将不具备优势的业务统统砍去。同时，看清了未来的电子产品将向数字化方向发展，进而推出"数字文艺复兴计划"，将旗下系列电子产品向数字化方向演进。而此时的索尼，还沉醉在自己工业技术的高贵之中，而且不遗余力地崇尚工业设计的精耕细作之美。

为了能够发挥产品上的综合优势，李健熙基于下游的系列数字化电子产品（数字电视、显示器、笔记本、手机、存储器），在上游开发共有的与数字化相关的核心部件（半导体芯片、LCD）及核心技术，以达到整个纵向产业链的整体领先。

三星在重新整合后，加大马力在电子业领域发展，成功崛起，成为全球首屈一指的强势品牌。

从三星的成功历程中，我们可以看到，它首先认准了电子产品，集中精力围绕电子产品进行研究和更新，并果断地砍掉不具备优势的业务，集中精力发展电子产品，最终成为强势品牌。可见，规划不单单只发展新产品，也指抛弃企业内部过时的、无用的东西。企业只有在不断的自我淘汰中才能为自己减负，让自己更轻松地迎接未来挑战；反之，如果一项规划只规定了要做的新增加的事物，而没有规定要摆脱的老的无意义的事物，那就不可能取得成果。它将始终是一个规划，而不会成为现实。因为如果不能学会在系统中有条理地、有目的地放弃，一个企业就会疲于应付各种突发事件。该企业内最宝贵的资源也会浪费在本不应该或不再应该投入的事情上。未来的机会也就牺牲在了昨天的祭坛上，企业内的资源，特别是生产率最高的人才都束缚在了过去之中。但是，绝大多数企业（在政府中甚至更多）的长期规划中，却没有提出摆脱过去的决策，也许这正是使这些规划未能实现的一个主要原因。所以，企业要学会时时检测自身，在"摆脱过去"中茁壮成长。

战略规划是要去承担风险

【德鲁克微语录】

战略规划并不是一种消除风险的企图，它甚至也不是一种使风险最小化的企图。这样一种企图只能导致不合理的和无限的风险，并导致发生灾难。

按其定义来说，经济活动就是把目前的资源投入于未来，即投入于极不确定的期望之中。经济活动的本质就是承担风险。最严密的经济理论之一（贝姆—巴威克定律）证明，现有的经济手段只有通过更大的不确定性，即更大的风险，才能提供更大的经济成果。

——德鲁克《管理：任务、责任、实践》

【活学活用】

也许有很多人不解，战略规划似乎是为了规避未来的风险才制订的，其实，战略规划也不能规避风险，风险时时刻刻存在，时时刻刻可能损害企业。所以，不要因为制订了战略规划就以为万事大吉。虽然，战略规划无法规避风险，但它能让企业了解未来可能承受多大的风险。并且，越是能够承受更大风险的战略规划，越是成功的战略规划。

波音就是一个乐此不疲地制造着各种各样的具有极大风险战略规划的公司，它本来做着家具生意，结果不久就跑去做飞机，放弃已经成熟的螺旋桨型飞机，全力开发喷气式飞机，之后，又放弃军用飞机市场，开拓民航飞机市场……要知道那时候，民航市场里没有几个人知道波音，能相信它号召的技术革新的就更是少之又少；本来已经拥有销路很好的机型和市场份额，但为了生产更高型号的飞机，却几乎耗尽公司资产……

这样一波三折的"风险"历练在波音的历史上从不鲜见，其中有些是"别无选择"的选择，但更多的是波音为自己制造出来的"风险"。因为早在波音公司创业初期，威廉·波音就明白地宣示过：谁都不应该用"做不到"这一说法排斥新颖的创意。我们的工作是持续不断地研究和实验，我们不能错过飞行和飞行设备新的进展。

这就是波音的风格，波音有胸怀去承担这些风险，它制订了战略规划，也是在给自己制造又一个挑战，正是在不断的挑战中，逐渐壮大，成为航空业的巨头。

波音制订了战略规划，并坚决执行着，所以，它源源不断地创造新产品，开辟新的市场。当然，波音这种做法，并非是最好的做法。也许你会比波音更慎重地去考察市场，去分析自身条件和外部环境，但无论如何，当你制订了战略规划时，就应该抱着将来会冒风险的思想准备，而不是制订完规划就认为找到了新出路，没有了风险。风险时时刻刻都在，当然，在前期调查得越全面深入，遭遇的风险就越小。

一个企业必须设法将风险减到最小。但是，如果它的行为被避风险的企图所左右的话，它最终只会落得冒所有风险中最不合理的风险，即一事无成的风险。不要为了规避风险，影响所制订的战略规划。要客观评价企业能够承受风险的能力，然后，再制订具有同样大风险的战略规划。

总之，战略规划的最终成果必须是承担更大风险的能力，因为这是提高企业成绩的唯一途径。但是，为了提高这项能力，我们必须了解我们所承担的风险。我们必须能够在各种承担风险的行动路线中合理地加以选择，而不是以预感、谣言或经验为依据而投入不确定性之中。

战略规划要转化为具体的工作

【德鲁克微语录】

再好的规划也只是一项规划，即良好的愿望，除非它转化为工作。对一项规划的考验是，管理当局是否切实地把各项资源投入于在将来会取得成果的行动之中。如果不是这样，那就只有诺言和希望，而没有规划。

——德鲁克《管理：任务、责任、实践》

【活学活用】

既然已经制订出规划，下一步就应该是按照规划的目标，调节人力资源和设备，集中马力去朝着所规划的方向发展，这个过程非常重要，如果不能付诸行动，把企业资源按照规划的目标进行合理安排，具体到每个人的工作上，那么，规划就成了一纸空文，毫无用处。因为，只有通过每个人的工作反馈，我们才能知道企业是否朝着战略规划所预期的方向发展。并且，规划工作的系统组织和为规划工作提供知识，能大大强化管理者的判断力、领导力和远见。

丰田公司一直是世界上为数不多的在国际汽车行业占有举足轻重地位的企业之一。2008年年初，丰田汽车在销售额和利润上双双超越通用汽车，成为名副其实的汽车业"老大"。有很多企业复制"丰田生产方式"。但是很多年来，很少有企业能真正将丰田方式复制成功。

人们都在问：丰田怎么成功的呢？我该学习它的什么呢？有很多人带着这个疑问研究丰田的"看板"、"现场"、"零库存"等生产一线，但很少人关注丰田的战略规划和战略管理。

丰田汽车的一位高层管理者曾这样说："丰田非常重视战略。之所以有丰田不谈战略的感觉，跟大家理解的'战略'和丰田眼中的'战略'有所不同有关。"人们谈到"战略"，更多的是把它看成一个宏伟的、宣言式的、阶段性的、解决目前困境的方案。每个企业制订战略时，无不希望它是一剂良药，能药到病除，给企业带去希望。但丰田的战略目标是立足内部能力并结合外部变化而制定的长远目标。

并且，丰田认为中长期的方针必须从日常管理中来，又回到日常管理中去。没有日常管理，这些战略就不能转化为员工的日常工作，不能转化成员工手指间的每一个动作，那么，这个战略就是假的。

丰田公司非常重视对人的培养，认为越是自动化水平高的时候，对人的要求也就越高。企业应该考虑怎样鼓励员工实现方针，保证生产。丰田的经营战略就是以"人"为本，强调的是为人服务，促进人更好地利用各种物化工具，从而实现资源利用最大化，达到人力资源与各项资源的和谐利用。

日本曾经是全球领先的游戏产业大国，曾独领风骚出品了无数风靡全球的游戏，他们的战略当然是，继续独领风骚。但因为没有抓住实现规划的机会，没有将规划转化为行动，并结为成果。日本游戏商以失败而告终。日本游戏业在网络游戏时代来临之际却反应迟钝，坚守在以掌机、家用机为主的电子游戏市场。与之相反，韩国近些年抓住机遇，在网游市场中独树一帜，不仅独霸本国市场，还在亚洲各国不断拓展市场。中国网络游戏厂商们也通过努力有了立足之地。在人才储备、游戏策划、程序开发等方面有着强大实力的日本游戏厂商则逐步落伍，虽然后来为进军网络游戏付出过诸多的努力，无奈最后都以失败告终。

可见，所有企业在实施战略时都要果断，承担起让资源转化为成果的责任，有助于实现战略规划预期目标的，就应该付诸行动，大胆尝试。

第11章　优化企业组织结构

勇敢变革组织结构

【德鲁克微语录】

好的组织架构不见得就会带来好的绩效，就像是拥有一部好宪法，但并不能保证会出现一个好总统；有好的法律并不能代表会有一个道德完善的社会一样。但在不佳的组织架构下，管理者的表现再好，企业也不会有良好的绩效。

——德鲁克《管理的实践》

【活学活用】

组织结构反映组织成员之间的分工协作关系。设计组织结构的目的是为了更有效、更合理地把成员组织起来，即把一个个组织成员为组织贡献的力量有效地形成组织的合力，让他们有可能为实现组织的目标而协同努力。

每个社会组织内部都有一套自身的组织结构，它们既是组织存在的形式，本身还是组织内部分工与合作关系的集中体现。所有组织成员都将在此结构中充当一定的角色，承接一定的工作，否则就没有资格待在组织之中。

既然如德鲁克所说，组织结构这样重要，那么，怎样才能保证组织结构的正确性呢？德鲁克认为，要想使企业始终处在正确的组织结构之下，管理者在关键时候必须有敢于变革的勇气。

当然，不能只因为一些小毛病就经常调整组织架构，也不应该轻易调整架构。调整组织架构就像动外科手术，就算是再小的手术也会有风险。因此，应该避免为了小病小痛就要求研讨组织架构或调整组织架构。没有一个组织是完美无缺的。任何一个组织都免不了会有摩擦、矛盾及混乱。但如果一个组织结构长时间地实践，发现其确实无法适应企业发展的形势或者对企业更好的发展有阻碍的话，那么，企业就要果断采取措施，要有敢于冒风险图发展的勇气。

格兰仕集团执行总裁梁昭贤曾说："办企业要像养孩子那样用心用情才可能打下百年基业。格兰仕所面临的环境正在发生剧烈的变化，我们不能做被温水'煮熟的青蛙'，到发现有性命之忧时才着急，那时想跳都跳不动了。在千变万化的今天，不进行变革就没有出路。对格兰仕来说，只有两样不变——做百年企业的目标不变，'苦行僧'的企业文化不变。"

他是这样说的，也是这样做的。格兰仕一直执行的是微波炉、空调双线推行的策略，到2004年，企业已有2万多名员工，与全球200多家企业合作，"大企业病"征兆初显，企业到了需要发动组织变革的时候。只有改变长久以来"集团化企业、工厂化管理"的模式，搭建新的高效组织结构才是出路。

2004年11月，格兰仕推出了变革方案：分成六大公司，四大中心。六大公司为空调器、微波炉、小家电、销售、压缩机、漆包线公司；四大中心是财务中心、模具中心、研发中心、采购中心，各公司独立核算。这是一次彻底的变革，从此格兰仕彻底终结了集权时代，实施分权制，权责到位。

与此同时，格兰仕顺应社会发展的需要，打破了不使用职业经理人的传统，引进了包括日、韩、法等世界各地的经营专才和技术专家，变封闭组织为全开放组织。

到2006年，格兰仕连续12年稳坐中国微波炉市场占有率第一的位置。这充分证明了格兰仕变革的成功。与任何变革一样，格兰仕的变革也遭遇了一些问题。但是，如果不进行变革，组织将面临比这更重大、更复杂的问题，而短暂的阵痛之后，格兰仕焕发了新的生机，成功稳居市场。

有很多企业，在发现周围环境在变化，感觉到自己的企业组织结构有些落伍，无法适应的时候，通常有些麻痹大意，只要企业还能运转，还可以有效益，就继续使用，直到有一天，突然企业无法再正常运转，自己已经被市场淘汰的时候，才意识到自己变革得太晚。作为企业管理者一定要提高警惕，走在时代前列，及时调整组织结构，不断适应新的社会环境，才能长盛不衰。

查清企业需要哪种组织结构

【德鲁克微语录】

构建组织本身不是目的，而是达到经营绩效和成果的手段。组织结构是企业发展不可或缺的工具；错误的结构会严重损害，甚至摧毁企业经营绩效。但是，任何针对组织的分析，都不应该从讨论结构开始，而应该先做经营分析。

——德鲁克《管理的实践》

【活学活用】

传统的理论权威大都假定企业已经有整套"典型"职能，不需要经过事先分析，就可以放之四海而皆准，应用到每一种事业上。例如，制造业的典型职能就包括生产、营销、工程、会计、采购和人事。

然而，企业不是为建立组织结构而建立组织机构，建立组织结构是为了更好地经营企业。如果只有几个人的小型企业，也要设置人事、采购、会计、秘书之类的，可能经理一个人就能胜任的职位，那么，就大大增加了企业的成本，不利于企业的发展。即便是一个拥有几百人的大型企业，其职位设置也应该是顺应企业经营需要。否则，有些组织结构就形同虚设，失去了它存在的意义。所以，想要建立适合的组织结构，要先分析企业的经营状况。

针对如何分析企业经营状况，德鲁克提出三个方法，即活动分析、决策分析和关系分析，通过以上方法就能找到经营目标所需的结构。

首先，所谓的活动分析，就是弄清楚企业到底需要哪些活动，才能达到经营目标。通常情况下，企业要分析目前主要经营活动是什么，主要有哪些需求，是不是需要设置独立的部门来主要负责这项经营活动，以便提高公司的经济效益。

比如，一家大型电灯泡制造商认为，教育大众如何使用照明及养成良好的照明习惯，是公司的主要需求，只有把这项工作独立起来，才能满足其他需求。因为美国所有的住宅、商店和工厂都使用电力，想要扩大市场，推动企业成长，关键不是开发新顾客，而是设法让每位顾客增加电灯泡的使用数量。

如果灯泡公司的顾客教育环节归入其他部门之下，必然因为不是自己部门主要负责业务而被忽视，就无法达成公司要求的绩效，如果这样，就必须将它设成一个独立的部门。

这项分析活动对任何一个企业都需要，不论是刚刚成立的企业还是正在运营中的企业，都需要进行经营活动分析。新成立的公司可以通过分析，恰当地设置相应的岗位。而正在经营的公司也要定期进行活动分析。通过活动分析，就会发现：某些重要活动不是完全没有规划，就是悬而未决，找不到头绪；有些活动曾经非常重要，如今已失去原本的意义，却仍被企业当成主要活动；还有些过去别具意义的分类方式如今不但不再适用，而且还成为企业经营的绊脚石等现象，另外，还会发现毫无必要、应该取消的活动。及时调整，撤销无用的职位或设置新的职位，成立新的独立部门等。

其次，还可以对企业进行决策分析。企业要明确以下几个问题：企业需要哪些决策以达成绩效、实现目标？企业需要的决策属于哪一类？应该由组织中哪个层级来制定决策？其中牵涉哪些活动，或会影响到哪些活动，因此，哪些管理者应该参与决策——至少在决策前应该征询他们的意见？决策制定后，应该告知哪些管理者？

通过以上分析，我们就可以知道企业需要哪些决策层。企业应该将决策尽可能下放到最低层级，越接近行动的现场越好。制定决策层级的时候一定要充分考虑到所有受影响的活动和目标。通过分析，就可以知道企业需要什么样的高层管理结构及不同层级的主管应该拥有哪些权责。

另外，每类的决策权归哪个层级，第一要看决策对公司的未来有多远的影响及扭转决策需要的时间长短。比如，公司要求在限定时间内采购某些东西，那么，决策层就可以是较低层的管理者，因为他的决策只影响公司限定的时间这个很短的阶段,扭转决策也很短。第二要看这个决策对公司其他职能、其他领域或企业的整个影响有多大。影响越大,越需要高级决策层进行决策。

例如,一家大规模生产的工厂想要改变零件库存的方式,这个决策表面上似乎是个纯"技术性"的决策,只会影响单一领域,但实际上却会影响到其他许多领域。不但影响到交货流程,甚至因为必须放弃某些设计、机型及产品利润,而不得不大幅改变营销和定价方式。有关库存的技术性问题尽管颇令人头大,但是比起改变库存方式造成的其他领域问题,简直是小巫见大巫。企业不应该允许管理者为了达到库存"最佳化",而牺牲了其他领域。企业必须把这类决策提升到更高的决策层级,并且视之为影响企业整体流程的决定。因此,决策层级应该提升到高于厂长的层次,或要求管理者在制定这类决策前,必须征询所有相关部门主管的意见。

再次,要看决策中包含多少质的因素。比如,基本行为准则、伦理价值、社会和政治信念等。一旦将价值观列入考虑,决策就需要更高层级来做决定或评估。而所有质的因素中最重要、也最普遍的,是人的因素。

最后,要进行关系分析。负责某项活动的管理者必须和谁合作?他必须对负责其他活动的管理者有什么贡献;反之,这些管理者又必须对他有什么贡献。

我们总是根据管理者领导的活动来定义他的职务,也就是说只考虑上对下的关系。其实,这还不够。在界定管理者职务时,首先必须考虑的是他的活动对所属的上级单位有什么贡献。换句话说,必须考虑分析和建立起下对上的关系。

比如,传统铁路公司有两种重要的工程职能,分别和设计新设施与维修旧设施有关,这两个职能都隶属于负责运送货物及旅客的运输部门。如果站在管理者角度来界定工程部门,这两个职能都附属于运输职能之下。但是,我们一旦问道:这两个工程主管向上的关系是什么?就会发现,这个传统组织结构靠不住,甚至会严重影响到铁路管理。

这两个工程主管最重要的任务或许应该是为高层提出建议,同时参与有关铁路事业发展的长期决策。因为他们的工作性质和技术知识,他们必须负责物力资源的供应,还必须一肩挑起设定创新目标和达到目标的重大责任。所以,在安排他们的职务时,即使没有让他们加入高层管理团队,也应该让他们能直接向最高主管献策。否则企业将在缺乏必要知识的情况下,制定许多即使并非攸关生死但却影响企业长远未来的基本决策。就算决策本身是正确的，也无法被负责执行决策的人（两位工程主管）所理解，还可能遭到抵制。可见，从向上关系的角度来看，这两种职能应该独立于运输部门之外，直接隶属于最高主管。

另外，还要分析横向关系。比如一个企业的营销主管，需要给工程师提供顾客需要什么新产品的信息，以及如何改良旧产品，获得有关产品发展和设计的方向，以及定价等相关的信息。这样工程师才能完成自己的工作。采购部门也必须依赖营销主管提供的信息。当然，反过来，营销主管也需要给上述部门提供信息和指引，才能建立合理的向下关系，更好地给手下的业务员提供业务指导。可见，部门需要向下关系，还要有横向关系，协调整个企业的运行。

总之，只有好好分析工作中各种关系，才能做明智而成功的人事安排。

这三种分析——活动分析、决策分析、关系分析，都应该尽可能保持简短。在小公司里，可能只需要几个小时，在几张纸上写一写，就完成了。但在大企业中，就需要花上几个月时间，进行调查研究才能完成。但无论企业规模多小，业务多么单纯，都绝不可忽略这些分析。应该把这些分析视为一定要做好的必要工作。因为只有这些分析能显示企业需要哪一种结构。只有明白了企业结构，企业才能建立起高效能的组织。

管理层级尽量少

【德鲁克微语录】

组织结构必须尽可能地包含最少的管理层级，设计最便捷的指挥链。因为每增加一个管理层级，组织成员就更难建立共同的方向感，更不容易使彼此得到了解。甚至每个新增的层级都可能扭曲目标，误导注意力。指挥链中的每个连接点都会带来压力，成为引发怠惰、冲突和松懈的另一个源头。

——德鲁克《管理的实践》

【活学活用】

德鲁克也在《管理新领域：明天的决策取决于今天》中谈到组织层级越多，组织就会越僵化，也就会延缓决策的进程。

为什么会延缓决策的进程？德鲁克认为，根据信息传播规律，每传输一次，所传递的信息就会流失一半，而不正确的信息却在同步增加。通常，一个部门到另一个部门的信息流动会遇到障碍或者被歪曲。公司规模越大，人们分享信息、做出一致的决策和调整其优先业务的难度就越大。决策的速度变慢，执行力的优势就被削弱。所以，好的组织结构一定更要让有效信息在组织内部畅通起来，为了达到这个目的，就要简化组织结构，减少组织的管理层级。

被誉为"第一CEO"的杰克·韦尔奇在主攻GE之初，就发起了一场"拆墙"运动，提出了一个核心价值，叫"无疆界沟通"。企业界普遍认为，韦尔奇发起的是企业文化革命。其实，究其根本，韦尔奇的改革，本质上是颠覆旧的组织结构，是一场改组科层结构的组织改革。

韦尔奇当年面对的难题，是组织运转速度非常慢，部门之间沟通不畅，每个部门对决策都有不同的意见，最后，常常使好的决策在辩论和斗嘴中被取消或不了了之。所以，他发起"拆墙"运动，拆的是什么墙？拆的是部门之间的墙，是此职能与彼职能之间的墙。

韦尔奇的经营变革，减少了管理层级，让经营信息传导得更快、更准确，把金字塔式的传统层级结构，改组成了扁平化的矩阵结构。比如，制造部门喜欢生产已经定型了的成熟产品，而不理会市场需求，针对这个问题，韦尔奇引进项目经理制，打通部门壁垒，让销售部、供应部、生产部坐在一起，来研究市场需求。这就是解决问题的根本。

在企业内部，信息沟通系统包括三个子系统：一是企业内部与外部的沟通系统；二是上级向下级发布任务和评价反馈系统；三是下级向上级反馈信息和工作汇报系统。企业与外部沟通的目的是使企业的发展始终符合市场变化的要求。

德鲁克说，企业内部对市场的判断十有八九是错误的，真正懂得市场的人是在企业之外。在企业内部，从上到下的任务发布和从下往上的工作汇报，更需要企业采用制度来保障畅通。一般而言，使组织的决策层和操作层之间的中间管理层级越少越好，使组织最大可能将决策权延至最远的底层，从而提高企业效率，这种组织结构具有敏捷、灵活、快速、高效的优点。

所以，尽可能地减少层级，不要像中国古代明朝那样，设置重重的机构，虽然达到了相互牵制的作用，但皇帝下达的任何优惠于民的政策，都在传达实施过程中被歪曲，有些老百姓可能根本不知道这些有利于己的事情。因为组织机构庞大，也会大大增加企业的开支。

所以，组织结构越简越好，这样企业发展才能更灵活，决策才能更有效地被实施，而成本也会尽量少。

改变战略的同时要调整组织架构

【德鲁克微语录】

企业在调整发展战略时，一定要分析组织架构。不管是基于哪种原因，不管是因为市场改变、科技的日新月异，还是多元化或新的目标的建立，只要是企业改变战略，就需要研讨上述的关键活动，并调整组织的架构来加以配合。

——德鲁克《卓有成效的组织管理》

【活学活用】

企业战略是指企业根据环境的变化、本身的资源和实力选择适合的经营领域和产品，形成自己的核心竞争力，并通过差异化在竞争中取胜，随着世界经济全球化和一体化进程的加快和随之而来的国际竞争的加剧，对企业战略的要求越来越高。企业组织结构指对于工作任务如何进行分工、分组和协调合作，它是企业经营运作的基本平台，是企业发展战略实施的基础，它随着企业战略的变化而变化。

德鲁克认为，战略决定了组织结构的宗旨，因而也决定着在某一企业或服务机构中哪些是最关键的活动。有效的组织结构就是使得这些关键活动能够进行工作并取得成就的组织设计，并且一定要随着战略的调整而调整。

　　自1993年LG电子进入中国以来，LG在中国的事业规模全面扩张。至2011年，LG在中国的13家工厂发展迅速，但随着市场竞争的日益激烈和消费需求的日趋复杂，LG原先的组织结构已经不再适应中国市场，必须及时进行调整。

　　为了使分散在各地的营业组织运营得更加有效率，LG把中国地区分为华北、华东、华南、华西、东北五大区域进行集中化管理。在各个区域的重点城市，即北京、上海、广州、成都、沈阳等地建立大分公司体制。重新整编的五大分公司作为中国内销事业的主体，将被建立为同时拥有权限和责任的独立经营体制，强化市场对应能力，积极推进本地化建设。同时实施大规模重组，撤销一个业务部门并且用韩国人替换全部五名外籍高管。

　　根据这个"休克疗法"重组计划，LG电子将撤销其业务解决方案部门，把当前的业务部门数量从五个减少到四个。保留的四个部门是家用电器、空调和能源解决方案、家庭娱乐和移动通信。为了帮助LG重新获得重要的手机业务的实力，LG创建了一个软件技术中心以增强与软件有关的能力。

　　LG电子发言人Oh Sea-chun说，我们需要调整公司结构以便更迅速地执行和提高业务效率。LG电子的这种组织结构的迅速调整，明确了组织功能，优化了管理结构，提升了运营效率，因此这种组织结构的优化和调整也为企业带来了更大的利润，推动企业可持续发展。

　　LG随着市场的变化，适时调整发展战略，为了更好地适应快速发展的市场，使企业更高效地工作，LG适时根据战略进行组织结构调整，能够使企业进一步释放生产力，强化战略管理能力，在优势领域深耕细作，扩大市场份额，拉大同竞争对手的差距。相反，如果组织结构落后，决策实施慢，战略执行无法适应快速变化的市场，那么，企业就会走下坡路。

最好的组织架构使人尽其才

【德鲁克微语录】

　　我们必须舍弃这种"一定有一个最终答案"的传统想法。正确的答案应该是，只要能够帮助员工拿出绩效，并对企业有所贡献，任何的组织架构都是好的。组织的目的不是整齐划一及和谐的，而是释放并动员人们的精力。

——德鲁克《管理：使命、责任、实践》

【活学活用】

德鲁克认为，凡是能使人取得成就和做出贡献的结构就是最好的组织结构。组织的宗旨是解放和激励人员的能力，而不是对称或和谐。也就是说，一个优秀的组织结构要能为企业建起高效的组织运行机制，能够激发员工的工作动力，使整个企业快速运转起来。

长城，是世界文明的标志，是中华民族的脊梁，以"长城"这个伟大的名字命名的长城电脑，更是中国IT产业的奠基者之一，从其诞生之时，就已历史性地被赋予了科技兴国、产业兴邦的神圣使命，寄托了无数中国电子人科技报国的强国梦想。如今，长城电脑已成为中国强势IT品牌，并作为全球最著名的电脑部件供应商，在为全世界1/5的电脑提供各种品质优异的配件。

当然，任何企业的发展都不是一帆风顺的，同样，长城电脑也是在不断的调整中探索着走向今天的。

正如英特尔公司总裁葛洛夫先生说的："当一个企业发展到一定规模后，就会面临一个战略转折点。"2004年5月，为长城的起步与发展做出巨大贡献的王之先生光荣退休了，长城集团领导班子换届，中国电子集团副总裁陈肇雄出任长城的新董事长，并提出了"制造长城、技术长城、品牌长城"三位一体的新长城战略。长城又一次面临重要的战略发展机遇期。

2005年，一场"田忌赛马"的故事开始在长城内部上演。提到"田忌赛马"，可能大家都知道，田忌通过用上等马对中等马、用中等马对下等马、用下等马对上等马的方式，三局两胜，最终赢得了比赛。除了谋略之外，这其中也蕴涵了深刻的用人道理。将不同的人才放在合适的岗位上就会发挥出意想不到的作用。

由此，长城集团提出了赛马和相马的人尽其才的用人方式。长城电脑的总经理周庚申、长城宽带总经理韩锋、长城软件总经理李泽斌都是38～40岁的年轻人。由于业绩突出，他们赢得了走向领导岗位的机会。这些青年干部的选拔任用不仅使长城下属企业的管理干部年轻化、专业化，而且营造了"人尽其才、人才脱颖而出、企业充满活力"的新环境！长城电脑的"筑巢工程"，对国内众多的IT精英产生了巨大的"吸力"。精英们的"加盟"，一大批"脚踏实地、任劳任怨，为公司发展实实在在创造业绩的人"脱颖而出，为长城电脑这棵IT常青树带来了更多的新鲜血液，为长城实现跨越式发展提供了强大的"核动力"。公司业绩也实现了成倍增长。

接着长城电脑又就如何创造更好的业务平台和组织架构，做到人尽其才，进而实现公司业绩的长久、持续增长，对组织机构进行调整，提出"八大中心"的组织结构模式，对长城电脑在营造良好的用人环境上进行了有益的尝试。

组织是由人组成的，组织结构是否合理，最终由身在组织中的人的表现决定，如果每个组织成员都能快乐、高效地完成工作，那么证明，这个组织是很可行的；反之，如果组织中人浮于事，人们长时间地抱怨连天，那么表明，这个组织可能多少有些问题。如果发现这种情况，就一定要详细地诊断组织问题所在，及时调整，否则会给企业带来麻烦。

另外，好的组织结构能够明确每个员工的发展前景，使员工有足够的发展空间，同时，能激发员工以最大的潜力去工作。

第12章　提高企业的竞争力

把对方的优势转变成弱势

【德鲁克微语录】

日本的柔道大师，恰恰是从他对手的自以为是和沾沾自喜中去寻找力量。他们深知，对手的每一个攻击战略很可能都是建立在自己的优势技术之上。如此这般，柔道大师就能够发现，对手对这种优势技术的持续依赖，实际上使他变得不堪一击，毫无防御可言。他就能将对手的力量转化成对手的致命弱点，并击败对手。

——德鲁克《创新与企业家精神》

【活学活用】

和柔道选手类似，由于企业也往往以设定的计划行事，所以，使你的组织保持灵活性，把握你的竞争对手的实力，在他们所忽视的市场领域中去寻求机遇。

比如，日本就是这样接二连三地打败美国的，首先是在复印机领域，后来是机器工具领域，再到电子消费品、汽车、传真机。他们把美国人引以为豪的东西转化成美国人的弱点，再击败美国公司。

美国人把高利润视为自己最强大的实力，他们格外关注高端市场而忽略了大众市场，没有供给足够的货品和提供足够的服务。而日本人则抓住这个市场，采用只有最少功能的低成本产品打入美国人的市场。美国人甚至都没有尽力去和他们对抗。但日本人一旦抢占了大众市场，他们的现金流动就会很快也进入高端市场。高端市场、大众市场便都被他们迅速地抢占了。

2000年时，饮料行业巨头垄断格局已经基本确定，国际巨头两乐、台资的康统、本土的娃哈哈，除了两乐先天就是巨头，康统和娃哈哈也已经发展了10余年的时间，在全国范围内的网络已经建成，各自优势的领域均已经确立。因此，在2000年，中小企业基本已经没有了占据饮料行业的优势品类，继而在全国跑马圈地，寻找开疆扩土的机会。

康之味在发展之初，和全国其他大多数中小企业没有什么两样，实力弱小，产品也是以跟风大企业大品类为主，到2005年，当知名策划人马祖海走进康之味食品工业有限公司时，康之味相对简单的厂房正在生产红茶、绿茶、果粒橙……产品高达十几种品类，鱼龙混杂，市场销售也仅限于漳州地区的各乡镇市场，根本别提什么品牌建设。这就是康之味那时的现状，它在高通胀、低利润、低销量、同质化竞争的痛苦中挣扎着。

在大品类上，中小企业已经没有什么机会，康之味的出路在哪里？

经过市场调研，策划专家马祖海发现，既然康之味的竞争对手是两乐、康统、娃哈哈，那么康之味一定要在消费者领域避开这些巨头，寻找其他领域，但遗憾的是，这些巨头除了他们各自强势的领域，两乐的碳酸、康统的茶饮及水，娃哈哈的乳饮料，利用他们在渠道资源上的优势，已经全面进入了各饮料大品类的竞争，水、碳酸饮料、茶饮料、果汁饮料、乳饮料等大品类，对中小企业来说可选择的突破口确实不多。但他们团队经过苦苦思索终于想到了一个办法，将其他巨头所强势的领域定位为"甜饮料"，把整个饮料行业划分为两大类："甜饮料"和"盐饮料"，而康之味生产"盐饮料"，就这样，含盐饮料就出现了。

战略方向确定下来后，剩下的就是一步一步在战略方向上踏踏实实地走下去。2006年盐典开始运作，在运作初期，康之味依然很痛苦，品牌影响力小，盐典作为新产品并不为消费者所熟知和认可，同时，企业管理也存在很多短板，但康之味领导层对战略方向的坚持和毅力终于使康之味在付出不懈的努力后迎来了拐点。

2008年，康之味盐典开始在福建区域畅销，至今在福建区域，康之味盐典单品销量已达2亿元/年，部分地区盐典销量超过可乐，成为消费者首选。盐典彻底改变并树立了康之味运动饮料的品牌形象，同时在盐典的带动下，康之味旗下其他子品牌销量也呈现出旺销倍增的态势，康之味成为福建区域强势品牌。

2011年，在福建区域站稳脚跟后，武汉康之味、山东康之味、四川康之味相继建成投产，正式拉开了康之味进军全国的序幕。这一切不过才短短5年时间，并且是在各巨头的分割垄断格局下完成的，这对中小饮料企业来说，不能不说是一个奇迹！

在竞争近乎残酷的饮料行业，福建康之味从对方的优势中，发现了自己生存的空间。这就是利用对方的优势转成劣势打败对方的很好例子。所以，不要对别的企业的优势而喟叹，也许，对方的优势换个角度看就是它的劣势。

要能在多个领域取得卓越

【德鲁克微语录】

一个企业也许能够在不止一个领域中超群卓越，一个成功的企业除了要在一个领域中超群卓越以外，还必须至少在许多知识领域中胜任。有许多企业还必须在不止一个领域中达到超过一般的水平。但是要掌握市场给予经济回报的那种真正的知识，就需要集中将几件事情做得极端出色。

——德鲁克《成果管理》

【活学活用】

只有追求卓越才能超越对手，才能获得市场的青睐。消费者都是理性的，他们都是喜欢获得最优的产品。优秀的企业不是做大锅饭，而是做精致小炒。成就来自卓越，任何平庸都不能换来经济回报。企业想要获得成功，不在于干了多少事，而在于干成功了多少事，并且，在于在哪几件事上干得非常出色。

宝洁公司是一家美国的老牌企业。在中国发展了将近20年，在这段时间里，尽管它也曾经历过失意和曲折，但它在中国市场上依然战绩辉煌，它的品质精神和品牌策略值得我们借鉴。宝洁的特点：一是种类多，从香皂、牙膏、漱口水、洗发精、护发素、柔软剂、洗涤剂，到咖啡、橙汁、烘焙油、蛋糕粉、土豆片，到卫生纸、化妆纸、卫生棉、感冒药、胃药，横跨了清洁用品、食品、纸制品、药品等多种行业。二是大胆贯彻多品牌策略，在国际市场竞争中纵横捭阖，尽显"多子多福"的风流。以洗衣粉为例，它推出的牌子就有汰渍、洗好、欧喜朵、波特、世纪等近十种品牌。在中国市场上，香皂用的是舒肤佳，牙膏用的是佳洁士，卫生巾用的是护舒宝，仅洗发精就有"飘柔"、"潘婷"、"海飞丝"三种品牌。要问世界上哪个公司的牌子最多，恐怕非宝洁莫属。并且，在这多个品牌中，有很多都成功融入人们的生活，成为人们经常选购的产品，这可以说是一个极大的成功。

当然，较之于"多品一牌"，多品牌战略运营成本会高很多，风险也大。但从另一个角度来看，单一品牌树立之后，容易在消费者当中形成固定的印象，从而产生顾客的心理定式，不利于产品的延伸。特别是对宝洁这样的横跨多种行业、拥有多种产品的企业更是如此。宝洁公司最早是以生产象牙牌香皂起家的，假如它一直沿用"象牙牌"这一单一品牌，恐怕很难成长为在日用品领域称霸的跨国公司。

以美国Scott公司为例，该公司生产的舒洁牌卫生纸原本是美国卫生纸市场的佼佼者，但随着舒洁牌餐巾、舒洁牌面巾、舒洁牌纸尿布的问世，使Scott公司在顾客心目中的心理定式发生了混乱……舒洁该用在哪儿？一位营销专家曾幽默地问：舒洁餐巾与舒洁卫生纸，究竟哪个品牌是为鼻子设计的？结果，舒洁卫生纸的头把交椅很快被宝洁公司的CHARMIN卫生纸所取代。宝洁公司正是从竞争对手的失败中吸取了教训，用一品多牌的策略顺利克服了顾客的"心理定式"这一障碍，从而在人们心目中树立起宝洁公司不仅是一个生产象牙香皂的公司，还是生产妇女用品、儿童用品，以及药品、食品的厂家。

宝洁成功地在多个领域占有了自己的一席之地，并且，在每个领域都有能让顾客都家喻户晓的知名品牌，可见，宝洁在多领域扩张中取得了很大的成功。

当然，面对宝洁的未来，还要面临舒蕾、隆力奇、采乐等本土日用品的冲击，它还需要再接再厉，创造更多的卓越。

多品牌策略具有统一品牌策略所没有的优势，但它并不能包医百病，无所不能，而有其一定的适用条件和范围。在准备采用多品牌策略时，企业应注意如下几点：

首先，企业应检查一下自己是否具有多品牌管理的能力和技巧。因为多品牌比统一品牌的管理难度要高得多，各个品牌之间要实施严格的市场区分，具有鲜明的个性，且这些个性还要足以能吸引消费者。企业实施多品牌的最终目的，是用不同的品牌去占有不同的细分市场，联手对外夺取竞争者的市场，如果引入的新品牌与原有品牌没有明显的差异，就等于自己打自己，毫无意义。

其次，多品牌策略具有一定风险，推出一新品牌需要相当多的费用。对于缺乏实力的企业来说，品牌销售额不足以支持它成功推广和生存所需的费用，就很难实施多品牌策略，这时不如"把所有的鸡蛋放进一个篮子里"，打出一个高知名度品牌，再进行延伸，这样推出新产品的费用将大大减低。

最后，多品牌策略应根据企业的经营目标来具体设计。对于一个大公司来说，确定品牌线的最佳长度（品牌个数）是个重要问题。如果公司想要作为完善的品牌线的经营者来定位，或想要追求较高的市场占有率，有效防止竞争者的入侵，那么，一般则要具有较长的品牌线。如果公司为了追求最大的利润，那么，品牌线的长短则根据实际估测。企业对每一品牌所投入的力量也不应是均等的，主要品牌应重点培育，其他则处于陪衬的地位。

我们能干好什么

【德鲁克微语录】

人们掌握自己的企业知识的最佳方法是，看一看哪些事情企业已经干好了，而哪些事情又是明显做得很不好的。如果其他同样管理出色，并且有能力的企业在类似工作上的经历与本企业的截然不同的话，这就特别能说明问题了。"什么事情我们已经干好了，而且没有花九牛二虎之力的感觉；而其他某个企业却没能做成同一件事？"而"什么事情我们干得很差，而其他某个企业似乎不花力气就做成了？"自然就是接下来的问题了。

——德鲁克《成果管理》

【活学活用】

企业是一个组织，它是由很多板块组成的，每个板块发展又是参差不齐的，但总有长有短，要正视自己的长处和短处，慎重经营。

2011年3月31日，百度有啊在《有啊致卖家公告》中表示，"一个月后，有啊全部商品及店铺编辑、管理、发布和交易等相关操作功能将予以关闭。"同时，有啊提醒卖家密切关注并尽快处理进行中的交易及交易超时问题等内容。

有啊在惨淡经营3年后，以失败而告终，易观国际对百度有啊的统计数据显示，百度有啊2010年第四季度注册账户数为74.5万，增长率为1%；活跃用户数为9万。这组数据远远低于淘宝今年1月对外宣布的数据——注册用户达3.7亿。

互联网知名评论人士洪波认为，"百度过分轻视竞争对手的实力，放大自己的能力，这是导致百度多元化战略中，多次失败的重要原因。其实，每个领域都需要非常专业的管理和经营团队，需要强大的资金和技术支持。"

"百度天然缺乏做电子商务的基因，"派带网总裁邢孔育分析道，"每家企业都有自己的性格和特点。电子商务非常注重用户的体验，这并非百度擅长的领域。"

无疑，有啊商城的关闭，对百度的多元化扩张冲动带来了警示。过去几年，凭借搜索带来的巨大流量，百度不断进行多元化探索，但收效甚微。除百度有啊之外，百度新闻、即时通信工具Hi等也未见成功。百度最擅长的还是搜索，当然，也可以扩展到其他领域，但一定要重视起来，并且做出自己的特色，这样才能使短板增长，但与像淘宝这样已经深谙电子商务的企业来说，百度无疑是不可能竞争过它的，抱着分一杯羹的心态，也要真正地细心研究，毕竟每一行干好都没有那么简单。百度擅长搜索，可以在这个平台上进一步挖掘，扬长避短，成为无可替代的搜索之王。可以通过对其他公司的搜索产品的研究，也可以研究淘宝，通过对它们的研究，找到渗入其中的途径，这样，自己发展的空间就扩大了，市场随时都在变化，百度可以在变化中，找到适合自己发展的道路。

云南白药集团改变了国人对药品的传统看法。我国中药一直以"苦、大、粗、黑"的面目示人，与方便、快捷、舒适的现代生活形成了鲜明对比，使得现代人，尤其是年青一代，对于传统中药的印象日益模糊。

随着中药药房和销售渠道的不断减少和萎缩，传统中药和现代生活之间的差距越来越大。为了改变这种现象，很多中药企业提出了"现代中药"的概念，即以软胶囊、注射液、颗粒剂等现代剂型，试图使之与西药一样样式精致、疗效稳定和使用方便。

但云南白药的总经理王明辉提出了创新性变革方案。根据自身白药保密配方和百年老牌优势，云南白药围绕保密配方与材料科学的结合进行产品创新，公司将此称为"两翼产品"，主要包括白药创可贴、云南白药牙膏及其他药妆产品。白药创可贴是公司最早，也是最具代表性的创新产品。定位为高端产品。这一创举，使云南白药走出了一条阳光大道，重振当年雄风。

由此可见，任何企业都有自己的短板和长板。有短板，尽量补长，发挥自己的长板优势。不要只顾发挥长板优势，否则，短板可能危害企业发展。也不要一味地弥补短板，无视长板，否则，企业消耗太多，赚得太少，伤了企业元气，要短板和长板协调发展。

因为拥有优点而获得报酬，但不会因为拥有缺点而获得报酬。所以，关于优势侧重发展，我们需要问自己这些问题：企业擅长什么？在哪个方面表现突出？换句话说，是哪种优势让企业在竞争中取得优势？而这些优势可运用在哪些方面？

分析现有优势的收获，对优势进行分析就能知道哪些现有的优势需要改进或增强，以及可以从哪些地方吸收到新的优势。这也同时显示出什么是企业能做及该做的。

企业核心能力还在创新

【德鲁克微语录】

每个组织都有不同的核心能力，它可以说是组织个性的一部分。但是，每个组织，不仅仅是企业，都需要一种核心能力：创新。

——德鲁克《巨变时代的管理》

【活学活用】

市场竞争日益激烈，企业要发展，就必须坚持自主创新。典型技术密集型的汽车行业尤其要坚持自主创新，只有创新，才能使产品具有更高的技术含量和附加值，才能使企业在激烈的竞争中生存并发展壮大。

奇瑞汽车有限公司于1997年成立，至今已经有10多年，其牢牢抓住掌握汽车制造的核心技术、拥有高素质的研发人员、自主创新的品牌、不断进取的创新精神这四大法宝是它发展的关键。通过长期艰苦努力，逐步掌握并具备了整车、发动机及自动变速箱等关键零部件的核心技术和自主研发能力，先后开发了具有自主知识产权的四大品牌23款整车及包括TGDI（缸内直喷涡轮增压）在内的ACTECO系列名牌发动机和CVT无级变速器，拥有2 600余项授权专利，并实现了向国际市场的产品与技术输出，形成了明显的技术优势和竞争力。公司已连续数年总销量和出口总量位居全国自主品牌企业第一位。

奇瑞的创新之路是"以我为主营造平台，面向世界整合资源"，通过邀请、聘用等多种方式，从汽车大国引进了数百名"海归人才"和其他高端人才，这些人迅速成为"奇瑞"自主研发的生力军。将国际顶尖级人才、一流技术和成果尽收囊中，为我所用，正是这种高层次的开放心态和前瞻意识，使奇瑞从一起步就避开了低水平重复建设之路，由"吸收消化再创新"和"集成创新"进入全面自主创新阶段，成为民族汽车工业"中国创造"的典范。

创新是一个企业发展的动力。一个企业，要得到长期的发展，必须靠创新，创新理论、创新体制机制、创新技术、创新方式方法等。奇瑞正是靠着不断进取、不断突破的自主创新精神，掌握了多项具有国际先进水平的专利技术，从而在竞争激烈的汽车行业站稳脚跟，并拥有了与汽车强手对话的资本。

对于奇瑞汽车来说，将自主创新进行到底，为民族品牌屹立于世界汽车品牌之林而努力拼搏。奇瑞用艰苦奋斗的10年，成就了一个中国式奇迹的成长历程，证明了"中国人不仅能造车，而且还能造好车"。

奇瑞通过创新成功了，由此也给我们一些启发，企业的发展需要创新，创新才能让自己长久发展，只是跟风随着潮流走的经营，只能是短暂的，因为一旦市场低迷，无潮流可循，企业就只能苟延残喘，甚至倒闭。

只有创新才能使企业立于不败之地。当然，创新，不仅仅是技术上的创新，还有管理、销售、流程优化方面的创新。通过不断创新，不断优化企业发展，才是长盛不衰之道。

根据具体的价格要求设计产品

【德鲁克微语录】

给新产品制定错误的价格，即按"市场能够承受的价格"销售新产品。这样做只是给竞争对手提供了一个毫无风险的机会。即使产品受到专利权的保护，这也是错误的策略。如果有足够的吸引力，潜在的竞争对手会想方设法绕过保护措施最严密的专利。

——德鲁克《巨变时代的管理》

【活学活用】

大多数美国公司和实际上所有的欧洲公司，在定价时都以成本为基础，然后乘以一个利润率。在他们推出产品之后，他们不得不开始降价，不得不投入巨资重新设计产品，不得不承担损失，而且他们常常因为定价错误而不得不放弃一个非常好的产品。他们的根据是什么？"我们必须收回成本，必须赚钱。"

这是正确的，但毫不相干：顾客没有责任保证制造企业赚钱。唯一合理的定价方式是，首先考虑市场愿意支付的价格，因此，必须考虑竞争对手的价格，并根据具体的价格要求设计产品。

"价格战"不是让企业拥有竞争力的绝对可能，但，它恰当使用降价措施，能使企业尽快占领市场，取得竞争优势。

丰田公司的成功之路一向被世人视为经典案例，特别是丰田车打入美国市场的过程，更是经典中的经典。然而，在打入美国市场时它也并非一帆风顺。

1958年，雄心勃勃的丰田公司首次进入美国市场。10月，丰田汽车销售公司美国分公司成立。当时丰田出口到美国的是一种名为"光环"的小轿车。"光环"意味着胜利和辉煌。但市场的回报却大相径庭。光环小轿车在美国轿车市场的激烈竞争中一败涂地。光环车的惨败，有产品本身的问题，也有日美消费习惯的差异。首先，光环车的质量不过关，在日本国内公众中就有"脆弱"、"不耐用"的印象。到了美国，与欧洲及美国国产车相比，光环车更是黯然失色：车内装饰粗糙，驾驶者和乘坐者都感觉不舒服；车灯太暗不符合标准；引擎的轰鸣噪音让人无法忍受；块状的外形极为难看。同时，光环车车内空间不大，对比日本人身材魁梧许多的美国人而言，是难以接受的。加上该车的定价为2 300美元，与其竞争对手大众"甲壳虫"车1 600美元的价格相比也不具竞争力。结果，当时只有5位代理商愿意经销其产品。而美国汽车中心底特律推出了新型小汽车与"甲壳虫"竞争，并停止进口汽车。丰田公司因而被迫进行紧缩，甚至连日本国内头号轿车大王的宝座也被其他日产公司夺去。

面对困境，丰田公司不得不重新考虑怎样攻进美国市场。他们制定了一系列的营销战略。其关键步骤是大规模的市场调研，把握美国的市场机会。

调研步骤主要从以下几方面开始。首先，丰田公司对美国的代理商及顾客需要什么，以及他们无法得到什么进行了彻底的调查。他们发现美国人们越来越重视汽车的实用性、舒适性、经济性和便利性。其次，丰田公司还研究了竞争对手的不足和缺陷。

丰田公司在市场调研中发现，美国底特律的汽车制造商们骄傲自大、因循守旧、墨守成规，对竞争者的挑战、政府的警告、消费者拒绝购买和库存量的直线上升熟视无睹，继续大批量生产大型豪华车。小型车的空白市场给丰田轿车的侵入提供了机遇。最后，丰田公司还详细研究了外国汽车制造商在美国的业务活动，向竞争对手学习，从而制订出更好的销售和服务战略。丰田公司委托一家美国调研公司去访问大众汽车的拥有者，以了解顾客对大众车的满意和不满之处。调查表明，大众"甲壳虫"的成功原因主要有两个：一是它建立了能够提供优良服务的机构，从而消除了顾客对需要时买不到零配件的忧虑；二是其价格具有相当的吸引力。

经过这样一番细致的调查，发现企业遇到的问题有三个：如何建立自己的销售网络；如何消除美国人心目中"日本货就是质量差的劣等货"的旧印象；如何与德国的小型车抗衡。丰田公司以"人有我优"作为应对策略，即质量优、价格优、服务优。

根据市场调研结果，丰田公司开发了一种新产品——皇冠牌汽车，一种更经济实惠的美国式汽车。这种"美国化"的汽车被称为"底特律"式车。其漂亮的外形和车厢内符合美国人口味的装饰完全不同于过去的试验型客车：为手臂较长的人设置了靠手，并按照美国汽车的式样对座位进行了改变，安排了较大的伸脚空间。同时，产品的质量、可靠性和维修等也得到了同样的关注。新产品真正做到了"美国化"。

在定价方面，为吸引大量新的购买者并使经验曲线迅速下降，丰田公司将产品的售价定得比竞争对手低得多。这项战略促进了产品销售并降低了产品成本，成本的降低则进一步拉低了价格。丰田的价格战略产生了"滚雪球"效应：丰田"皇冠"定价低于2 000美元，之后推出的丰田"柯罗拉"（Coralla）定价低于1 800美元。这种进攻战略，为丰田公司赢得了一个既讲究质量，又经济实惠的形象。经过不懈努力，至1980年，丰田汽车在美国的销售量已达到58 000辆，是1975年的销售量的2倍，丰田汽车占据了美国进口汽车25%的市场份额。

丰田公司在占领美国中档汽车市场后并不满足，采取乘胜追击的战略，20世纪80年代后期又争夺美国的高档豪华车市场。有了前车之鉴的丰田公司把市场调研工作做得非常充分：派出专家小组前往美国，与山姆大叔同吃同住，并运用问卷、座谈会等方式对市场需求的每一细节都进行了调查。经过5年多的呕心沥血，推出了"凌志"车。"凌志"一改过去日本汽车经济实用的中低档形象，定位为豪华轿车。上市仅2年，其业绩就赶上了在高档车市场已苦心经营数年的"宝马"。

虽然，这个事件已经发生了很久，但其作为企业经典案例依然不过时。丰田在保证质量的同时，广泛开展价格战，大大地提高了其市场竞争力，最终成功占领美国市场。然后，又开发高档汽车，在高档汽车市场又分得一杯羹。这样，丰田在美国站稳了脚，之后的销售之路就走得越发顺利了。

有时候，想要提高企业的竞争力，像丰田这样采取价格战也是不错的选择，以市场为导向，根据市场需求和所能承受的价格范围内制作产品，当然，这里强调一定要有质量保证，尽量降低成本，从而实现降价的可能，通过销量来获得利润。这种策略用来占领市场时使用，更有效果。

第13章　企业营销的目的不是推销

消除推销，使顾客主动上门

【德鲁克微语录】

也许企业不能彻底避免上门推销，但营销的真正目的则恰恰是通过对顾客的透彻了解，让产品真正能够满足顾客需求，从而使推销变得可有可无。

——德鲁克《管理：使命、责任、实践》

【活学活用】

随着市场竞争的日益激烈，不同企业都在想尽办法加大广告推广的力度，力求把企业、产品的信息传播出去，以便能够吸引更多的用户。正是因为企业之间营销手法越来越雷同，使得营销的边际效果不断下降，特别是广告投放的有效率更是直线下降，许多行业的营销遇到了困境，结果，他们只能通过价格战进行突围。但价格战存在很多风险，容易导致恶性循环。

所以，在产品同质化、竞争激烈的情况下，企业的营销手法上的差异性往往能够成为决定客户购买的最后因素。一个优秀的企业能够懂得该怎样在客户没有明显需求的情况下创造出需求、在客户有多种选择需求时引导客户的需求，最后通过产品满足客户需求，为客户创造价值，达到双赢的结果。

广州有一家街道化工厂生产了一种质量很好的灭蟑药笔，他们为这种产品做了不少推销活动，但销售效果并不理想。因为当时市场上各种杀虫产品竞争激烈，这个产品很不起眼。后来这个厂用制造新闻的手段诱发了《羊城晚报》的一篇新闻报道。

这一天他们厂派两个宣传人员跑到羊城晚报编辑部。他们先在地板上放了一个纸盒，声称要为记者、编辑们做一个现场表演，只见他们掏出一个粉笔头，在纸盒周围划上一个白圈，然后小心谨慎地打开那个纸盒一抖，只见从纸盒里爬出十几只蟑螂，很快爬到桌子底下、柜子底下去了，这一举动可把记者、编辑们气坏了。但这两个人不慌不忙地给他们解释了事情的原因，并留下了二三十盒带去的灭蟑药笔。

第二天，记者、编辑们发现躲起来的那些蟑螂果然都爬出来死掉了。大家一看效果不错，就把厂家带去的灭蟑药笔分光了，用后都反映灭蟑效果很好。记者有感而发，写了一篇名为《死给你看》的新闻，新闻见报后，成千上万的订货单像雪片一样飞到厂家，为该产品打开了销售市场。该厂在巴黎、莫斯科举办的中国轻工产品展览会上如法炮制，也很快打开了国际市场。

这家企业把自己产品的优点充分地展现了出来，人们都发现了蟑螂药的神奇效果，自然就纷纷来购买了，这样做根本就不用费劲去向顾客推销，这样巧妙的营销策划方案不是很好吗？

所以，让顾客了解自己的产品有时候很简单，只需要有一点点小小的创意，就能产生很好的效果。这样能大大减少成本，提高企业的效益。

麦肯锡也从来没有在大众媒体上投放过广告，更没有聘请营销人员去主动打电话给客户，但麦肯锡向来没有缺少过客户，他们总能让客户主动找上门来。他们能识别客户需求，创造客户需求，然后利用企业的优势和专业技术来满足客户的需求。

当然，让客户能够主动上门，还只是营销的第一步。怎样让客户在进门之后，让他真正成为企业的忠实客户还很重要。企业可以通过产品和服务，为客户创造"客户"或提升竞争力，使客户的口碑成为企业最好的宣传渠道。达到这一点，就实现了成功营销。

组建多种营销渠道，开拓市场

【德鲁克微语录】

营销渠道中发生的变化或许对一个国家的GNP和宏观经济无足轻重，但对一个企业或一个行业来讲却关系重大。

——德鲁克《成果管理》

【活学活用】

营销渠道是一个制造商的产品流向消费者的渠道，制造商对其管理水平的高低和控制力度的大小，对该产品的市场占有率的提高有至关重要的作用，每一个制造商必须加强这一方面的工作，特别是随着加入世贸组织后外资企业的贸易权和分销权的取得，营销渠道的竞争会更加激烈。为此，企业就需要建立自己渠道营销的战略思维。企业有没有合理、完善的营销渠道战略将直接关系到企业的兴衰成败。

惠普公司是通过经销制分销渠道成功销出产品，推出产品的成功典范。

惠普主要是通过长宽相宜的二级分销渠道来发展其业务的。其一级分销商由销售部门的专门人员管理，双方共同规划、探索人员安排及发展的有效途径。二级分销商则由其在全国的分支机构和分公司里设置的专业经销人员专门管理。这种专人管理分销商的办法便于惠普公司及时掌握经销商的经销状况和切实需求，提高对全国市场变化的反应速度。在选择分销商时，惠普只选择覆盖全国或某地区信誉好的中间商，并通过严格的认证系统来控制经销商的质量。通过经销制分销渠道策略不仅使惠普服务器占到国内第一的市场份额，而且使其在打印机等办公设备业务上也有骄人业绩。

分销渠道在市场营销策略中处于统领全局的地位。因为通畅的分销渠道不仅可以"上情下达、下情上达",实现厂家与消费者的互动,还可以通过消费者信息反馈,帮助企业准确地判定价格、控制成本。随着市场的发展,分销渠道也呈现出多样化的趋势。

1. 经销制渠道。经销制渠道的实质是企业与企业之间的一种买卖关系。这种买卖是建立在双方互惠互利的基础之上的。厂家借助经销商迅速占领市场,而经销商通过经销厂家的产品获得利益。对于产品生命周期涡轮效应的高科技产品而言,采用经销制分销渠道有利于节约营销广告费用,降低经营资金风险,迅速推广产品。

2. 代理制渠道。代理制渠道指企业通过委托、代理、代销等形式,与外部独立的销售企业在定价、库存、促销、品牌输出、商品陈列等方面进行协商,从而建立长期的供销合作关系。代理商和制造商之间是通过代理协议来建立长期稳定的产销关系的。

市场经济的激烈竞争,把生产企业与代理商紧紧地捆在了同一条生死链上,共同的利益促使他们必须团结一致,并肩作战。在产品行销的道路上,代理商的位置举足轻重。那么,作为生产企业,选择优秀的代理商从而不失市场先机很关键。

针对高科技产品附加值高的特点,选择代理制是有其独特优势的。这有利于调动第三方力量,增加各家分销能力。

对不同的企业而言,其代理商设置又不一样。有的厂家只设省级市场总代理,如四川总代理、云南总代理等,由省级代理商再下设二三级(市、县)代理商;有的厂家直接选择全国省会城市为主要市场区域来设置代理商,如成都总代理、武汉总代理等;还有的厂家按西南、东北等大片区划分形式设置总代理。虽然代理商设置方式各有不同,但选择代理商的目的却是一样,那就是借助代理商的分销渠道与市场网络迅速占领市场。所以,厂家对代理商的选择要务必慎重。

3. 电子分销渠道。电子分销模式不仅减少了中间环节,降低了中间分销成本,还可以节约库存、降低售后服务成本。而且以价值链为中心的电子分销模式,由于充分考虑了客户的需求,从而实现了生产商与用户的互动。这对于附加值高、产品价格难以精确计算及需要更多服务的高科技产品尤其重要。

比如，麦克尔·戴尔公司的经营思路很清晰，就是摒弃公司与客户之间的一切经销环节，直接把商品销售给客户。公司从产品设计、制造到销售的全过程都是以聆听顾客意见、迎合顾客所需为宗旨。他们通过各种媒体与客户沟通和互动，迅速得到客户的反映，及时获知客户对产品、服务的建议和要求，对客户的需求做到胸中有数，为每个客户量身定做产品。产品从厂商到客户手中，周期只需7~10天。之所以能够以这么快的速度运作，用麦克尔·戴尔的话说：在其他公司还在埋头苦猜顾客想要什么产品时，我们早就有了答案。因为我们的顾客在我们组装之前，就明白表达了需求。

分销渠道管理人员在选择具体的分销渠道模式时，应该坚持以下原则：

1. 畅通高效的原则。这是渠道选择的首要原则。任何正确的渠道决策都应符合物畅其流、经济高效的要求。商品的流通时间、流通速度、流通费用是衡量分销效率的重要标志。

畅通的分销渠道应以消费者需求为导向，将产品尽快、尽好、尽早地通过最短的路线，以尽可能优惠的价格送达消费者方便购买的地点。畅通高效的分销渠道模式，不仅要让消费者在适当的地点、时间以合理的价格买到满意的商品，而且应努力提高企业的分销效率，争取降低分销费用，以尽可能低的分销成本，获得最大的经济效益，赢得竞争的时间和价格优势。

2. 覆盖适度的原则。企业在选择分销渠道模式时，仅仅考虑加快速度、降低费用是不够的。还应考虑及时准确地送达的商品能不能销售出去，是否有较高的市场占有率足以覆盖目标市场，因此，不能一味强调降低分销成本，这样可能导致销售量下降、市场覆盖率不足的后果。当然，成本的降低应是规模效应和速度效应的结果。在分销渠道模式的选择中，也应避免扩张过度、分布范围过宽过广，以免造成沟通和服务的困难，导致无法控制和管理目标市场。

3. 稳定可控的原则。企业的分销渠道模式一经确定，便需花费相当大的人力、物力、财力去建立和巩固，整个过程往往是复杂而缓慢的。所以，企业一般轻易不会更换渠道成员，更不会随意转换渠道模式。只有保持渠道的相对稳定，才能进一步提高渠道的效益。畅通有序、覆盖适度是分销渠道稳固的基础。

4. 协调平衡的原则。企业在选择、管理分销渠道时，不能只追求自身的效益最大化而忽略其他渠道成员的局部利益，应合理分配各个成员间的利益。

5. 发挥优势的原则。企业在选择分销渠道模式时为了争取在竞争中处于优势地位，要注意发挥自己各个方面的优势，将分销渠道模式的设计与企业的产品策略、价格策略、促销策略结合起来，增强营销组合的整体优势。

找到适合自己的市场

【德鲁克微语录】

不必去追求最高的市场地位，而是应该追求最适合自己的市场地位。如果企业不能找到适合自己的市场地位，最终会使企业不堪重负。

——德鲁克《管理：使命、责任、实践》

【活学活用】

20世纪70年代，美国营销学家提出了市场定位的概念，即根据市场竞争情况和本企业条件，确定本企业及其产品在目标市场的位置，也就是为企业或产品在目标市场上树立一定特色，塑造预定形象，并争取顾客的认同。

在欧美等发达国家，宜家家具把自己定位为面向大众的家居用品提供商。因为它物美价廉，款式新，服务好等特点，受到广大中低收入家庭的欢迎。

但到了中国之后，企业对市场定位重新做了调整。因为他们发现，中国市场虽然广泛，但普遍消费水平较低，原有的低价家具生产厂家竞争很激烈，市场接近饱和。但市场上的国外高价家具也很少有人问津。于是，宜家把目光投向了大城市中相对比较富裕的人群。在中国市场定位为"想买高档货，而又付不起高价的白领"。这个定位非常精确，因为，第一，它作为全球品牌，满足了中国白领对高档产品的追求；第二，宜家各处卖场和经营理念都充满异国文化，很吸引消费者。第三，宜家为了满足各种不同需求，推出自由拼装方式，让白领有了更多的选择。正是这一准确定位，使宜家进入中国市场后迅速成为消费者喜欢的品牌。

市场日新月异，需求变化多端，这就要求企业不仅着眼于现在，更应关注未来。企业应充分利用各方面的宏观信息，把握形势、掌握规律、审时度势，对市场特别是目标市场做出科学有效的预测。

在香港，金融业之兴旺发达，用"银行多过米铺"这句话来形容毫不为过。在这享誉国际金融中心的弹丸之地，银行业的竞争空前激烈，为了寻求生存之本，它们纷纷使出浑身解数，利用定位策略，细分市场，充分发掘并凸显自身优势。

香港廖创兴银行就是其中典型的一家，它以中小工商业者为目标对象，以为他们排忧解难、共创基业为宗旨。在香港，中小工商业者是一个很有潜力的商业群体，廖创兴正是敏锐地洞察到这一点，所以在专业、深入的调研之后，最终切准了他们的内在愿望和需求——想出人头地，大展宏图。这以后，廖创兴银行就确立了自身定位，专为中小工商业者这一目标客户精心服务，给予他们在其他大银行所不能得到的支持和帮助，廖创兴银行逐渐牢牢地占据了这一市场。

由此可见，准确的市场定位，对于企业的发展非常重要。但是，选择适合本企业当前发展的区域市场并非容易，必须经过多方分析对比后，才能做出决定。那么，怎样才能找到合适的市场呢？

1. 当前行业产品重点销售的市场。每个行业的产品都有自己的重点销售市场。比如，凉茶主要销售市场是广东；高档家庭影院则在广东、福建、江苏、浙江、上海、北京等沿海省市或经济发达城市有广泛的销售市场；有些产品在农村市场占有很大份额……可见，产品都有自己的重点销售市场，虽然可以全国推广与销售，但这类市场在很多行业里都表现得很清晰，易于辨别，只是企业要根据自己的实际情况进行谨慎选择而已。

2. 当前尚未有强势竞争品牌但很有发展潜力的市场。有些市场竞争品牌已有好几个，但个个都做得并不很好，没有强势品牌出现。比如，一些产品在市场中占有了很大的份额，具有绝对垄断地位。那么，作为实力比较小的企业，就应该避免进入这样的市场。可以寻找没有出现有一个企业垄断的同类产品品牌，可以在这个市场中通过自己的实力和智慧，打造自己的品牌和其他实力相当的企业一决高下，脱颖而出。

3. 当前竞争品牌较少且很有发展潜力的市场。有很多中型城市相关行业品牌还没有完全进入该区域市场，其竞争品牌也就相对少很多。如果自身有一定实力但在大型一线城市很难打开市场，可以进入中、小型城市，通过自身有特色的策划推广，就可以让自己逐步强大，打开一条生存发展之道。

这类市场的选择要根据自己的企业、品牌、产品及相关市场的竞争情况、当地对本产品的需求情况、当地的经济水平、当地的消费习惯、当地大众的审美喜好等众多方面进行缜密分析后，再做出决定。

走进国际市场的营销策略

【德鲁克微语录】

从现在起，任何希望繁荣的国家及任何企业都必须承认，起领导作用的是这种世界性经济，即以全球为生产车间和销售市场的跨国生产和经营的经济。任何一个希望获得长久发展动力与源泉的企业，都必须要在全球经济一体化和区域经济一体化的潮流中成为勇敢的搏击者。

——德鲁克《巨变时代的管理》

【活学活用】

随着国内市场资源的匮乏及国内某些市场的逐渐饱和和生产过剩（如钢铁、汽车、电子产品），中国企业将不得不把目光投向国外，开始开拓全球市场。从联想到TCL，再到南汽收购英国罗孚汽车，一些早期的全球市场开拓者目前已成为了某些行业的翘楚。例如，海尔目前是全球第四大家用电器生产商，TCL是世界最大的电视生产商，华为已经在国际网络设备市场上拥有良好的声誉。

当然，想进军国外市场需要讲究策略，因为我们对国外市场还不太了解，我国国际化人才缺乏，所以，进军国外需慎重。

在东海之滨、台州湾畔，浙江海正药业正悄然创造着奇迹：10个产品通过了FDA（美国食品药品检验局）认证，8个药品通过了欧盟COS的审查，还有20多个品种正在申报之中。海正的产品畅销30多个国家和地区，年创汇超亿美元，是国家520户重点企业之一。

"国际通行证"并非装饰品，而是意味着可以占领高端市场，获取更高的利润。正是出于这种初衷，海正选择了进军海外。

有了好的产品，还要通晓国际游戏规则，考取国际市场通行证，最主要的是美国FDA和欧盟COS认证。他们对药品的组分、含量等项数据要求十分精准，这也是国产药品挺进国际市场最难迈的门槛。

开发生产非专利药品，是我国加入WTO以后，制药企业第一个重大机遇。发达国家社会保障水平高，但支出负担日重，所以对价格相对较低的非专利药品需求急剧增长。美国原来主要向日本、西班牙、意大利等传统供应商采购，如今开始转向中国、印度的厂家采购，采购质量好、价格低的药品。但问题是企业的硬件、软件水平要符合人家要求才行。海正早些年下的笨工夫，开始显现威力。海正曾邀请一位以色列的专家来厂，这位专家开始还很傲慢地说："我去过世界上200多家药厂，到你们那里能看到什么？"等一进厂门，看到海正先进的设备和工艺，了解到海正的产品结构覆盖了10多个领域，储备了200多个品种时，他终于不住口地说："不可思议！"

海正正是在国际市场中找到了方向，找到了自信。当年上马抗癌药"丝裂霉素"时，日本某一企业闻讯传话来说，中国不可能生产这么高水平的药，一定是海正买了他们的原料再加工的。他们先后来了三批人到现场取样，才不得不相信：抗癌药确是海正自己研制的。当海正开始申请FDA认证时，日本那家企业又说，没有两三年不可能成功，要出口，明智的选择就是与他们合资。海正硬是不信他们这一套，结果只用了8个月就拿到"国际市场通行证"。

由此可见，想要打入海外市场，首先得到当地区、国家的行业的认证才能进入得畅通无阻。

另外，还可以通过价格优势，提高产品在国际市场上的竞争力。国内定价原本就很复杂，当产品销往国际市场时，运费、关税、汇率波动、政治形势等因素更增加了国际定价的难度。所以，企业必须花大力气研究确定国际营销中的定价策略。

还有一些产品可能在发达国家缺乏竞争实力，那就可以转战发展中国家，轻松进入当地市场。

在进入国家化市场之前，手中确保拥有国际化运营人才很重要，另外，还要立足本国人力资源丰富、成本低等优势，结合国外高度发达的科技，优势互补，增强自身活力和核心竞争力。

市场潜力比销售额更重要

【德鲁克微语录】

绝大多数有关销售成绩的衡量，都是按其销售总金额来计算的。但这在许多企业中却是一个不恰当的数字。单看销售额毫无价值，必须同时考虑实际及潜在的市场，才会有意义。

——德鲁克《管理的实践》

【活学活用】

寻找有潜力的市场，通常都是以销售成绩来衡量的，不管是就总的销售人员来说，或就个别销售员来说，都是按其销售总金额来计算的。但单看销售金额，并不能代表市场潜力。因为同样的销售额，有的可能代表正在发展的市场，有的代表饱和的市场，有的代表下降趋势的市场。所以，想要发现潜在的市场，需要结合实际及其潜在的市场来研究。

20世纪80年代末，中国市场正值"疲软"之时，而安利公司却决定选择中国为新的目标市场，并于1990年开始构思。1991年8月安利公司获中国政府有关部门批准立项，1992年8月签订合同，1993年开始在广州经济技术开发区建设厂房，首期工程于1995年1月竣工，每年可生产价值超过2亿美元的产品。安利公司进入中国市场的过程，时间跨度有5年之久，历经中国宏观经济政策的三次调整、中国市场的三次起落，最后终于达成其进军中国市场的目的。

然而，它进军中国市场时，也是人们对直销众说纷纭之时，按照当时的消费水平，人们根本买不起安利产品，并且直销总让人想起推销，开拓市场变得很难。在这样恶劣的环境下，安利没有放弃，它相信，随着人们生活水平的提高，会有越来越多的人选择安利产品，成为忠实的消费者。

最后，它历经十多年的发展，凭着自己过硬质量的产品和诚信的服务，逐渐被人们所接受，"安利"这个品牌也逐渐成为了人们心中优质产品，为广大消费者欢迎。

正是安利拥有超前思维，没有只关注销售比较好的其他国家市场，而是发现了这个潜力巨大的市场，并不遗余力地开拓市场，最终成功开创出自己的市场。

企业要想获得更好发展，就要有超前思考，看清潮流，掌握发展趋势的能力，这样才能保证决策的前瞻性。任何企业的发展都离不开市场，但市场又是不断变化的，只有提前了解、研究客户和消费者潜在需求，才能走在市场变化的前面，通过不断挖掘市场潜力，拓宽市场份额，获得更大的赢利空间。

诺基亚在二十几年前是个濒临倒闭的地方性小公司，它更早地看到了手机市场的前景。在确定以手机生产为发展战略之后，诺基亚将手机之外的所有业务或出售或剥离，忍痛砍掉了拥有欧洲最大电视机生产厂商之一的电视生产业务。结果，正像他们所预料的那样，世界移动电话的需求量很快进入高速增长期，超前的意识和行动，让他们始终站在手机生产的最前沿。

哲学家奥里欧斯有一句话，"我们的生活是由我们的思想造成的"，个人发展如此，企业发展更是如此。因为，思想上的超前，必然带来行动上的超前，这样才能赢得主动权，获得竞争优势。

如果只盯着眼前的利润舍不得放弃或者不求发展，最终的结果只能是让有先见之明的后起之秀超越。变则通，通才会赢。抓住机会，迅速反应，发现潜在市场，就是在为自己的未来创造财富和希望。企业应该有这个明敏度，时刻准备着前进改变，这样才能使企业获得重生动力。作为管理者，绝不能被一时的销售额蒙蔽了眼睛，要有远见，通过对市场潜力的正确认识引领企业胜利走向未来。

第14章　企业以成本为中心

降低成本提高效益

【德鲁克微语录】

　　10%的有效行为会生产出高达90%的成果，而其余90%的无效行为则会制造出90%的成本。也就是说，成果和成本之间是存在着反比关系的。

——德鲁克《成果管理》

【活学活用】

　　德鲁克说，为了取得成果，必须根据机会而非问题配置资源。尽管管理者不可能对所有的问题都掉以轻心，但它们总是能够被降低到最低限度。与问题相比，"机会最大化"却意味着资源的高效使用。与之相关的问题并非是如何将事情办好，而是找到正确的事情去做，并将资源和努力集中于此。邯郸钢铁成功地进入了《上市公司》50强。它的成功是国有企业"节约"向管理要效益的典范。

　　邯钢的节约体现在制度和机制上。近8年来，邯钢坚持不懈地深化、完善"模拟市场核算，实行成本否决"的管理机制，生产成本不断下降，企业效益逐年上升。几年来，在邯钢实现的利润中，靠消化减利因素、挖潜增效的约占总额的1/3。

另外，邯钢还在技术改造和项目建设上注意成本核算。比如，邯钢曾想引进一台高速线材轧机，但后来经过测算，最后，他们只引进了该机器的关键的精辛L部分和控冷部分，其他设备都是在国内自己配套制造的，这样，就节约了几亿元资金。近10年来，邯钢先后进行了20多项大、中型技改，新增钢的综合生产能力190万吨，吨钢投资2 400多元，仅为新建钢厂吨钢投资的40%左右。邯钢的技改都比别的同型设备改造少投入30%~50%的资金，而效益却多出50%。正是处处有节约意识，让邯钢在冶金行业的44项主要指标中，75%进入全国前三名，其中十余项位列第一，实现净利润已居全国第二位。

邯钢还从企业领导层到企业员工都树立自觉节约的思想认识。有一次，邯钢三轧钢厂的一名职工发现，为了保证产品包装质量符合公司要求，修卷环节所减去的线材头尾一个月就高达上百吨，这就造成了超过6万元的损失。为此，该职工自觉研究技术，对卷线机进行了改造。改造后，该环节在充分保证包装质量的前提下，轧用量降低了40%。正是邯钢人从小处着手，处处为邯钢"节约"，让邯钢的成本大大降低，成本降低，必然使收益提高，最终构筑起一个《上市公司》50强公司。

正是这样的精打细算，让邯钢的成本大大降低，而效益则迅速增长，市场竞争力大大增强，为占有更多市场份额打下了坚实的基础。

企业在经营过程中只有根据市场需求，运用多种手段以效益为中心进行，运用各种手段不断降低成本，减少能耗，提高效率，创造更多利润。那么，还有哪些方法可以降低成本呢？

首先，降低原材料成本。原材料通常在企业成本中占有60%~70%的比重。所以，应该节约材料，杜绝生产过程中的跑、漏、滴等现象；还可以实行限额领料管理制度，在材料领用方面，严格把握材料消耗定额关，通过奖惩制度，降低材料消耗、降低材料成本；另外，在采购材料时，可以固定老客户，大量采购储备，让他们降低价格。还可以在淡季采购，以免材料进入旺季时，使成本提高。

其次，提高领导、员工的管理意识和技能。有些企业领导单纯追求产量，把产值作为经济责任的主要任务。忽略成本管理，认为这一项难度大，不易奏效。所以，常常是效益不好时抓一抓，效益好时就放松。没有把加强成本管理作为企业管理工作的主体。其实效益即便好了，如果成本放松了，那么，多收入的那些也被浪费掉了。这样可能和效益不好时创造利润一样。如此这样，人们的积极性必然受挫。所以，要使企业上下都树立起节约成本的意识，不该浪费的地方就不要浪费，能节约的地方就节约。

再次，利用共享资源。分享共享资源的产品数量越多，分摊到单位产品中的成本就越低。比如，企业固定资产、信息使用费用、产品的研究开发费用、资源的采购费用、市场开发费用、信息传播费用、建立和使用销售渠道的费用、交易费用、经验共享等都是共享资源。这些资源的共享，可以降低产品的成本。

最后，创新能节约成本。在新的经济环境下，通过科技手段，进行创新，使用先进的设备、工艺及材料应用于生产领域，提高效率，降成本、增效益非常有力。

总之，降低成本的方法有很多，企业应该根据自身情况，进行一次大清理，砍掉不必要的浪费，通过创新，提高效率。

资源集中用在最出效益的项目上

【德鲁克微语录】

成本不是孤立存在的，它的产生始终是为了取得某种成果的。所以，重要的是资源和成果的比例，而不是绝对的成本控制。

为产生经济成果而使用的资源，是成本；不能产生经济成果的任何支出，都不是成本，而是浪费。

——德鲁克《成果管理》

【活学活用】

德鲁克说，完全把资源集中在能产生经济成果上的业务是最好、最有效的成本控制。聚焦战略就是把公司的优势资源集中在某一个能产生经济成果的市场，从而实现在该特定市场上的比较竞争优势，以此获取高的收益率。

德赛集团创立于1983年，从起步到今天，始终与世界一流的技术和管理同步。2009年，德赛电池在"聚焦战略"的指引下，进行了内部资源整合和资产重组，对公司长期扶持但收效甚微且连年亏损的手机电池品牌业务、未形成竞争优势的镍氢电池、碱性电池品牌和制造业务及和主营关联度不大的蓝牙业务分别予以关闭或变革。以风险控制为原则把品牌电池国内市场业务发展进行收缩。这期间人员平稳过渡，资产妥善处置，实施变革后的公司运营良好，为未来德赛电池整体经营效益大幅度提升打下了良好的基础。

集中优势资源，重点发展移动电源业务这一核心业务。由此，公司产业结构实现了优化调整与聚焦布局，公司在小型移动电源管理保护板、电动汽车电源管理系统、异型聚合物电池、半密封锂锰电池等细分市场继续保持领先地位，并取得了良好的经营业绩。

通过这一轮科学、大胆的调整和变革，德赛电池产业发展方向更明确了，基础更牢固了，发展后劲更足了。在智能手机消费的兴起和iPhone热销的带动下，经营业绩一下大幅增长，一举扭亏为盈。

正如德鲁克所说的，为产生经济成果而使用的资源，是成本；不能产生经济成果的任何支出，都不是成本，而是浪费。

当然，集中优势资源进军某一领域，存在着一定的风险。因为这样就放弃了其他的市场机会。如果目标市场突然变故，如价格猛跌，购买者兴趣转移等，企业就有可能陷入困境。另外，集中某一产品或服务进军某一个特定领域，风险更大，因为一旦企业的产品或服务的市场萎缩，企业就会面临困境。所以，企业在集中优势资源进军某一个领域时，需要慎重考虑。

通常在进军某一领域时，应该考虑，自己在该领域是否具有不同的消费群。在该市场，其他竞争对手是否不打算实行重点集中的战略；是否自己的企业有能力支持追求广泛的细分市场。行业中各个细分部分在规模、成长率、获得能力方面是否存在很大的差异。只有那些细分市场存在很大差异，并且没有竞争对手着重发展，而自身资源优势能够为进军该市场提供强大的后盾支持，才能果断地进军该市场。这样集中的资源会转化成更高的经济效益，因为一旦在该市场站稳脚跟，效益就会源源不断而来。

总之，企业应该坚持德鲁克的原则，只在能够产生经济效益的地方花费，不能产生效益，还要投入，就是浪费。

生产市场不认可的产品是在浪费

【德鲁克微语录】

设计一个没有市场的产品，同设计一个畅销产品的成本是一样的。一个企业的创新始终必须以市场为中心，否则，生产的产品就是浪费。

——德鲁克《成果管理》

【活学活用】

企业存在的目的就是为了满足消费者需求，如果偏离了这一根本原则，那么，再好的产品，如果不被消费者需要，不被市场认可，那也无济于事。企业只有着眼于市场，生产出市场认为好的产品而不是自己认为好的产品才能生存得更为长远。

美国制鞋企业高浦勒斯公司，在20世纪80年代初期，在经营上陷入很大困境。此时，弗兰西斯临危受命，担任公司的总经理，主持产品开发和市场营销工作。

弗兰西斯经过研究认为，在美国这个经济高度发达的社会中，人们的生活已经非常富足，人们买鞋通常不再是为了基本的御寒防潮功能，而是更重视鞋子的时尚性和个性化，只有那些具有鲜明时代特色，外形更美的产品，才会受到消费者青睐，广开销路。

为此，弗兰西斯果断要求设计人员以"销售感情胜于销售鞋子"为宗旨，充分发挥每个人的想象力，设计出各种各样，款式新颖，并极富个性化的鞋子来吸引人们的眼球，刺激人们的购买欲望。

最后，该公司在市场上推出了"男性情感"、"女性情感"、"优雅感"、"野性感"、"沉稳感"、"轻盈感"、"年轻感"等各种特色的鞋子。并且，弗兰西斯还为这些类型鞋子取了很多稀奇古怪的名字，比如，"袋鼠"、"笑"、"泪"、"爱情"等，让人在购买鞋子的时候，也体验到了一种精神上的愉悦。结果产品一推出市场，就取得了巨大成功。

正是关注了消费者的需求而制造出的产品，才赢得了消费者的喜欢。所以，作为企业，千万不要闭门造车，如果产品脱离市场，就没有任何意义。

美国铱星公司作为卫星移动通信业的开拓者，曾经耗资50亿美元、花费12年的时间投资技术创新，研究开发出了由66颗低地球轨道卫星组成的移动通信网络。但是，从投放市场之后，因为手机和服务费用太过昂贵等原因，该公司的客户极其稀少。按照创新成本计算，要实现赢利则至少需要有65万家用户。但1年后，该公司只有2万家用户。最后，因为无法按期偿还巨额债务，铱星公司被迫向法院申请破产保护。

铱星公司拥有很先进的技术水平，但因为缺乏市场导向，忽视市场需求的变化，特别是消费者的承受能力，结果导致创新的产品根本没有任何成效。随着技术的突飞猛进，普通手机的价格和通话费用越来越低，而铱星公司严重高于同行服务价格，根本毫无竞争力，所以，只能破产。

由此可见，生产任何产品，都不能忽视了市场，忽视了消费者的需求。最终的成果需要市场来检验，只有满足市场需求的产品才能创造利润。否则，没有效益，那么产品的成本就要由自己来买单，企业会因此受到巨大损失。所以，企业一定要根据市场生产产品，这是减少企业成本浪费，提高效益的重要途径。

控制成本要从整体考虑

【德鲁克微语录】

控制成本要进行通盘考虑。如果不这样做，就可能出现在削减某一部门成本的同时，将会造成另外部门成本的增加。

——德鲁克《成果管理》

【活学活用】

企业发展注重控制成本是应该的，但这个控制成本要全面把握，因为如果你降低了某一个部门的成本，结果导致产品质量下降，销售不出去，成本也没有节约下来，反倒还损失了很多。控制成本要求管理者站在全局的角度，把成本控制贯穿各个部门，在整体上真正实现成本降低。

中交第二公路工程局有限公司是中国交通建设股份有限公司的全资子公司，其是具有公路工程施工总承包特级资质等级的国有大型施工企业，施工能力和技术水平都处在国内、国际领先地位。

随着我国加入WTO后，公路建筑市场竞争也变得越来越激烈，标价越来越低，而原材料价格不断上涨，施工企业赢利机会和空间越来越小，整个行业进入了微利时代，企业面临生存危机。

为了摆脱困境，二公局不断深化改革，转换经营机制，企业规模不断扩张。但因为长期以来形成的粗放式经营和管理，导致企业内部执行力不强，顾客投诉率高，返工浪费现象时有发生。这使企业的成本大大增加，严重影响了企业的赢利能力和市场竞争力，制约了企业的可持续发展。

而中标的价格越来越低，质量要求却越来越高，为了企业发展，只好通过控制成本方式，让企业生存下去。

从2001年开始，二公局提出并实施了"零缺陷—低成本"战略，坚持低成本以零缺陷为前提、零缺陷以低成本为基础，"按定额一次做对"，有效地保证质量、降低成本，使质量和成本由对立的矛盾转化为相融、统一。同时，注重标准化的管理、程序化的运行、数据化的考量。

企业在成本控制各环节引入市场机制和激励机制，制定科学的成本控制流程，把项目的成本预测、成本计划、成本过程控制、成本核算、成本分析、成本考核有机结合，建立完善成本管理体系。明确了工作标准，确定了质量管理目标和要求，详细记录产品所要求的验证、确认、监视、检验和试验活动，细化工序环节质量控制标准，增加了一次做对率、不符合要求的代价损失率、顾客满意度、质量指令执行率等考核指标。这一套完善的制度，保证了质量关，减少了重复建设现象，有利于控制企业成本。

另外，企业在项目上设置作业中心各管理岗位的权限和责任，明确每天该录入的数据和信息，根据这些信息，项目领导可以进行过程控制，及时发现问题，及时采取措施，降低差错率、成本和消耗。

在优化施工组织设计时，运用价值工程理论。以施工产品质量与获得该施工产品质量的全部费用的比值来进行产品价值评价。通过产品的目标成本和现实成本的比值，来评价质量和成本的合理匹配程度，并据此找到最低的工程成本，以及实现业主所需产品质量的途径。通过价值工程把施工产品价值、质量和成本作为一个整体来考虑，在确保产品工程质量的基础上综合考虑工程成本，以创造总体价值最高的产品为目标，兼顾企业与业主的利益。

最后，合理调配资源，利用信息平台，降低产品成本。

通过这样一系列的通盘考虑，有效地减少了企业浪费成本现象，提高了企业的工作效率，保证了产品质量。企业又可以轻装上阵，重新焕发活力。

由此可见，企业想要控制成本，不应该只局限于对某一个部门或项目进行一下成本控制，这样不能在根本上发挥作用，只有下大动作，把企业上下都进行分析和梳理，在保证不影响产品质量和销售效益的情况下，全面控制成本，使整个企业都形成节约文化氛围和制度。才能真正实现控制成本，产出效益。

树立长期控制成本的理念

【德鲁克微语录】

企业家和管理者要加强组织成本控制，不仅仅是提高成本控制的方法，更重要的是树立正确的成本控制理念。企业能不能有效地控制成本，取决于决策者和管理者建立了怎样的成本理念，绝大多数的成本问题都是观念上的认识差距导致的。

——德鲁克《管理未来》

【活学活用】

盈利减去成本等于利润，所以，成本是企业是否获得利润的重要因素，甚至管辖到企业的生存和发展，成本控制对每个企业来说都是管理中的重点和难点。然而，在现实工作中，即便有能力降低公司的成本，但因为领导者缺乏这种意识，常常是等到经营形势极其严峻的时候才想起来降低成本是提高利润之最有效、最便捷的方法，但此时往往企业已经浪费巨大。需要花很大力气才能重新焕发生机。所以，作为领导者应该时刻关注成本，控制企业成本。

某大型电器企业本该具有很大的发展潜力，但是其每年的获利并不大，营运状况很差，即将到亏损边缘。企业老总经过研究发现，分别负责四个部门的主管虽然每年都会有很好的业绩，但因为缺乏成本意识，成本浪费现象很严重，所以，最后几乎没有什么业绩。为此，老总采用一个巧妙的方法提醒这四位部门主管。他在当月下发工资时，让会计扣除他们每个人100元。当发完薪水后，他们立刻找会计，会计让他们去找老总。

老总非常严肃地告诉他们："每个部门虽然都有很好的业绩，但也存在很多不必要的开支，导致企业运营一直不好，但是，你们没有一个人采取过任何措施。"

这时，各个部门主管才意识到这个问题的严重性，于是，回去之后，就开始积极研究降低成本措施，当年，企业的利润就有了很明显的上升。老总在当年获得的盈利比往年多，就给每个部门主管多发了奖金。之后，各个部门的主管再没有出现无谓浪费的现象，因为他们发现控制成本会使效益大大提高，自己也会得到更多的奖金。

的确，我们很多领导对于控制成本意识比较淡薄，只关注怎样做一笔赚钱的项目。然而，即便获得更多的赚钱项目，因为开支太大，浪费太多，最后也是所剩无几。只有，赚钱和节约齐头并进，企业利润才会上升，企业盈利才会更多。

林肯电器公司年销售额为44亿美元，拥有2 400名员工，具有自己一套独特的激励员工的方法。

林肯公司非常具有成本和生产率意识，如果工人生产出一个不合标准的部件，那么除非这个部件修改至符合标准，否则这件产品就不能计入该工人的工资中。严格的计件工资制度和高度竞争的绩效评估系统，形成了一种很有压力的氛围，这种压力大大提高了生产率。如此这样，该公司总体生产率是同行业的2倍。即便遇到经济大萧条，公司也能实现年年获利。同时，企业年年进行分红，和员工共同分享获利成果，这样，企业员工的流失率也非常低。

由此可见，企业一定要树立节约意识，特别是起带头作用的领导层，更应该具有节约意识，有了这样的意识，才会在行动中体现节约。

当然，控制成本应该是一个长期的目标，企业应该始终坚持控制成本，应该建立恰当的成本控制体系，将控制成本制度化，这样才能保证不浪费。成本绝不会自动下降。成本控制要求逐步提高每一项工作的生产效率，作为一个长期目标坚持下去。

第15章　利润是结果不是目的

利润只是达到目标后的结果

【德鲁克微语录】

> 企业的目标不是创造利润，利润只是企业达成目标后的结果。
>
> ——德鲁克《管理的实践》

【活学活用】

德鲁克认为有很多人认为一个企业就应该是一台挣钱的机器。譬如，一家公司造鞋，所有的人都对鞋子没有兴趣，他们认为金钱是真实的，其实，鞋子才是真实的，利润只是结果。

"鞋子才是真实的，利润只是结果"这句话完美地道出了管理的核心本质。它告诉我们"利润只是结果"，而非所有的一切，一般人关心的只是通过劳动可以获得多少金钱，却不太关心劳动本身及其对象的意义，只因为我们对劳动本身太过漠视了。世界上之所以有鞋匠，是因为很多人都需要鞋，而不是因为鞋匠需要钱。

1943年，默克公司投入巨资研发链霉素并获得成功，这是治疗肺结核的特效药。在当时，拥有了这种药的生产专利就等于是拥有了一个摇钱树。第二次世界大战后，日本遭受肺结核侵袭，疾病蔓延十分严重。于是，默克主动提出放弃链霉素的专利权，把链霉素引入日本，还传授给他们相关的生产技术。这一做法让许多人觉得不可思议，公司内部员工为此议论纷纷。乔治·默克二世解释道："本公司同仁所必须遵循的原则，简要地说就是我们要牢记药品旨在救人，不在求利，但利润会随之而来。如果我们记住这一点，就绝对不会没有利润。我们记得越清楚，利润就会越大。"

其实，我们很多企业家在创业工作中，开始并没有领悟到这一点，他们想的只是赚钱，但，物质达到了极大丰富，不用为生计而辛苦，企业已经有一定规模的时候，企业家就应该想一想"利润只是结果"这句话。

松下从创业时的开办一个只有几名员工的小厂，到慢慢地发展成有相当规模的电器公司。随着个人及其家庭的物质生活条件不断改善，松下幸之助感到缺乏了前进的动力，他想，这些钱我几辈子都花不完，以后，还需要那么辛苦地经营企业吗？

就在他困惑于没有目标的时候，一次宗教活动，让他找到了目标，他在活动中被信徒的奉献精神所感动。晚上回家后，他浮想联翩。他想到，信仰是丰富人心灵的神圣追求，人类生活要求精神上的心安，也要求物质上的丰富，两者互相配合。如果精神安定，但物质缺乏，维持生命就很困难；如果仅仅物质丰富，却缺乏充实的精神生活，那就毫无生存的幸福和价值可言了。所以看来，信仰和企业经营，是同等重要，也同样神圣的。

想到信仰，松下幸之助感到热血沸腾，他发现了自己真正的使命，心情无比激动，这同以前曾有过的无数次创新时所感觉到的喜悦心情一样，是无法形容的。从此，他确立了松下电器的终极目标——生产无限多的物质，使得人类能安居乐业。

正是他秉承着这种为人类安居服务的信念，松下的服务水平不断提升，松下的产品也处处体现为顾客考虑。最后，松下走出了日本，走向了世界，成为驰名海内外的国际品牌。

的确，当我们抱着更高的为顾客服务的理想和目标，不存私心地尽力服务顾客，我们这种服务态度，会在产品中体现出来，顾客是能辨识好坏的，你的产品为他带来了方便，他必然会对产品、对公司有个好印象。顾客更愿意再来买你的产品。所以，为顾客考虑，你不会吃亏，业绩自然会好，利润自然就来了。

反倒是那些只盯着钱的企业，一心想赚钱而忽略了顾客的需要和利益，结果，失去了顾客的信任，反而赚不到钱。

所以，为顾客生产最好的产品才是终极目标，而利润只是从产品中衍生出来的附属品。

盲目追求短期利润危害大

【德鲁克微语录】

对利润进行规划是必要的，但这是一种对必需的最低利润率的规划，而不是那种毫无意义的对"利润最大化"的盲目追求。

——德鲁克《管理：使命、责任、实务》

【活学活用】

利润代表了企业新创造的财富，利润越多，则说明企业的财富增加得越多，越能体现出企业的本质，而利润越多也表明企业对资源的利用越合理。但是，如果盲目追求高额利润，追求利润的最大化，就不利于企业的发展。

盲目追求利润最大化的观点带有明显的财务缺陷：没有考虑货币的时间价值。如果取得同一利润的同一利润额所需的时间不同，其最后的价值也不同。还有，在高利润状态下，通常存在的风险也相应提高。

高利润还容易诱发管理者的短期行为。一些公司决策和管理措施能够保证公司的长期竞争能力和赢利能力，能够使公司在未来的竞争中战胜对手，这些措施是股东梦寐以求的，但是有些企业被短期高额利润所诱惑，结果盲目追求短期利润的最大化，使企业丧失了长期的可持续发展能力。

2005年3月，江城武汉开始刮起一股"掉渣儿烧饼"风。随后，小小的"中国式比萨"横扫了全国包括北京、上海等在内各大城市的大街小巷。

但到2006年年初，"掉渣儿烧饼"已风光不再：以武汉为例，曾经排长队购买的景象一去不复返，大多数店面门可罗雀；各加盟店纷纷退出；个别门店甚至打起了1.5元/个的降价牌；更具讽刺意味的是，作为特色小吃的"掉渣儿烧饼"，竟沦落到被武汉有名的小吃一条街——户部巷所"驱逐"的境地。"掉渣儿烧饼"，曾经像流星一样耀眼，却又像流星一样转瞬即逝。

究其原因，是企业没有精心打造自己的品牌，只顾追求短期利润，一味地盲目连锁扩张，把培育品牌形象的黄金时间用来招商加盟，导致没有在消费者中形成稳固的品牌形象，最终竞争失利。

根据国家《商业特许经营管理办法》，"掉渣儿"当时并不具备特许经营的资格。其在不熟悉国家政策环境的情况下，就盲目加盟连锁，最终导致官司接连缠身。

在加盟门槛设置上，因为项目的启动资金不高，3万元加盟费和1万元的保证金，一般的中小投资者都拿得出来。再加上加盟总部对加盟店店主和店员资质、店铺选址要求、营业面积等都没有严格的限制，导致加盟商的素质、能力参差不齐，因此，也很难保证店面的一致性和规范性。

加盟总部急速扩张带来了店与店之间的竞争、品牌形象受损等诸多问题。而要维护一个近40家门店的加盟体系的正常运作，健全的管理制度和完善的日常管理与监督非常重要。然而，总部一心只想如何招收加盟商，忽略了对整个加盟体系的运营管理。原本能力不高的加盟商，又缺乏总部的支持和统一管理，当然会陷入困境。例如，总部推出第二代新品——"马打滚"和"泡椒软饼"遭受市场冷遇后没有了下文；眼下，加盟店的日子越来越艰难，加盟总部却没有及时采取积极有效的措施帮助他们渡过难关；甚至后来总部干脆弃加盟商于不顾，以技术转让开拓省外市场。就这样，"掉渣儿烧饼"像一颗流星一样，短暂地闪耀后，就转瞬即逝。它一兴一衰背后的罪魁祸首，就是商家追求短期利润的功利心。

利润并不能解释所有的企业活动与决策，而是检验企业效能的指标。赢利是企业应该追求的，即使担任公司董事的是天使，对赚钱毫无兴趣，他们还是必须关心企业的赢利能力。因为只有获利才能保证企业正常运转。因此，企业的问题不在于如何获得最大利润，而在于如何获得充分的利润，以对冲经济活动中的风险，从而避免亏损。

德鲁克提出的追求最低限度的利润，既是企业稳定发展的真谛，也是对那些谋求高速发展企业的忠告。市场也是讲究平衡的，当企业开始为追求高额利润而进行规划时，事实上你已经开始失去捕捉未来商机的机会——企业的资源和条件是有限的，当所有资源都在为追求高额利润努力时，企业也就全部或者部分放弃了对未来商业的机会的追逐。

赚利润和社会责任不矛盾

【德鲁克微语录】

如果一个公司的投入和产出的比值过低的话，那么，公司是不负责任的，因为它浪费了社会资源。经济绩效是企业的基础，离开了它，企业就无法履行任何其他责任，也就算不上一个好的雇主、合格的公民或友好的社区邻居。但是取得经济绩效已不再是企业的唯一责任了，这就好比教育绩效已不再是学校的唯一责任，医疗保健也已不再是医院的唯一责任一样。

每一个组织必须对它的雇员、环境、顾客及它所接触的一切人和物所产生的影响负责——这就是社会责任。

——德鲁克《变动中的管理界》

【活学活用】

古人云：天下熙熙，皆为利来；天下攘攘，皆为利往。企业家冒着巨大的风险投资并且辛苦经营绝不是为了争做现代社会的活雷锋，他们的最终目的是为了赢利。商业的本质就是在法律、法规许可的范围内获得最大利益，而企业家的终极使命就是赢利，给员工发不出工资是企业家的耻辱。企业就像是一个大家庭，必须得有钱维持这个家庭的开支，才能维系企业的正常运转。如果没有利润的支撑，一切美好的设想都只能算是天方夜谭，社会责任也成为空谈。

同样，企业来自社会，也必须回馈社会，这是一种新形势下的社企关系。企业效益不等于社会效益，局部利益不等于全局利益。而企业的生生死死，发展壮大或被淘汰出局，都要由社会来承接。更主要的是，企业是社会的细胞，离开社会资源，企业的发展就成了无源之水、无本之木，没有一个好的环境，企业也难以生存。因此，企业与社会是共荣的关系，市场经济下的企业与社会甚至有着更密切的关系，而不是变得相对疏远。

如今，投身公益事业，强化公司的社会责任已经成为全球化品牌提升软竞争力的重要途径。例如，安利全球总裁德·狄维士虽然说"几十年来安利热心公益，只是觉得这是应该做的正确的事，并没有上升到战略高度"，但事实上，在这种承担企业社会责任的行为中，安利收获了难以估量的品牌信任，其在中国市场的美誉度甚至高达83%。中国企业在全球化竞争中的可持续发展与否，不仅取决于企业处理自身问题的能力，更在于企业与外部环境的合作，即企业需要承担一定的社会责任。

履行社会责任不是光喊口号，是要付出实实在在的行动。履行社会责任也不是一阵子的事，而是"一辈子"的事。履行好社会责任，也并不容易。企业承受着竞争的压力，面临着许多挑战，也会遇到种种诱惑，有时企业利益难免和社会利益发生矛盾，恰恰这些时候正是考验企业的时候。在任何情况下，都矢志不移，服务社会，来不得半点含糊，这才是真正在履行社会责任。

企业不是完人，企业也会出错。就目前中国食品行业诚信缺失，地沟油、三聚氰胺奶、膨大剂西瓜等追求利润而忘记企业责任的行为，让人寒心，"一条臭鱼搅得一锅腥"，一个企业为了追逐利润，做出有违道德的事情，整个行业都会受到影响，所以，我们企业界人士，也应该抵制这种行为，他们虽然一时谋取了利益，但百姓都是有理性的，不会上第二次当。还是本着真诚办企业的态度，做出自己的高质量的品牌才是王道。

如果，出了问题能够有正确的态度，敢于正视问题，勇于承担责任，汲取教训，严格要求，堵塞漏洞，诚心诚意，扎实整改，那么，还是会得到公众的谅解的。

控制内部浪费，增加利润

【德鲁克微语录】

完全将资源集中于成果是最好、最有效的成本控制。成本不是孤立存在的，它始终是为了取得某种成果而发生的。所以，重要的不是绝对的成本控制，而是资源和成果的比例。一种资源，如果失去了成果，那么不管它多么廉价、多么有效率，也是浪费，而不是成本。

——德鲁克《成果管理》

【活学活用】

德鲁克认为，组织内部的一切都是成本中心。但是，任何企业的经济成果只会存在于外部。所以对企业而言，控制企业内部消耗，将更多的资源用在成果上，就等于增加了企业利润空间。

福特公司总经理李·艾柯卡就非常重视节约成本，防止浪费。他曾说："多挣钱的方法只有两个：不是多卖，就是降低管理费。"

艾柯卡在福特公司和克莱斯勒公司都非常重视降低成本和减少开支。

艾柯卡刚担任福特公司总经理时，第一件办的事就是召开高级经理会议，确定降低成本的计划。他提出了"4个5 000万"和"不赔钱"计划。

"4个5 000万"就是在抓住时机、减少生产混乱、降低设计成本、改善旧式经营方法这四个方面，争取各减5 000万美元管理费。

以前工厂每年要准备转产时，都要花两个星期的时间，在这期间，大多数的工人和机器都停了下来。艾柯卡想这部分人力和物力都浪费，如果能把这段时间利用起来，长期积累，也是一笔不小的收入呢。

于是，他通过更好地利用电脑和更周密地计划，把两个星期的过渡期缩短到了一个星期。3年后，福特公司能顺利地利用一个周末的时间做好转产准备，这个速度在汽车行业是惊人的，这项举措也为公司每年减少了几百万美元的成本开支。

3年后，艾柯卡也实现了"4个5 000万"的目标，公司利润增加了2亿美元，也就是说，在不多卖一辆车的情况下，公司就能增加40%的利润。

像福特这样的大公司，常常会有几十项业务是赔钱的，或者说赚钱很少，人们都习以为常。但艾柯卡却没有这样想，他对汽车公司的每项业务都用利润率进行了衡量。他宣布：给每个经理3年时间，如果他的部门还不能赚钱，那就只好把它卖出去算了。

后来，艾柯卡逐渐卖掉了将近20个赔钱的部门，这就是艾柯卡的"不赔钱"计划。他通过这种办法尽量减少了公司负担，节约原材料、劳动力和机器设备，使公司的相对利润急剧上升。艾柯卡也因此得到了广大员工们的一致好评。

"不赔钱"计划实行了2年，艾柯卡把该卖的工厂都卖掉了，为公司收回了不少资金，也在很大程度上降低了成本。

在克莱斯勒公司，艾柯卡大胆地引进日本"本田无库存生产"的库存管理技术，取代原来的"以防万一"的大量库存的制度；采用"基本部件一体化，车型品种多样化"的产品策略，将产品零配件由7万多种减少为不到1万种，进一步减少了进货与库存，节约了大量管理费用；停止把产品存放在公司的"销售银行"的待机而售制度，实行与销售商订货生产的新制度，改变了产品库存的局面。经过上述改革，克莱斯勒公司的年度库存额由21亿美元下降至12亿美元，管理费用也大大下降，为公司节约了一大笔资金。

艾柯卡为了降低成本，还采取了以下措施，自产零部件如果比外购贵，就依靠外购；进口零部件较贵的，就不依赖进口，自己来生产；各工厂的成本预算，必须和同行业中的低成本做比较，而不能"按需编制"。这一切都有效地降低了成本，使企业在竞争中立于不败之地。

为公司的点滴节约，却创造了巨大的财富，增加了企业的利润。可见，企业在着眼于从外部获取财富的时候，也不要忽略降低内部成本，尤其是对于那些不必要的浪费，更要果断铲除。

第16章　社会责任是企业生存根基

承担社会责任是企业成功的代价

【德鲁克微语录】

日益高涨地提出承担社会责任的要求，对企业来讲，并不是因为一种敌视。承担社会责任的要求在很大程度上是企业取得成功的代价。

——德鲁克《管理：使命、责任、实务》

【活学活用】

关于承担企业责任，有很多传统论调，认为要求企业承担社会责任的，都是对企业的敌视，是看到企业发展壮大，心存嫉妒。如果哪个企业这么想了，不自觉地和广大群众划清了界限，那么，这个企业就失去了生存的基础。企业存在的目的就是在贡献中获得生存。企业通过生产产品给群众，群众给企业生存所需的资金。企业通过雇用员工，员工帮助企业发展等，企业和社会上的人是相互依赖，不可分离的。

而当企业越来越强大，他们控制了社会很多资源和人力时，人们期望他们能够担起领导的角色，并承担起主要社会问题和主要社会课题的责任，这种愿望和想法是完全符合逻辑的。所以，不要认为员工或其他社会群体对自己是一种仇富态度。如果你的企业足够大，那么，你就该主动承担起社会责任。况且，社会的稳定，才能保证企业的稳步发展，较之于普通百姓，企业有责任，也有能力影响社会，承担社会责任。

2008年，国泰基金迎来了十周年庆典。在业内，国泰基金的成立被视为中国基金行业规范发展的开始。谈起国泰基金，国泰基金总经理金旭经常提出，基金公司和基金行业都应该积极承担社会责任，践行构建和谐社会理念。

她认为，积极承担社会责任是因为有这三个原因：

第一，基金公司和基金行业所从事业务的性质决定其应该承担社会责任。基金公司主要从事资产管理业务，资金来源很多都是来自普通居民家庭。基金公司已经成了国内很大一部分家庭的理财管家，它涉及的范围非常广泛，与社会的发展和稳定有着紧密的联系。

第二，基金公司是资本市场的主要参与者，具有很强的专业知识和能力，基金经理、研究人员通过深入的调查研究，把社会资金合理地配置到优秀企业中去，会大大提高社会资源配置效率，有效地促进经济发展和普通居民参与企业发展的能力的提高。其实，从这个角度上看，基金行业本身就是肩负了重大的社会责任的。

第三，"十七大"明确提出了构建和谐社会和提高居民财产性收入的目标。国泰基金始终坚持并积极实践"创建和谐社会"这一社会主流价值观。这样不仅为广大机构和中小投资者创造更多的财产性收入，企业还始终积极参与推行基金行业投资者的教育工作，以便促进广大投资者树立正确积极的理财观念。如此一来，企业不仅为投资者创造了丰富的物质财富，为企业运作带去资本，还能够为社会的发展创造极大的精神财富，这样和谐发展的局面，是企业最希望的。

只有成功运作的企业才会承担责任，才有能力承担责任，这是成功的代价，这也是带去企业更大成功的机遇。关键是企业要转变思想观念，积极主动地行使自己的责任，这也是企业发展的大机遇。因为为某些社会问题承担了责任，当社会问题得以解决，那么，这样不仅为企业带去了稳定的发展环境，还可能因此而导致社会制度不断完善，为企业发展提供了更好的空间和保障。总之，企业承担责任，不是一种负担，是一件成功的、让人喜悦的事情。这份代价是值得的。

把负面影响降到越低越好

【德鲁克微语录】

管理当局应该如何处理这些影响呢？目标很清楚：只要不属于机构宗旨和使命的，对社会、经济、社区和个人的各种影响都应该维持在尽可能低的程度，如果能够清除那就更好了。不管这种影响是在机构内部的，还是对社会环境或物质环境的，都应该是越少越好。

如果能通过取消那种产生影响的活动来消除其影响，那是最好的——而且实际上是唯一真正有效的解决办法。

——德鲁克《管理：使命、责任、实务》

【活学活用】

德鲁克认为，现代组织存在的目的就是向社会提供某种特殊的服务，所以，组织必须存在于社会之中，存在于一个社区之中，与其他机构和人员相处，在一定的社会环境中工作。它还必须雇佣人们来做它的工作。它要和如此多的人和机构交往，可见，它对社会的影响不可避免地超出它所做出的贡献。所以，企业对于社会影响这一点，应该提起重视。

因为社会的负面影响，如果不能在出现前就把它扼杀，或在发现出现不良影响后，未尽量弥补形象，很可能造成消费者对企业的信任危机，进而导致企业的销售下滑，甚至直接被关停倒闭。如果企业盲目追求利益，生产出低质量产品，那么，由此造成的社会负面影响可能会毁掉一个企业。

2008年6月，兰州市发现"肾结石"病症的婴幼儿，通过家长们反映，发现这些患病儿童一直在食用三鹿牌婴幼儿奶粉。7月中旬，经过医院鉴定，认为婴儿泌尿结石病跟食用三鹿奶粉有关。不久，兰州的患婴人数又迅速增加到了14名。

此后，全国各地陆续出现因食用三鹿乳制品而发生不良反应的病例，事态发展得越发严重，令人震惊！这件事，引起了党中央、国务院领导的高度关注，要求立即启动国家重大食品安全事故一级响应，成立应急处置领导小组，立即进行调查。2008年9月，甘肃省甘谷、临洮两名婴幼儿死亡，确认与三鹿奶粉有关。

随着问题奶粉事件的调查的逐步深入，添加三聚氰胺这一环节的问题清晰地显现了出来。据医学专家介绍，三聚氰胺是一种低毒性化工产品，婴幼儿大量摄入能引起泌尿系统疾病。而患有泌尿系统结石的婴幼儿，主要是因为食用了含有大量三聚氰胺的三鹿牌婴幼儿配方奶粉引起的。

2008年12月，石家庄市中级人民法院对三鹿发出破产令。这家国内连续14年保持产销量第一的奶粉生产企业，最终不得不面对资不抵债的困境，进入破产程序。

截至2007年年底，三鹿总资产16.19亿元，总负债3.95亿元，净资产12.24亿元。2009年3月，三元公司出资6.165亿元购买了三鹿集团的核心资产；之后，又在4月初，再度出手，购买了山东三鹿的95%股权。2009年11月，随着三元集团对唐山三鹿并购的完成，三鹿正式退出历史舞台。

2009年1月，石家庄中院一审判决三鹿集团董事长田文华犯生产、销售伪劣产品罪，被判处无期徒刑，并处罚金2 000多万元。田文华上诉，3月26日 河北省高院维持对田文华一审判决。

三鹿爆发这样的事故，是一天天问题累积下来导致的，企业没有抱着对消费者负责的态度，提高警惕，严把质量关，而是利欲熏心，一心谋求短暂的财富。结果，导致三鹿这个大型企业的倒塌。

由此可见，一个缺乏社会责任感的企业是一个不健康的企业，是一个品质低下的企业，如果不能防微杜渐，及时制止这样的唯利是图的行为，把企业的负面影响降到最低，一旦爆发较大的负面影响，就会给企业带去致命打击。

多一份负责的态度，提高品质，把企业的负面影响降到最低，让企业赢得更多消费者的信赖，这才是企业生长发展应该真正认真去研究的。

主动负责，赢得消费者信赖

【德鲁克微语录】

无论是有意造成的还是无意造成的，人们必须对他们所造成的影响负责。管理当局无疑是要对他们的组织所造成的社会影响负责的。

——德鲁克《管理：使命、责任、实务》

【活学活用】

社会影响是生产品种过程中产生的附加产品，是不可避免的。就像造纸厂的目的不是为了制造污水，而是为顾客制造便捷方便的用纸。但为了达到这个目的，不得不产生一些废水。

这样的影响往往有损企业的形象，对企业的发展不利。而企业应该做的是尽量减少负面影响，主动承担损害造成的损失，用负责任的诚恳态度重新赢回消费者的信任。

2010年6月30日这一天，对于乘坐南航班机从厦门经停南京到郑州的乘客来说，经历了一次难忘的旅行。因为飞机晚到，比正常时间延后了40分钟左右，乘客们才在厦门登上飞机，本以为就此可以舒口气，顺利结束旅程。没想到，在飞机中途站南京站，因为机械故障不能继续飞行，乘客们焦急地等待了漫长的三个小时后，结果还是不能起飞。故要求先到宾馆休息，等机械故障排除后，第二天再飞。

第二天，民航班车把所有滞留旅客从宾馆拉到机场，并在登机时，每位乘客都得到了地勤人员发放的200元现金，名目是航班延误赔付。

旅客们对此感到意外，也深深地感慨。虽然对南航抱怨，但也没有想到赔偿。没想到南航这样负责，竟然主动赔偿。

旅客们普遍对这种行为表示赞赏，还有人特意在网上发文章，表扬南航的举动。这将大大提高企业的信誉，更多的旅客愿意选择南航。

由此可见，能够主动负责，企业会因此得到消费者的信任，这样就扭转了企业本会造成的不良影响，给企业带去了有益的影响。

如今中国市场经济日益深化，因为中国市场规范和制度缺失及不完善，造成企业一遇到问题，就千方百计地推脱责任，导致中国企业责任意识的普遍缺失。但让人留下深刻印象，值得信赖印象的企业，定然是那些能够主动负责的企业。而推脱责任的行为，是不负责任心态的表现，而建立在错误思想基础上的企业终难长久发展。不仅出现负面影响要主动负责，在企业发展中，也应该有主动负责的表现。在国家提倡节能环保的时候，比亚迪主动举起节能汽车大旗，为汽车节能负责。这就增加了顾客的信任度，随着产品的热销，也增强了自己的影响力，真可谓一举两得。

所以，有时候，真正负责的态度也是一种品牌，会在社会上树立正面形象，给企业带来积极的影响。随着经济发展，人们对诚信负责越来越渴望，将会有更多企业树立负责的企业形象，招揽人才，销售产品，提高企业竞争力。

好企业应拥有正确价值观

【德鲁克微语录】

一个企业组织要尽量避免去做一些不符合自身价值观的事情。我们能很容易地就学会新技巧和新知识，但我们很难改变自己的本性。

——德鲁克《管理：使命、责任、实务》

【活学活用】

德鲁克认为，企业应该在正确价值观的指引下发展。尤其在市场经济社会中，正确的价值观对企业的顺利发展发挥着巨大的作用。

这个价值观应该是一个企业所有员工的共识，没有共同价值观的企业就如同一盘散沙。美菱冰箱自从提出"服务营销"发展战略后，就一直注重价值观内涵的传递。美菱确立了"冰箱品质服务，美菱追求公平"的品牌主张，就是把企业公平价值观和先进的服务营销理念结合在一起，用优秀的品质服务实现核心价值观和核心竞争力的统一。

综观目前国内冰箱市场，各种品牌的服务并没有和产品的品质联系在一起，这样，它的服务价值很难被量化，无法给消费者提供比较的依据。

美菱冰箱提出品质服务，将品质服务直接和产品品质相关联，使服务核心内容得以扩展。

美菱的每一个服务动作，都是与产品品质相关联，都是对产品服务内容的拓展，都是为了给消费者提供更高品质的产品所提供的服务。相较于现阶段售后服务行业对服务形式的追求，美菱品质服务更注重对消费者所提供服务内容的创新，旨在为消费者提供更多实实在在的服务。拥有这样的观念和意识，美菱已经具备"从优秀到卓越"的基础。

品牌是我们对消费者的责任和承诺。美菱的品牌承诺是什么？价值观是美菱的灵魂，诚信、责任、公开、公平是美菱价值观的核心。美菱公平的价值观体现在关心所有美菱消费者。所以说，以后很长一段时间里，通过对家电行业提供的售后服务能力分析，美菱提供家电下乡冰箱10年免费保修和"冰箱开机不制冷，美菱免费送给您"服务，都是基于国家三包基础上的。把国家三包没有明确规定的一系列问题进行规范、服务，所以，美菱的每一项服务都是建立在产品的坚实品质上，都是为了给消费者提供更高品质所提供的服务，这一切高质量的产品和服务就是美菱的品牌。

的确，每个企业就和人一样，都有自己的个性特征。拥有一个正确的价值观，能够指引企业朝着正确的发展方向发展，做出正确的决策。

如果企业只是一味为了追求利润，不惜采取假冒仿制、欺诈行骗、商业贿赂、行业垄断等不道德手段，不仅会损害诚实的经营者和广大消费者的权益，也会使企业掉入万劫不复的火坑。

曾经风靡一时的胡师傅无烟锅，曾大肆宣称他们使用了宇宙飞船所使用的锰钛合金和紫砂合金，能把锅体的温度控制在油烟挥发的临界点240℃以内，从而达到无油烟的效果。但实际上，消费者购买该产品后发现，不仅油烟缭绕，还出现了脱落现象。经调查，该产品是铝合金制造，没有通过国家权威部门检测。后来，其发明人胡金高承认，所谓"紫砂陶瓷合金"不过是自己空想出来的名字。最终，胡师傅无烟锅在一片怒骂批评的声音中销声匿迹了。

一时的利欲熏心，最终导致的是企业迅速垮台。这不是一个企业长久的经营之道。如果企业在创立之初能形成正确的价值观并长期坚持，企业必然会长盛不衰。

承担社会责任有限度

【德鲁克微语录】

如果某种社会问题牵涉的社会责任超乎企业的能力范围，抑或某种社会责任涉及法律权责，企业就可以拒绝承担。

——德鲁克《管理：使命、责任、实务》

【活学活用】

德鲁克认为，社会问题是企业的机遇。企业有责任承担解决社会问题，但企业履行社会责任应该是有限度的。

当为解决某些社会问题而需要企业承担的社会责任会伤害企业的绩效能力，超出了企业的能力范围，或者与既有权威体系有冲突，那么，企业就可以拒绝承担。

作为企业应该承担社会责任，但承担也是有一个限度的。举个例子，对于儿童肥胖问题，快餐公司很明显应该承担一定的社会责任来减轻其经营对社会带来的负面影响。这是他该承担并且能承担的社会责任。

而如果被人要求无限量地免费向穷人提供药物的制药公司，就没有必要背负上社会责任，但企业是可以选择向发展中国家提供基本必需的药物支持的。

当然，有力量的大企业应该举起责任的大旗，主动承担社会责任。

2009年是个特殊的1年，金融危机蔓延全国，格力也遭受了打击。但珠海格力电器股份有限公司总裁董明珠进一步分析认为，在当前的经济环境下，企业应更多地承担起社会责任。她认为，首先，在国际金融危机爆发以后，格力企业负责人很快达成共识：要对员工负责，不能裁员。同时，企业未来的建设和调整发展还要以确保和增加就业岗位为基本出发点。其次，企业还可以借助国家对相关产业的振兴规划和扶持政策，主动调整产品结构和产业布局。另外还要响应国家调控导向，加快对中西部地区的投入力度，这将是在危机中实现共赢的重要渠道。

董明珠介绍说，格力企业在重庆建厂，通过"造血"方式扶持当地脱贫以来，不仅解决了当地1万多名群众的就业问题，还带动了一批中小型配套企业的蓬勃发展，而自己也从原来规划中的50万台年产量扩大到了100万台。

可见加强企业社会责任感和企业赚取利润是完全可以兼顾的。企业社会责任是企业全球化进程中无法回避的使命，作为一种国际普遍认同的理念，要求企业在创造利润、为股东利益负责的同时，还要承担对消费者、员工、社区、环境的责任。

当然，想要有承担社会责任的能力，就首先要把企业做好，企业做好了，才有实力去做好事。如果一个企业忽略了在经济上取得成就的限制并承担了它在经济上无力支持的社会责任，企业很快就会陷入困境。如果因此而损失了企业取得成就的能力，那就是最不负责任的。所以，企业最基本的社会责任就是把企业做好，这是企业履行其他社会责任的前提和载体。

总之，要摆正企业本位，岗位本位，真正把企业和岗位中要做的事情做好。不要因为要追求社会声誉，甚至好大喜功，而最终因为承担与自己的企业产业发展方向不协调、承载能力不协调的社会责任。

变革挑战篇　企业迎接未来挑战的管理方略

　　时代在发展，社会在变化，谁若赶不上时代变革的潮流，谁就会被无情地甩出去。商战竞争更加激烈，每一个管理者都应该集中精力，警惕各种突如其来的挑战。高瞻远瞩，善于应变的管理者才能带领企业乘风破浪，抢占先机，赢得大发展。

第17章　企业在变革中才能长存

时刻心存危机意识

【德鲁克微语录】

　　成功的企业常常会因为以往获得的成功沾沾自喜，但也常常因此会陷入无法摆脱的危险境况中。

——德鲁克《管理的实践》

【活学活用】

　　在这个瞬息万变的时代，任何事情都在发生着变化，竞争的激烈程度也达到了前所未有的程度，如果心中没有危机意识，随时都可能被淘汰。保持危机意识，主动迎接变化和挑战，才能获得生机。

　　20世纪70年代，石油危机爆发，这导致世界性的经济大萧条，日本的日立公司也因此身陷危机。公司首次出现了严重亏损，经营成绩不容乐观。为了扭转这种发展颓势，日本日立公司做出了一个令人震惊的人事管理决策。1974年下半年，公司宣布全公司所属工厂2/3的员工共67.5万人，暂时离开工厂回家待命，公司发给每个员工原工资的97%~98%作为生活补助。这个决策是日立公司人事管理的一项权宜之计，这样做，其实并非为了给公司节省开支，其实，公司还要给员工支付大部分工资，根本节省不了什么开支，但通过这种方式，企业的员工产生了危机感，产生一种忧患意识。1975年1月，日本日立公司又把这个决策扩展到4 000多名管理者头上，对他们实施了更大幅度的削减工资措施，这使管理层也产生了危机意识。同年4月，日立公司又把所录用的员工上班时间推迟了20天，以便新员工刚一进入公司就能产生忧患意识，产生一种危机感、紧迫感。这样，也让其他老员工产生了更深的忧患意识。经过这一系列措施的实施后，全公司上下一开始工作，就表现了积极奋发的一面，大家都鼓足劲努力工作，都绞尽脑汁为公司的振兴出谋划策。就这样，在忧患意识的诱发下，全体员工共同努力，使公司渡过了难关，取得了十分满意的业绩。

1975年3月，日立公司的结算利润只有187亿日元，比1974年同期减少了1/3。而实施忧患意识管理之后，仅仅过了半年，它的结算利润便翻了一番，达到了300多亿日元。

危机意识是清醒剂，能让人在危机来临之前保持清醒。每个企业在生存和发展的过程中，不可避免地会遇到各种因素影响，导致整个企业的正常运营受到干扰，这些因素共同构成了企业经营中的风险因素。只有那些随时准备迎接危机，能够灵活调整战略的企业，才能在危机中长存。日立公司临危不惧，巧妙地将危机意识传播给公司上下，这大大调动了员工的责任感和积极性，促使其奋发向上，与企业共渡难关。

"天下虽安，忘战必危"，深处变幻莫测的商海，随时可能有沉船的可能。但有些企业，因为曾经创造了辉煌的业绩，被胜利冲晕了头脑，就沾沾自喜，放松自己，即便周围环境发生变化也浑然不觉，等到真正危机到来时，早已丧失竞争力，无力应变，最终会在竞争中被淘汰出局。

所以，企业应该树立危机意识，杜绝因为危机缺失给企业造成的损害。为此，作为企业的领导者首先应该树立危机意识。在做某项决定时，就应该事先预测可能给企业带来的隐患，关注它的优势、劣势，机会和威胁，紧盯"威胁"。确定该项决定对企业的威胁是潜在的还是暂时的，做到心中有数。千万不要含糊地认为有威胁，而不知道什么威胁，也不知道什么情况可能造成危机，更不清楚造成多大的威胁及对企业的影响。如果这样，就算不得预测了危机。

另外，领导者一个人的精力毕竟有限，危机可能随时随地在不注意的角落发生。领导应该积极提倡企业上下提出危机。

当然，危机再怎么防备，也可能还会发生，一旦发现危机，就应该在其还处在萌芽状态时处理掉。

有时候，企业的危机不是因为及时解决导致的，也不是没有预测到危机，而是企业自己在生产经营过程中自己创造出来的。比如，盲目扩张，精力太分散，出现资金供给不上造成的危机。这就需要企业在做决策时，提前分析好，自己要明白，利与弊的关系，清楚究竟谁才是最为重要的。

世界著名企业微软公司的"掌舵人"比尔·盖茨有句名言：微软离灭亡只有18个月。正是心存这个危机意识，微软才能不断进步，在日新月异的IT产业中始终占据主导地位。 海尔总裁张瑞敏曾说："我们不是'居安思危'，而是'居危思进'。"正是这种危机意识，让海尔走出中国走向了世界。我们要时刻保持危机意识，不陶醉于以往的成功经验中，时刻有"如履薄冰"的危机感。不满足现状，持续不断地挑战自我，向更高的目标迈进。

积极思考怎么做，真正实现变革

【德鲁克微语录】

在变革的年代里，怎么做比做什么更容易过时。

——德鲁克《21世纪的管理挑战》

【活学活用】

伊索寓言中，有这样一个故事：老鼠们在一起开会，讨论怎么才能不被猫抓住。其中一只老鼠提议，在猫的脖子上挂一个铃铛。全体老鼠欢声雷动，大赞"这个主意太好了"！但其中有一只老鼠问，怎样才能把铃铛挂到猫的脖子上呢？刹那间，全体老鼠鸦雀无声。

这个故事说明，方法比想法更重要，或者说没有方法对应的想法，是没有价值的。

近年来，伴随着信息技术的飞速发展，企业的信息化进程进一步加快，诞生了以美特斯邦威为杰出代表的众多著名现代企业。

1995年4月22日，"美特斯邦威"的第一家专卖店在浙江省温州市开设，实行品牌连锁专卖经营。这一天被定为美特斯邦威的诞生日，象征美特斯邦威正式迈进服饰连锁专卖零售行业。美特斯邦威目前在全国已经开设了1800多家专卖店，成为中国休闲服饰行业的龙头企业。

美特斯邦威在十几年间，从一个名不见经传的企业发展成为中国休闲服饰行业的龙头，其成功的秘诀是紧跟信息化发展。

美特斯邦威主要致力于研发、生产、销售美特斯邦威品牌休闲系列服饰。曾一度遭遇资金实力不足，而市场规模在急剧扩大的困境，为了扭转困局，企业老总周成建提出了以创新求发展、借助外部力量求发展的思路，在国内服装业率先走出了一条"虚拟经营"的不寻常的经营之路。

虚拟经营，要求企业把具有核心专长的业务与一般的业务分开，集中有限资源从事核心业务，而把非核心业务虚拟化，外包给擅长这些业务的协作企业。

美特斯邦威把核心业务确定为品牌、设计环节。把生产业务外包给了其他实力雄厚的协作厂家进行定牌生产。销售环节，则通过代理商加盟拓展连锁专卖网络。

美特斯邦威先后与广东、江苏等地区的80多家生产企业建立了长期合作关系，这些企业都具有年产系列休闲服饰1 000多万件（套）的能力，保证了美特斯邦威拥有充足的货源。试想一下，如果美特斯邦威投资这些企业的话，至少需要2亿元。

在销售环节，美特斯邦威根据不同区域，向加盟店转让特许权，每个加盟店需要交纳5万~15万元的特许费。目前，美特斯邦威已拥有600多家专卖店，除了20%是直营店外，其余都是特许连锁专卖店。这么多家专卖店如果都让美特斯邦威自己投资的话，至少需要1.5亿元。

如今的服装产业面临的竞争，不再是单一的产品竞争，而是整个供应链的竞争。谁能方便快捷地得到整个公司的信息，谁就能更快地决策，谁就会赢得市场。

为了有效控制上下游工作，保证供应链的顺畅，提高工作效率，美特斯邦威选择依靠智能信息网络。智能信息网络帮助美特斯邦威建立起了集灵活性、安全性、可扩展性、可靠性、成本低为一体的信息网络系统。这个系统 把数据、语音和视频集成到一个综合的、单一的、基于IP的通信网络上，通过简便有效的集成数据、业务流程和应用把合作伙伴、供应商和客户紧密地连接在了一起，保证了其在任何时间任何地点都能快速安全地进行生产、提供服务和应用。

智能信息网络系统的建立，也为企业减少了一大笔不可能承受得了的投资，降低了生产销售成本和市场开拓成本。这样，聚集出来的大笔资金就可以应用到企业的产品设计和品牌经营这两个核心环节。这就保证了企业实现了良性发展循环之路，保证了企业更快更好地发展。

每个企业发展中都会遇到瓶颈，都会有困难的时候，都可能需要改革。那么，怎样改革，有什么样的目标呢？发展目标比较容易形成，而想要实现目标的行动过程，却更需要我们企业家冥思苦想，找到适合自己企业的发展之路。

所以，企业管理者不仅要明白需要集中精力投入解决做什么问题上，还不能忽视怎么做。只有找到了怎么做的方法，目标才能成为现实。

紧跟市场，不断更新产品

【德鲁克微语录】

人类已经生产出来的东西总会过时的，而且通常很快就会过时。

——德鲁克《管理新领域——明天决策取决于今天》

【活学活用】

在当今这样一个快速发展的时代，信息化、网络化及经济日益呈现全球化趋势，企业要想在这个产品更新率飞快的商海环境中生存发展，就必须更快地比竞争对手创造出新产品，但创造出一个新产品并不能一劳永逸，要有持续创造新产品的能力，这样才能保证企业不会落伍，保证企业成为市场的赢家。

英特尔的创始人摩尔提出，计算机的性能每18个月翻一番，只有不断创新，才能赢得高额利润并获得更多资金投入下一轮的技术开发中去。于是，从20世纪70年代起，英特尔公司就构筑使其赖以成功的商业模式——不断改进芯片的设计，依靠技术创新不断满足计算机制造商和软硬件产品公司更新换代和提高性能方面的需要。

在20世纪70年代，英特尔推出第一块用于个人电脑的4004型微处理器后1年，其又推出了升级产品4008。但这段时间里，微处理芯片还没有被广泛应用到CPU中。英特尔公司不断更新产品，从没有松懈。1年后，英特尔又开发出了真正通用型的微处理器8080，这款产品让英特尔成为8比特芯片市场的领袖。

虽然这块市场前景广阔，但同样，竞争对手也越来越多，他们很快也开始生产出了8比特微处理器。

为了能够在竞争中继续保持竞争优势，英特尔不久又推出了速度更快、功能更多的8085型处理器，与此同时，调集人员开始着手研制更先进的32比特432型傲处理器。

就凭着"永不停顿、不断创新"的理念，英特尔在技术方面，不断加强科研开发，并积极开拓产品的适用范围，牢牢把握住了产品更新换代的主动权。

从1985年起，英特尔就和康柏(Compaq)联合研制出80386微处理器为基础的新型计算机，并在1987年成功推出了运算速度比IBM个人计算机快3倍的台式386计算机。

1991年，英特尔又和IBM公司合作，共同研制能用一块芯片代替许多计算机芯片，并且容量更大、速度更快的处理器。

经过这样的强强联合，不断更新产品的长期奋斗，英特尔利润连年上升，市场份额越来越大，始终处于行业龙头地位。但英特尔并没有因此而自满，它依然以极大的频率"自己淘汰自己"。

1993年，英特尔推出微处理器奔腾；1997年，当人们还在迷恋奔腾时，英特尔已经推出了第六代处理器的第二个成员奔腾2；它又代表了微处理器当时的最新技术。1999年，英特尔又不再满足于全球最大电脑芯片供应商的角色，开始进军网络市场，并推出新一代的奔腾3；2000年，英特尔推出奔腾4；2001年推出英特尔至强处理器，同年还推出英特尔安腾处理器；2002年，推出英特尔安腾2处理器；2003年，推出英特尔奔腾 M；2005年推出Intel Pentium D 处理器，同年推出Intel Core处理器；2006年推出酷睿2；2007年推出Intel 四核心服务器用处理器；2008年推出Intel Atom凌动处理器。2010年，Intel公司宣布推出Intel至强处理器7500系列。

多么惊人的速度啊，看来英特尔从发展到如今的产品更新速度，的确惊讶之余心生佩服，有如此永不疲惫的创新产品的工作者，英特尔能不强盛吗？

由此可见，只有不断创造新产品，及时淘汰老产品，使成功的新产品尽快进入市场，才能形成新的市场和产品标准，从而掌握制定游戏规则的权利。想要做到这一点，最重要的前提就是技术上的永远领先。

特别是高科技企业，依赖技术更新的短期优势才能获得高额利润，试图维持原有的技术或产品优势的企业，早晚会被市场所淘汰。

随市场变化主动变革

【德鲁克微语录】

成功应对变革的最有效方法，就是去主动创造变革。我们无法驾驭变革，我们只能走在变革之前。我们现今处在一个动荡不安的时代，变革是常态。的确，变革是痛苦和冒险的；有些变革甚至要下很多苦工夫。但是，除非一个组织明确了主导变革是它的任务，否则就无法生存。

在结构急剧变革的时代，只有能存活的是那些能够领导变革的组织。变革的领导者把变革看成机遇，主动寻求变革，懂得如何找到适合组织，而且在组织内部和外部都能发挥功效的有益变革。创造未来的风险极高，但是不去创造未来的风险更高。尝试去创造未来吧！固然大部分人不会成功，但可以预见的是，不去尝试的人更是毫无胜算。

——德鲁克《未来社会的管理》

【活学活用】

当今世界唯一不变的只有一个——变化。哪个企业能够与时俱进，随变化灵活调整战略，以最快的速度生产出新产品，它就一定是赢家，如今世界的企业竞争的核心往往是速度上的较量。所以，想要在竞争环境中，保持持久不败，最重要的就是要主动变革，快速变革。

拥有80多年历史的恒源祥（集团）有限公司就是在一次次的转型变革中，不断调整自己的轨道，以此，越走越稳健，历久弥新。

1927年，沈莱舟在上海成立了一家人造丝毛商店，取名为"恒源祥"，意为"横罗百货、源发天祥"之意。

1956年，经公私合营后，恒源祥成了国有企业。1987年，恒源祥绒线店从金陵路搬到了南京路；同年，刘瑞旗进入恒源祥担任经理，时年29岁。

刘瑞旗一进入恒源祥，便把店铺中的库存商品削价处理掉，这种行为在当时是把国有资产变相流失，刘瑞旗还受到了批评，但这给恒源祥带去了大量流动资金。有了这笔资金，刘瑞旗增加了商品的品种和花色。之后，刘瑞旗又别出心裁地开创了"引厂进店"的经营模式，把商店的柜台租给不同的生产厂家，销售业绩最好的厂家能获得最好的柜台位置，销售不好的厂家就要退出商店。结果，在这种竞争机制的促使下，恒源祥的销售额只两三年就翻了10倍。

但没有恒源祥牌子的产品，在竞争中就处劣势，于是，1989年年底，刘瑞旗开始寻找工厂合作生产。1991年3月1日，恒源祥牌绒线诞生。有了产品后，刘瑞旗着手推广品牌。他几乎倾尽上一年的所有利润投入广告，在中央电视台的黄金时段频频播放恒源祥牌子。随着维护恒源祥商标的投入持续增长，在仅靠单一的绒线产品无法支撑的情况下，恒源祥又从1997年开始，延伸产品，除了生产绒线、羊毛衫、羊毛内衣、羊毛衬衫等针织类产品外，还开始生产西服、床上用品等产品。

2000年，万象集团被世贸集团收购，而恒源祥作为万象集团原有的一员也被划入世贸集团旗下。经过考虑，刘瑞旗认为世贸集团的发展重点在房地产，和恒源祥发展的方向不是一个领域，相差太远。于是，斥巨资收购"恒源祥"品牌，并在2001年成立股份公司。之后，恒源祥提出《二十一世纪战略蓝图》，并制定了第一个五年发展规划。

刘瑞旗发现在品牌竞争日益激烈的后品牌时代，文化将成为终极竞争力。于是，2002年，在传承恒源祥的文化传统和个性，总结20年来企业文化建设经验，深入进行恒源祥文化调研和分析的基础上，恒源祥重新阐释了自己的使命、愿景、宗旨和核心价值观；2004年基本确立了恒源祥整体的文化战略；2006年开始，恒源祥进入文化战略的导入阶段，逐步形成了被全体员工普遍认同的企业文化体系。

如今的恒源祥已经成为全球最大的绒线制造商，涉及家纺、针织、服饰三大产业板块，有上百家联盟体工厂、4 000多家经销网点，拥有2 000多个规格品种的纺织类综合性集团公司。

"物竞天择，适者生存"，恒源祥紧跟时代步伐，抓住每一次变革的契机，及时调整发展战略，使得它发展得越来越好，在不断变化中稳步发展。

但是，在工作中，很多企业，特别是有些成绩的企业，已经习惯了一种发展模式，等时代变革，它需要改变时，这些企业家不思变革，故步自封，结果错过发展良机，被后起之秀代替。

史特灵制药公司的惨败就是一个典型的例子。史特灵制药公司的阿司匹林曾经独霸美国解热镇痛市场长达半个多世纪。后来，该公司研发出另一种非阿司匹林的解热镇痛剂——Panodol，并成为欧洲市场的主打药。为了不削弱阿司匹林在市场上的主导地位，史特灵制药一直没有把Panodol引入美国市场。

史特灵制药公司这种保守的做法延误了发展良机。随着强生公司泰诺的出现，史特灵制药公司的市场地位日益下滑。尽管市场已经发出了明确的该改变市场策略的信号，但史特灵制药公司还是故步自封，没有采取措施，把市场发展机遇拱手让给了对手。最终，史特灵制药公司被伊士曼·柯达公司收购。

只有不断主动变革，才能保证企业永葆青春。不求变革。故步自封只能被快速变化的市场淘汰出局。不要以为自己有多少历史，创造了多少辉煌，一旦放松，失去变革的主动性和积极性，就会被市场摒弃。只有紧跟市场变化而主动变革的企业，才能持续赢得市场的拥护。

基础稳固，变革才更易成功

【德鲁克微语录】

严格意义上说，变革是一种常态，所以其基础必须非常稳定坚固。组织越是期望自己成为变革的领导者，它就越有必要对内和对外都建立起连续性，也更有必要在快速变革和连续性之间保持平衡。

——德鲁克《21世纪的管理挑战》

【活学活用】

拥有了稳固的后备力量，变革才有牢固基础，才能在变革中顺利调整，一致努力让变革成功。而稳固的基础主要体现在人心一致上。变革不是一个人的事情，凡是企业的成员都需要为变革做出改变，每个成员的行动都会影响到整个变革的效果，越是身居高层的成员，影响越大。所以，企业想要变革成功，一定先让整个组织通过。

台湾宏基集团于1976年成立，主要从事计算机硬件产品的制造与营销，发展至今，已成长为国际化的高科技企业集团，是台湾最大的自创品牌厂商、全球第七大个人计算机公司。

回顾宏基集团国际化的历程，可以发现企业上下一致支持企业变革起了重要作用。战略变革必然会带来不确定性和风险，即便在变革前组织已经做好了详细的评估和充分的准备。但因为不同个体对变革的结果接纳性及风险意识不同，对变革的态度就自然不同，有些人甚至对变革提出反对，甚至反抗。在这种情况下变革，必然不能成功。

2000年PC市场产量供过于求，市场竞争越发激烈，甚至出现了恶性杀价的现象，个人计算机的毛利不断减少，并且，随着网络时代的到来，客户对新的网络应用工具拥有相对强大的潜在需求，过去的产品和营运模式已经无法使宏基在新的市场竞争中处于优势，市场预示，宏基需要战略变革。

2000年12月，宏基董事长施振荣正式宣布变革计划，把代工事业（伟创资通）和品牌事业（宏基计算机）营运分开，各自专心服务于不同的目标客户，并强调宏基变革的重点是：简化、专注和前瞻。

企业的变革计划一出，企业内部人员议论纷纷，人心惶惶，大家都无法平静地工作了。为此，宏基进行了文化变革。以便使新的价值观能够传递到每个员工身上。经过研讨，企业确立了绩效导向、顾客导向、执行力三个文化转型方向重点，并着手系统布局，全面推广新的价值观。 企业通过四个步骤实施提高员工的工作积极性，让他们都来支持企业的变革。第一步是裁员警示，通过裁员建立危机意识，表示变革的决心。第二步，简化工作流程，鼓励员工在自己的工作岗位上提出合理化建议，精简工作流程。第三步，加强绩效考核和目标的执行。第四步，提升主管管理能力。一线管理者是传播企业价值观的核心，他们对价值观的认同和理解，是决定核心价值观能否由上至下进行传导的中坚力量。为此，宏基为各级主管进行培训。通过以上几个方面的努力，宏基上下达成了高度的团结和统一，为企业变革提供了坚强的后盾，保证了变革的顺利进行。

由此可见，要保证组织的行为和组织的价值观保持一致时，我们的组织才会更有可能取得成功。当然，想要员工们都能努力投入变革中，就需要像宏基那样，通过利益关系来让他们了解并接受变革。

所以，企业要变革，就首先解决企业内部成员在思想上的障碍，只要成员都想通了，发现变革会给企业给自己带来更大益处时，成员们才肯冒风险和领导同舟共济，克服困难，实现企业蜕变。

化危机为商机

【德鲁克微语录】

社会问题是社会的疾病，却也是机会的主要来源。企业的功能就是解决社会问题创造商机，将变革转变为新的事业。例如第一次世界大战前数年，失业人数多，工资普遍低落，福特却提高工资为同业的两三倍，致使人事流动率几乎为零，反而节省了可观成本。重新定义"人的管理"。知识将成为下一个社会的主要生产动力。知识工作者的专业知识，就是自己的"生产工具"。他们对组织的依赖度低，自主移动性高，与主管的关系更像是交响乐团演奏者与指挥者。组织的任务不再是"管理"人，而是"领导"人，以发挥每个人的长处与能力。

——德鲁克《巨变时代的管理》

【活学活用】

金融危机猛烈冲击全球，而如今世界各地的企业领导对社会政治问题也不再像以前那样恐惧。领导者越来越把这两个问题和很多其他社会问题看成是一种机遇。

在世界经济危机日益严重，世界主流汽车厂商中止、延期或冻结其扩张计划的形势下，国际著名的汽车厂商日本三菱汽车却和三菱集团的全球化尖兵，在全世界拥有约200家分支机构的三菱商事联手，在中国投入30亿日元设立新销售公司，从而进一步扩大在华事业的发展。

三菱汽车(中国)董事长小西正秀认为，中国的汽车市场在今年第一季度成为世界第一。但是与每千人中汽车保有量超过百辆的世界平均水平比较，中国的千人汽车保有量仅是十几台，所以，中国还有巨大的潜在购买群体。和日本、美国、欧洲情况不同，中国潜在的购买人群大多数都是首次购车而不是更换现有车辆，并且，中国消费者多直接以现金交付，而不是采用贷款的方式。所以，中国汽车市场不会像日本、美国、欧洲那样随着金融危机到来而持续低迷，并且，金融危机前预测的2010年销售1 200万台和2015年销售1 600万台的目标，即便滞后一两年，也最终会实现的。

同时，他认为，进口车已经不再是一个代步工具，它还是迅速变化的中国生活方式的价值体现。所以，适合中国的汽车不仅具备出色的驾驶性能、安全性能、环保性能外，还将增设为中国消费者提供动感时尚并能带来震撼体验的汽车产品。

由此可见，有时候不要看别人撤走，你就撤走；别人跟进，你就跟进。应该仔细分析，认真调研，善于调动发散思维，寻找别人没有发现的商机。

因为儿童药品研发生产存在新产品开发投入大、周期长、药物评价难度大和生产销售风险大等很多困难，许多企业对于这个领域用药的研发生产望而却步，国内数千家药品厂中，专门生产儿童药品的很少，而能够有雄厚科研实力，自主开发儿童新药的专业药厂更是凤毛麟角。

而康芝药业则专注于儿童用药，其产品涵盖了解热镇痛类、抗生素类、呼吸系统类、感冒类、消食定惊类和营养类六大类的西药和中成药。

在不断创新研究药品的同时，康芝又进行营销模式创新，从2002年起，自设营销队伍的模式转向代理制，开启了"厂商结盟"的代理制崭新时代，这种代理方式，有助于产品的专业化的快速推广，能够保证持续而高效的药品销量。

公司在2009年发展的氨金黄敏颗粒、头孢克洛颗粒、羧甲司坦颗粒、健儿乐颗粒和小儿四维葡钙颗粒等产品销量稳步增长。另外，康芝药业又推出儿童止泻药，该品牌也变得家喻户晓，成为儿童用药产品中的名牌。

有位名人曾说过："你犯下的最大错误就是试图安然度过经济危机。如果保持沉寂，经济也许会重回繁荣，但你却错失了变革的巨大良机。"康芝药业在日益激烈的市场竞争环境中，企业面临着很大的危机，但康芝依然坚守儿童市场，并调整营销方式，让企业扭转危局，获得更好的发展。

AG Edwards公司的首席信息官Mary Atkin坦言，在经济低迷时期，从竞争对手那里招过来大量的财务顾问，而等到经济回暖后，其他的企业都不得不支付"预付款"来雇用猎头招聘稀缺人才，而AG却从来不需要这样做。因此AG公司总是等到经济低迷时腾出岗位来吸引人才。

这一个个鲜活的例子告诉我们，根据社会形势的变化，灵活应对，运用形势，将自己的企业成本降到最低，从逆境中寻找发展的商机的确是可行的。商业发展和社会的发展息息相关，所以，作为一个企业，应该时刻关注社会发展，从中预测出社会的未来发展变化。

顺应结构性趋势求发展

【德鲁克微语录】

从短期来看，结构性趋势的影响是微不足道的，但从稍长时间看，这些结构性趋势所具有的是要远远大于短期的波动，而经济学家、政治家、经理人员全力关注的却是后者。

善于利用结构性趋势的人会获得成功的。然而，要和结构性趋势作斗争，在短期将是很困难的，在长期则几乎是没有指望的。当这种结构性趋势消失或逆转时（这是相当少见的），那些仍然像先前那样照干不误的人面临的是灭亡，那些迅速改变的人面临的则是机会。

——德鲁克《巨变时代的管理》

【活学活用】

所谓的结构性趋势就是消费者可自由支配的收入的分配领域中发生的趋势。它在像今天这样充满变数的时代特别重要。在这样一个时代，这些趋势往往会发生改变，而且改变得非常迅速。抓住了这个时代赋予的机遇，就抓住了成功，与之对抗，只能是以卵击石，自身难保。

从通信迈向3G的同时，我们可以看到互联网从Web 1.0到Web 2.0，正在艰难地跨越着数字鸿沟；PC产业链从最上端的芯片厂商到末端的整机厂商，都在进行着震荡……3G时代的到来，就是一种结构性趋势，面对这一趋势的到来，电信运营商们正在抓紧转变经营策略。

技术的更迭已经要求电信运营商应对全新的挑战。在全球通信信息领域，以IP技术为核心的信息技术革命已经完成，互联网的开放式架构和传统电信的集中封闭式架构在不同的业务层面展开碰撞。

中国移动早就意识到了这一点，在2005年年底厦门举行的一次中国移动内部会议上，中国移动副总裁鲁向东就指出：中国移动一定要避免沦为通道的风险，如果像固网运营商那样沦为互联网的通道，中国移动将失去对产业发展的控制。

　　而中国移动也认识到以数据增值业务为代表的新业务肯定是3G应用的主角，避免沦为通道就需要提前规划、全面布局。中移动在2005年5月，与全球娱乐业巨头维亚康母旗下的MTV联袂推出移动梦网音乐频道。将无线音乐作为自己的试验基地，决心打造"中央音乐平台"。

　　2006年6月，中国移动在四川开通一体化的音乐先锋站点——中国移动无线音乐门户网站。2006年4月，中国移动先是举行"彩铃唱作先锋大赛"，随即又召开了中国移动无线音乐研讨会，并在会上密会各大唱片公司，希望调整无线音乐产业现有的游戏规则——通过直接与唱片公司合作来提供音乐内容，并初定对利润五五分成，将现有的SP边缘化。

　　在传统唱片行业君威不振的背景下，中国移动首次以产业领导者的身份，提前梳理了整个无线音乐的产业架构。无论是音乐版权提供者、SP还是手机厂家，都必须团结在中国移动的周围，这意味着无线音乐的产业联盟不再是一个松散的集体，而是由中国移动全面掌控的产业链条。

　　另外，中国移动一方面加强监管，推出SP分层分级管理和梦网二次确认，联合扶植有实力的大SP；另外，重塑消费者对梦网精品业务的信心。

　　2006年11月底，中国移动对梦网WAP实现精品业务招标，游戏、音乐等栏目被新浪、空中网、TOM华友世纪等几家瓜分。对于一批独立的免费WAP门户网站，如果不能登上中国移动的大船，早晚将被淘汰出局。

　　而经过这一系列的整合、调整，中国移动已经在这次结构性趋势中牢牢抓住了发展机遇，成功实现了转型。

　　社会在不断变化着，客户的兴趣点也在发生着变化，企业想要生存发展，就要提高警惕性，具有高瞻远瞩的眼光，敏锐捕捉具有关键作用的结构性趋势，顺势发展。如果没有及时调整战略，就可能在商界竞争中举步维艰，甚至被淘汰。

第18章　未雨绸缪，现在就要为未来准备

准确把握市场需求

【德鲁克微语录】

"已经发生的事情会对未来产生什么影响"？这个问题的答案决定了一家企业或者一个产业的潜在商机。

——德鲁克《巨变时代的管理》

【活学活用】

能够长久生存的那些优秀的企业，有一个最为突出的共同特征，就是总能在市场发展的任何拐点处发现潜力和机遇，从而及时调整企业各项资源，开发出迎合未来需求的产品，及早进入潜力市场，从而赢得市场开发的主动权。米奇就是一个善于抓住市场需求的公司。

中国人口众多，随着我国每年新生儿出生数量的增加和社会经济发展步伐加快，儿童用品市场将进入新一轮的发展期，中国将形成一个庞大的儿童消费品市场。另外，随着人们收入水平的提高，特别是城镇和农村消费能力的增

强，也将带动儿童消费品市场增长。对于中国消费者来说，人们最需求的是有品牌而又价格实惠的产品。

米奇针对分析得到的信息，积极采取品牌折扣的经营模式，这样就能既保证产品质量，又降低了产品价格，充分满足了家长和孩子对产品质量和品牌的追求，也让家长减少了负担。正是因为米奇根据市场需求转变策略，在大商场、大公司都普遍呈现萧条现象的时候，米奇销售点依然呈现生意红火的景象。

除此之外，米奇应家长想要教育孩子的需求，开创性地在每一款产品中都特别加入了教育文化理念。在童装设计中更多地加入了爱护小动物、保护环境、珍爱生命等内容，让孩子从小就知道爱，还要做到如何去爱。

米奇儿童服装也针对儿童活泼的本性，制作出质地柔软，做工精细，装饰简洁的产品，让孩子穿得健康。

正是米奇专注于目标消费者，准确预测市场发展趋势，才始终保持较高的销量，持续稳定发展。

由此可见，关注社会发展的微妙变化，总能让我们发现些什么。海信彩电也是准确把握市场需求的典型。

在2005年之前，海信彩电年产量有800万台。但因为国内不能生产芯片，所以，每年制订生产计划中，原材料"集成电路"的采购量是一笔不小的开支。

而到2004年年底，中国生产彩电的年产量达到7 328.8万台，已经成为世界上生产彩电的大国。但是，因为没有生产核心视频处理芯片的技术，这7 000多万台电视机都要从国外进口芯片。而仅2004年上半年我国芯片进口价值就高达262亿美元。所以，中国生产彩电的大部分钱都流向了国外。

就是一个小小的芯片，却耗费大量资金，并且还受制于人。海信认识到了这一点，如果芯片能生产出来，成本会大大降低，芯片的市场非常巨大，并且从此可以摆脱受制于人的境况。于是，海信决定加大力度自主研发出彩电芯片。

为此，海信在2000年专门设立了"专用集成电路设计所"。经过4年的反复研究，终于在2005年2月，成功研制出了达到国际先进技术水平的芯片，该产品完全能够替代国际同类产品。

这一研发虽然耗费了一定的时间和资金，但回报是巨大的。海信如今已经成为特大型的电子信息产业集团。

着眼于未来，把目光放得更长远，善于观察，从市场细微的变化中找到市场变化趋势，准确把握市场需求，为企业的明天指引出正确的前进方向。对市场的观察需要长期坚持和锻炼，要有耐心和细心，也许稍稍改变思考角度和想法，就可能会发现企业周围有很多能获得更大成功的商机。

现在做好准备，未来就在手中

【德鲁克微语录】

想了解未来，第一步就是先了解下列两种截然不同，但是互补的方法：找出经济及社会出现断层及全面造成冲击之间的时间差，并善于利用这一时间差，有人称它为"对已经发生的未来做准备"。另外一种方法是"让未来成真"，即对一个尚未诞生的未来提出新观念，并借此引导与塑造未来。

——德鲁克《成果管理》

【活学活用】

德鲁克认为，对于对未来的投入，一般管理者都常常缺乏勇气，担心将来失败，自己有损失。其实，管理者应该常常这样扪心自问：难道我们只是谈谈而已吗？我们是不是该有所作为，让我们对未来的预测能够实现？在德鲁克看来，优秀的管理者不但善于预测未来，还有勇气并善于为未来做准备行动，取得企业在未来的胜利。

三国时期，曹操率八十万大军想要征服东吴。孙权、刘备打算联手伐魏。孙权手下大将周瑜，虽智勇双全，但心胸狭小，嫉妒诸葛亮的才能。因为水战需要大量箭，周瑜有意为难诸葛亮，让他在十天内造出十万支箭，这在常人看来是不可能完成的事情。但诸葛亮不仅答应了而且还立下了军令状，完不成任务甘愿受罚。

周瑜命令手下的军匠不要把造箭的材料准备齐全，并派鲁肃去探听诸葛亮的虚实。鲁肃去见诸葛亮，诸葛亮说："这件事还要请你帮我个忙。希望你能借我20只船，每只船上30个军士，船要用青布幔子遮起来，然后在船上两边排上一千多个草靶子。但是，这件事情千万不要让你家都督知道，否则就不灵了。"

鲁肃信以为真，就按照诸葛亮的要求把东西准备齐全了。两天过后，不见诸葛亮有什么动静，到了第三天四更时候，诸葛亮秘密请鲁肃一起到船上去，说是去取箭。诸葛亮吩咐把船用绳索连起来向对岸的曹军驻扎地开过去。

这天，江面上大雾迷漫，对岸曹操的士兵都看不见。当船只靠近曹军水寨时，诸葛亮命把船一字摆开，让士兵擂鼓大喊。曹操以为对方趁大雾进攻来了，担心雾大中埋伏，就命人派六千名弓箭手朝江中放箭，雨点般的箭纷纷射在草靶子上。过了一会儿，诸葛亮又让船掉过头来，让另一面受箭。等太阳出来，雾也散了，诸葛亮命令船只赶紧往回开。此时顺风顺水，曹操想追也追不上了。这时，船上两边草靶子上密密麻麻地插满了箭，每只船上至少五六千支，算下来一共有十万支。鲁肃把借箭的经过告诉给了周瑜，周瑜感叹道："诸葛亮真是神机妙算，我不如他。"

这就是著名的"草船借箭"故事，诸葛亮之所以能够成功就是因为他在前期做好了充分准备。船、草把、人和时间，都做了准确估测，等成功的因素都准备齐全了，那么，想不成功都难。

石油大王约翰·D·洛克菲勒在商业中显示出了超人的天赋。他运用超人的智慧和勇气，在企业经营中，冷静旁观，做好充分准备，伺机而动。

在南北战争即将爆发前，社会动荡不安，战争阴影笼罩整个美国。人人都在忙着安排自己身边的事，而约翰·洛克菲勒却想到利用战争发财。洛克菲勒预测战争会使食品和能源缺乏，还会使交通中断，市场价格将会急剧波动。于是，他向银行借很多的钱去购买南方的棉花、密西根的铁矿石、宾州的煤，还有盐、火腿、谷物……在筹集完不到一个月的时间，南北战争爆发了。紧接着，农产品价格飙升。洛克菲勒所有的储备都带来了巨额利润，财富像滚动的雪球跟随着战争的车轮。等到美国南北战争结束，洛克菲勒已经不再是个小小的谷物经纪人，而是腰缠万贯的富翁了。

准备是执行力的前提，是未来实现成功的基础。洛克菲勒正是在敏锐预测未来后，提前做了充分的准备，等待时机到来时，果断销售，最终让自己成为战争中的最大赢家。

有很多企业家不是没有独到的眼光，而是没有采取积极的准备措施，没有做好足够的准备，最终结果也就定然如他所担心的那样失败了。既然认为是正确的事情，就应该全力以赴，就应该保证必胜的信心做好充分的准备，否则，成功始终不属于你，你也会在自我怀疑中承认自己没有预测能力，从而埋没了自己的才能。

做好可能失败的心理准备

【德鲁克微语录】

在过去一二十年里，企业界已经接受了系统地努力创造未来这种需要。但是，企业做长远规划的目的不是也不可能是为了消灭风险和不确定性。那不是上天赋予凡人的使命。

没有任何一个人能够稳操胜券，在所有关于未来的判断中，那些心存"十拿九稳"、"零风险"等"绝对安全"的概念的人注定会失败。

——德鲁克《成果管理》

【活学活用】

德鲁克认为，我们只能预测未来，而预测是有不确定性的，所以，对未来的把握不可避免存在风险。企业如果没有可能失败的心理准备，自认为未来是可预见的，那就可能失败，甚至会产生难以承受的风险。因为，对失败失去了警惕性，就容易被失败钻空子。

《达尔文经济学》的作者保罗·欧莫洛在总结人类活动中，对失败做了这个结论："生活总是无法摆脱失败，失败无所不在。任何时间、任何地点，生活的各个方面都会有失败的可能。99.99％的已知物种现在都已经灭绝，从这个意义上说，失败已经存在了数百万年。在近代的历史中，每年都有超过10％的美国公司破产。从商界巨头到个体经营者，都经历过失败。"

正如欧莫洛所言，从生物物种到企业，再到政府机构，都存在几乎无法被打破的"失败铁律"。在国家政策和企业经营中，往往失败者要远远多于成功者。我们周围的失败无处不在，不可避免。即便商业世界不乏有足够才能的领导，具备寻求最佳结果的聪明才智，但他们也已经对这一残酷的现实产生免疫：没有一个人能成为永远的赢家。世界是一个太复杂的非线性系统，让人们很难做出长期预测。商业结果取决于太多的变量，这使得最聪明的规划者都会遭到失败的打击。

常常某些企业家在为一时的成功而欣喜不已时，忽略了公司在获得短暂成功后立刻陷入失败困境的事实。

大多数事情都有失败的可能，如果不想输得太早或者失败得太惨，那么，就必须要做好失败的心理准备，未雨绸缪。

在20世纪80年代，可口可乐面临来自百事的强大压力，管理层决定取消原来的配方，在前期，他们通过调查发现，只有10%~12%对新口味可乐表示不安，而有一半人表示会适应新口味的可口可乐，依据调查结果，可口可乐高层决定研制新口味的可口可乐配方。为此，可口可乐公司花费巨资研究新品。新可乐研制出来后，公司没有立刻将其投向市场。因为更换百年配方毕竟是天大的事情，为了保证万无一失，可口可乐公司又掏出400万美元在13个城市进行了口味大测试，有19.1万消费者参加这个测试，在众多未标明品牌的饮料中，品尝者仍然对可口可乐的新配方感兴趣，最后，新可乐以61%：39%的优势胜出，正是这次耗资巨大的口味测试，让可口可乐公司领导层决心推陈出新，推出新可乐应对百事可乐的挑战。

1985年4月可口可乐公司召开新闻发布会，宣布更改原有可乐配方，推出新配方可乐。然后，让所有高层意想不到的事情发生了，人们普遍反对更改可口可乐配方。人们疯狂去超市购买老配方可口可乐保存。《纽约邮报》的漫画在墓地中画了一只可口可乐瓶子，就像墓砖似的，它的文字说明是：安息吧，可口可乐，终于寿终正寝了。可口可乐：1886~1985年，因患急性百事溃疡而早逝。有的人谴责可口可乐公司是在自取灭亡。

虽然，可口可乐又花了7 000万美元投入推广新可口可乐，但依然无济于事。最后新可乐推出不到3个月后，可口可乐即刻恢复了它久经考验的老配方。事后，可口可乐CEO唐纳德·基奥解释这次失败："一个非常简单的事实是，我们在为新可乐推出所做的消费者研究上倾注了大量的时间、金钱和技术，但这些却无法衡量或解释那么多人对可乐传统配方的深久的喜爱，这一点让我们吃惊不已，就像你不能衡量爱情、骄傲或者爱国主义一样，这也是无法衡量的。"

这次的失败给可口可乐公司上了生动的一课，他们终于发现了自己的优势和消费者对自己产品的忠诚度，这是失败馈赠给他们的礼物。这件事情也告诉了我们，即便再充足的准备也可能导致失败，所以，不要害怕失败，做好可能失败的准备，勇敢创新，开拓新局面，不要试图掩盖失败，而要从失败中寻找解决的方法。

作为企业，面对不可知的未来，唯一的对策是：必须接受"失败是企业发展过程的一部分"这个前提。或许接受这个残酷的结论，人们就会变得坚强，更加从容，因为既然失败不可避免，惧怕也是没有用的，选择坦然接受，勇敢尝试，勇敢前进。

当然，无论未来怎样的不确定，也应该细心做好预测，并为开拓未来做好充分的准备，尽量避免失败，同时，在这样充足准备后出现意想不到的失败时，我们才能学到更多。所以，不要在没有任何准备情况下，盲目预测未来，贸然前进，这样的结果注定失败，并且是徒劳的失败，从中也吸取不到什么教训。

未来成功更青睐有胆识的人

【德鲁克微语录】

我多次听到诺贝尔奖得主说："我从事这项研究并获得如此殊荣，都是因为当初导师对我随意说的一句话——你为什么不去做一件能改变世界的事情呢？"

——德鲁克《非连续时代——转型社会守则》

【活学活用】

人和人之间小时候并没有多大差别，但长大之后为什么有的人能够获得成功，而有的人则一辈子碌碌无为，不少心理学家发现，造成这种巨大差距的秘密就是人的"胆识"。

人人都渴望成功，成功的高度取决于目标的高度，而目标的制定取决于企业家的胆识。人人都具有成功的潜能，但现实生活中，只有那些拥有超常胆识的人，才能够成为真正的成功者。

一个园艺师向一个企业家请教说："先生，您的事业如日中天，而我就像一只蚂蚁，在地面爬来爬去的，一点出息都没有。什么时候我才能发财致富，才能够成功呢？"

企业家对他和气地说："这样吧，我工厂旁边有2万平方米空地，我们就种树苗吧！一棵树苗多少钱？"

"40元。"

企业家又说："那么以1平方米两棵树计算，扣除道路，2万平方米大约可以种2.5万棵树苗，成本刚好100万元。你算算，3年以后一棵树苗可以卖多少钱？"

"大约2 000元。"

"这样，100万元的树苗成本和肥料费用我来支付，你主要负责浇水、除草和施肥。等3年后，我们把树苗卖掉，获得的钱我们一人一半。"企业家认真地说。

谁知园艺师听到后，连忙拒绝说："哇，我可不敢做这么大的生意，我看还是算了吧。"

企业家多次劝说，但园艺师依然不答应，最后，企业家无奈地摇摇头走了。

"算了吧"这句话多么简单，却葬送了可能实现的成功。有时候，成功机会就在你手上，你却因为没有胆识而轻易放弃了。一位哲人曾经说过："你的胆识是你真正的主人，胆识的大小决定了事业的大小。"另一个伟人说："要么你去驾驭生命，要么是生命驾驭你。你的胆识决定了谁是坐骑，谁是骑师。"要想成功，要想主宰自己的命运，就一定要有胆识去尝试。

"金利来领带，男人的世界"，这则广告语已经在国内乃至世界家喻户晓，它的年产量达数亿条，产品行销于欧、美、澳、亚洲近百个国家和地区。

金利来的成功不得不归功于它的创造者领带大王——曾宪梓先生，他是一位有胆有识的成功企业家。

曾宪梓祖籍广东省梅县，在国内长大的，在中山大学生物系读书。后在20世纪60年代初，前往泰国与家人团聚，在泰国，他发现很多人穿西装戴领带，领带成了男人不可少的装饰物，于是，他产生了销售领带的想法。

他只身来到香港，开始创业，他随身只带了6 000港元，租了一个小厂房，凭着一把尺子、一把剪子和一架缝纫机，自己进行设计、剪裁和缝制，开始了一段非常艰难的创业阶段。他每天从早晨6点一直工作到深夜2点，制成领带后，还要自己扛着成品挤公共巴士，沿街推销，扯着嗓子叫卖。在制作和销售领带的过程中，他悉心研究消费者的心理动态和穿着习惯。凭着自己的学识和经验，探索领带的用料、款式、设计的创新，研制出自己产品的独特风格。

后来，他的小作坊变成了一个有点规模的厂房，之后，他不再去自己销售，而是把更多的注意放在了考察市场上，他不是在香港考察市场，而是到世界各地去考察市场，他先后到过法国、意大利、德国、瑞士、奥地利、美国、加拿大、日本等几十个国家去了解领带制作和市场销售情况，吸取别国生产和设计领带的经验，并与那里的一些厂商建立了业务关系。

1970年，他在香港正式创立了"金利来（远东)有限公司"，自己设厂织染专用布料，开设专门设计和缝制部门。

随着业务的发展，曾宪梓先生非常注重"金利来"品牌。他在公司刚成立，资金有限时，依然投入较大资金到广告宣传上。另外，他认为，优良的产品品质和稳定的质量才能使企业品牌不倒，所以非常注重产品质量，因为金利来领带时刻保持质地优良，款式新颖，品种繁多，手工精细，美观大方的特点，深受各界人士欢迎。香港几十家大百货公司经销其产品的代销点遍布港九新界各地。

但企业发展从来都不是一帆风顺的。1974年，香港经济受世界经济不景气影响，很多产品售价一落再落，领带行情也急转直下。当时，一般厂家都希望通过大幅度降价来尽快把商品脱手。而曾宪梓先生没有这样做，他做了一个大胆的举动——提高商品价格。因为他意识到，领带标志着庄重和高贵，消费者更愿意买名牌，并以此为荣。随着金利来领带价格上涨，它的身份倍增，结果，销量不仅不减，还获得较大的赢利。

随着金利来的稳步发展，它已经成为一家恪守信誉、财力雄厚、生产名牌产品的大公司。

由此可见，谁都不会简简单单地成功，"三分天注定，七分靠打拼"，要想使企业大发展，就一定要有胆识。树立坚强的意志，制定一个敢拼敢赢的目标，坚持不懈地为自己"充电"，不断超越自我，每一分钟都努力去做好。做一个敢于担当、敢于直面危机、勇往直前的智者和勇者。

立刻行动，不做徒劳的空想

【德鲁克微语录】

我们也许无法取得真正想要取得的成就。但如果我们现在立刻采取行动去做，那么，我们的产品或服务总会找到顾客，也能赚到钱并能满足我们的一些期望。

——德鲁克《成果管理》

【活学活用】

21世纪是一个"快鱼吃慢鱼"的信息时代，资源共享，信息传递飞快，"不进则退，慢进也是退"，只有快速行动，才能使我们在激烈的竞争中获得更为有利的位置，才能把握住一个个转瞬即逝的机会。想要成功，只简单地设定和分解目标是远远不够的，即便你具备知识、技巧、能力、良好的态度和成功的方法，比任何人都优秀，但如果你不采取行动，一切美好的愿望都只是虚无缥缈、可望而不可即的空想，你离成功还是那样遥远。

"电池大王"王传福从一个名不见经传的农家子弟到身家亿万的集团公司总裁，从一个高级工程师一跃在汽车领域干得风生水起，他在不断改写着历史。

王传福出生在安徽一户农民家庭，他从小一心苦读书籍，形成了坚强忍耐的性格。他相信只要灵魂不屈，自己一定会走出一条康庄大道。

后来他顺利考上中南工业大学冶金物理化学系，毕业后进入北京有色金属研究院攻读研究生，他把全部的精力都投入了对电池的研究中去。因为业绩突出，5年后，被破格任为研究院301室副主任。

而此时，一个机遇从天而降。1993年，研究院在深圳成立比格电池有限公司，因为王传福正是研究这个领域的专家，就顺理成章地成为公司的总经理。

当时，国内电池产业发展欣欣向荣，一块电池能卖到数百元。王传福看到了商机，兴奋异常，决定大干一场。但2年后，成效甚微。虽然第一次商界打拼不是很理想，但王传福还是决定辞去稳定的工作，自己打拼一番。1995年，王传福辞职单干。他向表哥吕向阳借了250万元后，领着20个人在深圳莲塘的旧车间敲敲打打，成立比亚迪。

启动资金少，动辄千万元的生产线他承担不起，于是，王传福干脆凭借技术，自己动手做关键设备，然后把生产线分解成一个个可以人工完成的工序，这种"半自动化半人工"为他省去了很多成本，这也成为他日后在商战能够无往不利的"尚方宝剑"。很快，比亚迪打开了低端市场，成立当年成功卖出了3 000万块镍镉电池。

在镍镉电池领域站稳脚跟后，王传福没有停歇，他开始着手研发镍氢电池，1997年开始大批量生产镍氢电池。此时恰逢东南亚金融风暴，比亚迪产品的低价在金融风暴中越发显得有竞争力，这让日本厂商很难与之竞争。结果这1年，比亚迪公司镍氢电池销售量达到1 900万块，一举进入世界前7名。

此后，王传福进军国际市场。1998年至2000年，比亚迪分别在欧洲、美国成立分公司。1999年至2000年，比亚迪公司在这些市场势如破竹，像松下、索尼、GE、AT&T和业界老大TTI等都成了他的客户。

2000年，王传福投入大量资金开始了锂电池的研发，很快拥有了自己的核心技术，并成为摩托罗拉的第一个中国锂电池供应商。2001年，比亚迪公司锂电池的市场份额上升到了世界第四位，而镍镉和镍氢电池上升到了第二和第三位，实现了13.65亿元的销售额，纯利润高达2.56亿元。

2008年，比亚迪以近15%的全球市场占有率成为中国最大的手机电池生产企业，在国际市场上与日本三洋一决雌雄。目前，根据比亚迪方面的数据显示，比亚迪在镍镉电池领域、镍氢电池领域及锂电池领域都排名全球第一。

虽然他的电池做得好，但王传福没有停住脚步，在2003年，他进军汽车业，人们都为他疯狂的举动惊讶。"一个做电池的准备造汽车了？"企业界都在惊呼。

直到比亚迪收购秦川汽车的协议签订前几天，仍然有中国香港地区的基金经理给王传福打劝阻电话，他们认为比亚迪一直是做电池的企业，贸然进入汽车领域可能会遭遇惨败。有的基金经理甚至威胁王传福，如果不听劝阻执意收购，那么他们就将抛售比亚迪的股票。那天下午，比亚迪高层正在开会，中国香港一位国际大基金的经理打电话给王传福，他直接在电话里对王传福大声说道："王总，我们就是要抛你的股票，抛死为止。"声音大得几乎在座的人都能听到。大家马上意识到公司股票即将发生剧烈波动了，会场气氛顷刻间变得紧张和凝重起来。

王传福一贯是个雷厉风行的技术冒险家，他没有理会投资人的劝阻。他看准了机会，现在只需要把机会抓住。他认为中国目前的汽车保有量虽少，但对能源、环保的压力已经很大。当今世界上大大小小的战争无不包含对能源的企图，比亚迪做电动汽车就是要让中国三峡大坝的水都变成油，让中国所有城市的天空都像西藏一样蓝。将来电动汽车、混合电动车及驱动电池拥有庞大的增长潜力，必然在未来取代传统汽车。而收购秦川汽车有助于公司开发电动汽车用的充电电池，能够将比亚迪制造电池的技术有效利用。

正是王传福的高瞻远瞩和决定了就立刻行动的作风，让比亚迪在吉凶未卜的汽车市场开拓出了一片新天地。如今的比亚迪汽车已经成了家喻户晓的节能环保型新型汽车，王传福把握住了未来发展机遇，提前进入节能领域，为未来更快更好的发展提前做准备。

比尔·盖茨说："想做的事情，立刻去做！"王传福发现电池商机，放弃稳定的工作下海经商；王传福看到节能前景广大，果断进军汽车业。这些重大举措都让人认识到王传福的胆量和见识。从中，我们也应该学习他这种立刻行动的果断力。认准了，就义无反顾地坚持，早晚会有成功的那一天。

立刻行动是一种积极的人生态度，是不屈不挠的坚韧力，努力去打拼，不怕失败和困难，一定会开辟出属于自己的天地。

留恋现在，就是抛弃未来

【德鲁克微语录】

从做出某项决策或行动的那一刻起，这项决策或行动就已经过时了。去修补常态没有任何用处，因为常态已经成为昨天的现实。

——德鲁克《成果管理》

【活学活用】

常常有这样一个奇怪的规律：当我们自我感觉到非常成功时，失败可能正在开始。要想成为一个成功的管理者，就应该忘记过去所得成就，像龙虾那样，自行脱掉外面那层具有保护作用的硬壳，让自己重新能够自由活动。

1982年，刘永言、刘永行、陈育新（刘永美）、刘永好四兄弟一同辞去公职，来到川西农村创业，他们变卖手表、自行车等家产，筹集1 000元人民币资金，开始了艰苦的创业历程。

1986年，时任国务委员、国家科委主任宋健在视察育新良种场时，题词"中国经济的振兴寄希望于社会主义企业家"，于是，刘氏兄弟把育新良种场改名为四川新津希望饲料厂。1990年，希望集团初具规模，刘氏兄弟大胆调整产业，致力于饲料产品的研发和生产；1992年，希望集团注册成立。1995年至1997年之间，在南方希望资产的基础上，刘永好先生组建了四川新希望集团公司，在以后的约10年时间里，新希望集团进行了大量的规范和创新，成为农业产业化国家重点龙头企业。

新希望集团从种植业、养殖业起步，历尽艰辛，站稳脚跟，保证了企业持续发展，成为中国最有代表性的民营企业之一。1995年，新希望集团依靠先进的技术、过硬的产品质量、和创新型的营销手段，使企业发展成为销售收入达到20亿元的大型民营企业，它也成为中国饲料百强第一位，连续4年入围中国企业500强。

但是，任何行业都有竞争，随时可能冒出新企业抢占市场。好像在一夜之间，刘永好发现了数十家规模相当的饲料企业，这些企业直接冲击着新希望在业内的领导地位，比如，湖南正虹与湘大、四川通威、江西振邦、广东恒星、山东六合等，其中六合的规模甚至已经超过新希望。并且，饲料销售的周期波动比较大，再扩大规模对企业也不利。那么，新希望下一步该朝哪个方向发展呢？还在饲料业继续钻研，寻找新的市场，生产新的产品吗？

刘永好没有这样做，他发现了一个更好的赚钱方法，刘永好准备多元化发展，以饲料产业为基础，借助资本化的力量开展有限多元化，把新希望集团打造成集饲料、金融、房地产、化工、乳业等为一体的多元化大型集团。

这样就大大降低了企业风险，同时也让企业有了更好更大的发展空间。于是，新希望在饲料产业方面，收购了山东六合集团和北京千禧鹤，打造出一个覆盖生猪养殖、饲料、兽药、屠宰、加工、销售的完整产业链。在金融产业方面，新希望参与了民生银行、民生人寿的发起筹建，同时还控股或参股福建联华信托、金鹰基金、东方基金和上海银行，形成了一个涵盖银行、信托、保险、基金等多个领域的金融大集团。在乳业方面，新希望先后收购了安徽白帝、重庆天友、杭州双峰等12家区域性乳业公司，成功打造出了西部乳业龙头。在化工方面，控股华融化工和甘肃新川化工，收购ST宝硕，打通销售环节。

通过这样一个系列的适度多元化发展战略，大大降低了企业因为饲料波动较大而带来的风险，完善了产业布局。

刘永好虽然在饲料行业已经做得很好，但在这个领域发展到一定程度后，他没有故步自封，躺在功劳簿上不做事情，而是重新寻找让企业做大做强的方法，通过多元化，保证了企业稳步前进，开拓了企业更大的发展空间，保证了企业继续健康发展。

企业的发展并非一帆风顺，任何时候都不能放松警惕，即便小有成绩，那只是暂时的，并且已经是过时的了，企业要前进，就应该为其注入新的动力。如果发现企业停步不前，那就应该琢磨着寻找市场，如果一个领域已经发展空间不大，就要寻找新的发展领域，总之，应该不断地前进。

第19章　知识经济时代带来成功契机

企业需要知识整合能力

【德鲁克微语录】

技术，也就是自然科学在工作中的应用，它只是知识的一种形式而已。没有任何一个企业是以它作为唯一必要的知识的。在今天高度技术化的领域里，有许多成功的公司并非以技术见长。

——德鲁克《成果管理》

【活学活用】

德鲁克认为企业经营成功不仅仅需要技术，还需要企业内部知识整合，不管是以技术见长的企业还是以营销见长的企业，或者是以管理见长的企业，不管是哪种企业，凡是能取得卓越成就的，一定在某个领域拥有更专业的知识。一个优秀的企业管理者一定是善于综合知识并使其迸发出最大的能量。

东芝从2001年净亏损21亿美元到2011年净利润600万美元，似乎走出了巨亏的困境。这一切都要归功于曾经的全球总裁冈村正历时5年的大调整和"瘦身"

计划，以及前任总裁西田厚聪果断大胆的投资和多元化经营。

1991年日本的经济泡沫彻底破灭前，东芝在全球最大工业公司中排名第二十三位，业务范围包括从芯片到原子核反应堆的各种业务。但结果只过了半年，市场开始迅速下滑。当时，很多日本企业因为没有预测到这轮经济低潮，都在发展，不断扩大生产、增加员工。东芝也没能幸免。

2000年冈村正上任，首先面临的问题是信息通信、数字媒体和电子组件等主要项目上销售额开始下滑。于是，冈村正命令员工拆除了摆在东芝总部大厅里的卫星和快速增值反应堆模型，把东芝的电子商务站和数字电视等产品摆上大厅取而代之。并持续不断地给东芝做调整手术，比如，剥离非盈利业务、裁减人员等。

直到2005年他离任，东芝已经连续3年保持了盈利状态。接下来西田厚聪接棒冈村正。在西田看来，企业创新不仅仅是指技术的创新，同时也包括流程的创新，"谁能以更快、更低的成本将产品推向市场，谁就能赢得竞争。"

他上任做的一个重大决定是收购西屋电气，这样企业不仅在IT方面发展，还开始兼顾能源、电机这些东芝作为传统的综合电气厂商具有雄厚技术力量与坚实基础的业务领域。

正是经过两位总裁的悉心调整，进行知识整合，使东芝公司起死回生，逐渐从亏损走向了盈利。

东芝在中国发现商机，并转变策略，不仅偏重于生产，还要有向研发、知识产权保护、教育学院等职能转变。2002年东芝（中国）进行了转型，其中一个重要的环节就是提高经营的本地化，以及人才的培育培养。

东芝历届领导人的调整，通过不断的知识整合，使内部资源得到了充分的利用，保证了企业能够完美地结成一体，全力前进。

鲍罗·道密尔是美国工艺品和玩具业中享有盛誉的传奇性的人物。他就是凭借自己超强的知识整合能力赚取了人生的第一桶金。

他用自己挣的钱收购了一家濒临倒闭的工艺品制造厂。他接手工厂后，首先仔细研究公司的每一项作业程序。从定价、消耗到销售；从生产到管理，把每一个工作环节的缺陷都一一列了出来。并对这些可能导致工厂亏损倒闭的要素进行了排列，并逐一分析了哪些不合理的需要去除，哪些需要改进。通过以上的分析，最后，道密尔得出结论：工厂倒闭的主要原因是管理成本太高和产品定价太低。

为此，裁减大批不必要的职员，这大大降低了管理成本。而留下来的人员则提高薪水，增强他们工作的责任心。另外，提高产品价格，来增加盈利。为了减少顾客对价格的抱怨，道密尔在加价前先提高了服务质量，让消费者感觉物有所值，然后时机成熟，进行加价。

经过这样一番调整，企业果真扭亏为盈，道密尔因此赚取了很大一笔利润。

由此可见，知识有时候比技术更重要，具有知识整合能力的人能够把知识不协调的企业，调整成协调企业；反之，即便拥有再好的技术，如果企业没有进行知识整合，高科技的价值无法发挥出来也是徒劳，所以，企业需要对知识整合加以重视。

精益求精才能做大做强企业

【德鲁克微语录】

几乎很少有问题比下面这个问题更为迫切，几乎很少有问题能像下边这个问题那样迫使企业的管理层更客观、更透彻地观察自己：我们特定的知识是什么？

——德鲁克《成果管理》

【活学活用】

一个成功的企业就如一个知识渊博的人，一个企业只有足够的优于其他企业的知识，才能在市场上站稳脚跟。而企业想要获得自己企业该拥有的特定的知识，就应该把产品做得精益求精。消费者更青睐优秀的产品，所以，企业想要做大做强，需要专注地做好产品。

最近几年，乳业市场频繁出现信任危机，尤其是三鹿集团的倒台，让更多的目光关注乳业的安全和健康问题。作为中国乳业的龙头企业，伊利集团所属企业达130多家，生产的雪糕、冰淇淋连续12年产销量稳居全国第一，超高温灭菌奶、奶粉等产品销量也位列前茅。虽然生产规模日益庞大，但多年来，却没有出现任何一起重大的安全事故。

伊利采用了世界最先进的质量检测设备、坚持国际最严格的检测标准进行原奶检验，并且监控所有生产环节，以确保产品从源头到终端的全程安全。

伊利集团董事长潘刚说："1%的不合格产品，到了消费者手里就是100%的不合格。所以，企业必须把每个细节都做到完美，才能确保消费者的安全。"

正是秉承视产品质量为企业生命线的发展理念，不断壮大的伊利集团获得了越来越多国内消费者的信任和支持，并逐渐获得了国际社会的认同，成为新一代的全球领军企业。

由此可见，精益求精是一种负责任的态度，只有抱着这种态度，才会使企业继续追求完美，不断地做出更好的产品。

当然，精益求精还是一种管理方法，强调的是用最小的投入满足客户的需求，用最短的时间获得最大的回报。

我国贵州茅台酒独产于中国的贵州省仁怀市茅台镇，是与苏格兰威士忌、法国科涅克白兰地齐名的三大蒸馏名酒之一，是大曲酱香型白酒的鼻祖，也是中国的国酒，拥有悠久的历史。

茅台啤酒公司的理念是关注细节、把小事做细和精益求精的"质量第一"，从原材料湿法粉碎开始，直到茅台酒酿造、成品酒灌装，无论在哪一道生产工序，哪一个生产环节，都不容有半点疏忽或失误；尤其是在成品酒灌装车间，不管是洗瓶、杀菌、二次抽真空、压盖，还是贴标、封箱、入库，每一个细节上的操作都做得非常到位。

从进瓶、洗瓶、杀菌、灌装、二次抽真空、贴标、封箱、入库，都是"一条龙"全自动化运转；生产线上的每个工作班，只要十几个人操控就能全部搞定。清洗酒瓶过程，需要经过预洗、进瓶、预浸泡、残碱、残水清除，又到热水、温水、净水喷冲；及至出瓶，还要经过空瓶检验机进行检验合格后，才能转入灌装环节。在最后一道环节清除残留在啤酒中的一点微乎其微的氧，也要极其严格、规范地按照工艺标准来进行操作。保证残留在每个酒瓶瓶颈的氧含量都小于1.5毫升，整个控制过程全是自动化操控，一次完成，时间和速度，一秒不差，精确无误。

茅台酒正是建立在企业完善、严格的质量管理体系保障之下，使其旗下的茅台啤酒早在2003年，就率先在国内同行业中一次性地通过了质量、环境、职业健康安全三项管理体系认证；同时，还获得中华人民共和国产品卫生注册证书，以及通过了食品安全管理体系认证和食品安全认证，成为国内为数不多的"国家出口产品注册企业"之一。

而这样严格程序获得的产品，也深得人心，在国人心中树立了高品质形象，即便不用打广告也可以畅销，而这一切都大大提高了企业生产的效率，减少了做宣传的费用，这都是精益求精的结果。

所以，企业想要取得成功，有时候不在于干多少事情，而是干成多少事情。如果能在几件事情上干得突出，比干几百件普通的事情好得多。

青啤曾经在1993年开始，借着收购当地啤酒品牌来打入不同省市的大众市场。想把企业做大做强，当时青啤的总经理彭作义曾说，"你不去抢，人家便去抢"，"不是大的吃掉小的，而是快的吃掉慢的"，可见他对收购的急切心态。但是，正是这样大幅收购，让企业陷入了财务危机。到了2001年，青啤才重新调整战略，从做大做强转为精益求精，逐渐使企业起死回生。

做大做强固然好，但如果不追求产品质量上的精益求精，销售情况也不容乐观。只有把自己的产品做得极端出色，超越其他企业，这样企业才具有核心竞争力，才能在市场竞争中实现长盛不衰。另外，极端出色也是最好的屏障，只要我们做到卓越，对手就没办法来超越我们。

抢占先机，先发制人

【德鲁克微语录】

"已发生的未来"并不存在于现有的商业范畴内，它存在于外部，并且它是社会、知识、文化、产业或经济结构的变化。此外，"已发生的未来"是一

种重大的转变，而不只是一种趋势；是打破现有模式，而不只是对原有模式的
修正。

——德鲁克《成果管理》

【活学活用】

德鲁克说，已发生的未来并不在当前的企业之内，它在企业之外，是知识、社会、文化或者产业结构的变化，它是一种重大的转变，是一种打破现有模式，而不只是对原有模式的修正的转变。在转变开始和转变彻底形成之间存在着时间差。认识到这种时间差的企业往往会抢得发展的先机。

1946年2月，联合国在伦敦召开第一届大会，决定将总部设在纽约，但在寸土寸金的曼哈顿岛上，找个舒适的办公地方，谈何容易。于是，在最初的几年里，联合国只好在纽约远郊成功湖畔一幢陈旧的红楼里，度过了一段默默无闻的生涯……后来，美国的亿万富翁、大银行家约翰·洛克菲勒突然好像大发善心，慷慨解囊，把曼哈顿岛靠近东河的一片土地捐赠给了联合国，作为联合国总部安身之地。当时，这块土地上的房屋已经颓败，地产价格逐年下降。

但是，随着联合国总部在这块土地上建立起来后，在它周围那一片片同样属于洛克菲勒财团的地皮，一夜之间，成倍成倍地涨价，富丽堂皇的外交公寓，第一流的大旅馆、大饭店、大商场，都围绕着这个世界组织的中心，一个个拔地而起。

一片眼看着被人遗弃的地段，却成了纽约最昂贵的街区。东河岸边这块曾经是残破不堪的码头仓库废墟，如今已经遍布最现代化的楼房。总部的北边，是两幢堪与联合国大厦媲美的外交公寓。它的对面，则是花200美元才能住上一夜的豪华旅馆。卡特先生、卡斯特罗总统、阿拉伯的酋长们都曾下榻于此。

洛克菲勒虽然前期捐赠了一块地皮，但之后，其他地皮随之涨价，他不知道从中赚了多少钱。我们不得不佩服这位大银行家把握先机的能力。

还有台塑大王王永庆的公司主营业务本是生产聚氯乙烯（PVC）塑料粉及塑料加工品，似乎跟电子科技根本沾不上边，但王永庆是一个观念相当新颖的人，他的思维始终走在时代的前端。他在考察时发现了高科技产品给其他国家带来了极大的便利，便于20世纪80年代中后期，让长子王文洋带领台塑集团向

高科技领域挺进。经营石化下游产品的南亚公司成了台塑集团旗下第一个进入电子产品高科技领域的企业，主要生产印刷电路板，并逐渐打出知名度，到了20世纪90年代中期，南亚公司已成为台湾最大的印刷电路板企业。后来，王永庆又把印刷电路板事业逐渐从南亚公司分离出来，单独成立了南亚印刷电路板公司，专门负责生产印刷电路板、铜箔基板、液晶显示器等产品。随后，南亚印刷电路板公司业务发展更加迅速，年营业收入超过130亿元新台币，跃升为全球第二大印刷电路板供应商。到此时，其他企业正在准备进入电子业，而王永庆已经在世界电子材料领域具有不可撼动的地位。

当电子计算机还是个很陌生的东西时，王永庆却发现透过计算机管理，可以避免人为疏忽及造假事件，生产、销售及账务更透明化，并及时掌握重点做出决策，提升效率。所以，在计算机还没有全面普及的1982年，台塑就开始实施了电脑化作业，这大大提高了企业经济效益。等到全球性的网络热潮掀起以后，很多台湾企业开始注意网络的发展潜力，这时的台塑企业早已将所有的工程招标及采购作业全部透过网络运作。

不论是洛克菲勒还是王永庆，他们之所以能够成功，很重要的因素就是他们懂得掌握先机的艺术，眼光更长远，能够提前察觉未来市场变化，快人一步，提前动手，抓住了时间差，最终，先人一步占领市场。社会、市场、环境等都在变化，这些不引人注目的变化，却常常是未来大变化的提前预兆，谁能够敏锐捕捉到变化，谁就能抢占先机，先发制人，走在行业前列。

企业成功的先决条件是判断力

【德鲁克微语录】

寻找已发生的未来，并预期它造成的冲击会给别人带来的新鲜感。新事实很容易被人察觉，但需要先让自己也看见它。那么接下来可以做或能做的事情通常也就不会难以察觉。换句话说，机会其实既不遥远，也不渺茫。只不过，我们需要先看穿它的模式。

——德鲁克《卓有成效的变革管理》

【活学活用】

企业发展需要企业家的判断力，正确的判断力才能保证企业沿着正确的道路顺利发展，而不至于走弯路。

2000年，江南春发现商务人士整日忙于工作、应酬而无法关注传统媒体，这一发现，让江南春认识到了电梯里拥有巨大商机。这些人经常活动于会所、健身房、办公楼宇等地方，而他们每天一定会频繁乘坐电梯，因此，电梯里安放广告会吸引人，因为人们在电梯里的那几分钟，是一个空白区。如果用液晶电视播放广告来填补这个等待时间，动态的创意广告一定能够吸引他们的眼球。于是，江南春的想法立刻吸引了软银的风险投资。仅仅2年时间内，40多个城市的2万多座楼宇都配备了分众的液晶电视，江南春也因此成为行业领头人。

2003年5月，江南春注册成立分众传媒(中国)控股有限公司，并出任首席执行官。当分众传媒通过私募获得充沛资本后，江南春以迅雷不及掩耳之势在全国各大城市掀起了"圈地"运动。正如《福布斯》杂志所描述的那样："江南春以迅雷不及掩耳之势占领了当地的主要高档写字楼，并把剩下的市场空间留给了随后出现的模仿者。"

对于消费者需求的精确把握能力和持续的策划能力上，也需要企业具有超强的判断力。仁和药业，在2002年的销售额还是2亿元，到2008年它的销售额竟然达到了20亿元。仁和之所以能够如此快速地成长，这不得不归功于其良好的市场判断力。

其推出的每一个产品的广告都能够取得良好的效果，比如，付笛声、任静夫妇代言的妇炎洁，陈道明代言的仁和可立克，周杰伦代言仁和闪亮滴眼液，宋丹丹及其《家有儿女》剧组代言的儿童产品仁和优卡丹……这一系列的产品广告，都准确把握了市场，广告一推出，就深入人心，获得不错的销量。

另外，企业的良好判断力还体现在对产品的较强识别能力上。江苏先声药业用2亿元的天价买下了山东荣昌制药生产的依达拉奉注射液时，很多人都认为不可思议。但先声药业就是依靠这个，就实现了2亿元的销售额。 企业能够突飞猛进，顺利发展，需要企业家的判断力，但是，判断力不是短时间就能产生的，而是他们在日复一日的磨炼中产生的。他们肩负着重大使命，所以，他们每时每刻都在怀疑，是不是走另一条路会更好？获得一个什么样的人帮助会更好？当初如果不出手是不是更好？等等。任何一点不起眼的小事，他们都会关注，并与自己的决策相比对，时刻检验着自己的判断力。

长时间的砥砺，让他们锻炼出了一种特殊的敏锐，磨炼出一种超乎寻常的觉醒意识。在这种警醒的自我意识中，一个不起眼的细节，他们也会形成一个总体判断。他们判断快，判断力强。

企业家不会轻易变更方向和目标。即便在许多不利情况下，他们也不会轻易丢下自己赔钱的买卖，更不会轻易去从事别人挣钱的生意。他们知道，世界之大，看别人干着轻松，你去干就未必。所以，他们从来不盲从，不跟风，他们能把握关键现场、关键人员心态，谋定而后动。

现代信息化的发展，凭借知识和信息无法使企业长久发展，唯有提高判断力，把握市场变化的先机，才能在发展中获得成功，才能使企业走在时代的前列。

把握未来，先看清客观现实

【德鲁克微语录】

在开始谈论未来之前，我们必须知道目前的现实。因为凡事都需要从现实出发。预测未来是自找苦吃。打理手头上已经拥有的，而且能创造及应该创造的未来，是最应该做的事。

——德鲁克《卓有成效的变革管理》

【活学活用】

无论企业做任何决策和行动，都应该自足于现在的资源和条件。优秀的企业管理者都能做到，对外能够对市场做出客观判断，使企业和市场能够进行无缝对接，使企业的产品能够满足市场需求。对内能够对企业资源有精准的把握，确保企业的决策或行动能够不冒进也不胆怯，保证企业资源利用最大化，实现企业利益最大化。

自清朝道光年间王老吉凉茶出世之后，在王氏家族的打理下，其已经发展了100多年仍长盛不衰。其之所以能够有如此之成绩就是因为王氏家族紧随市场变化，改善王老吉凉茶，让更多的消费者喜欢。

在第一代人手中的王老吉凉茶是为人们所称道的包治百病的良药。甚至进入宫廷，为皇帝制作凉茶。到了第二代传人，他们精心经营王老吉凉茶，为了方便携带，开创性地推出用纸袋包装凉茶销售。这为王老吉凉茶走出中国，走向世界提供了方便。

待到第三代传人，分布于各个地区，进一步推广了王老吉凉茶这个品牌。王老吉的第三代传人恒裕和第四代传人豫康还精心研究，开发出了新的产品。把甘和茶即甘味凉茶，去掉苦味，这样就适合小孩饮用。后来，随着消费形态不断发生变化，凉茶不再像以前那样流行，第五代传人为了迎合社会和市场的需要，而开始研制健康饮品系列，不断推出新品，先后推出了"王老吉清凉茶"、"王老吉菊花茶"和"王老吉盒仔甘和茶"，而且颇受欢迎。后来新创制的产品还有"干笋竹蔗汁"、"川贝枇杷蜜"等。

王健仪在本地市场倾注大量精力，着重开辟新的销售渠道，因为他们发现，还有很多的消费者喜欢凉茶，但是，如果铺货太少，人们接触得少，销量就自然减少。于是，他们除了把凉茶放在药房外，还在各大超市、学校的小卖部等开设王老吉凉茶的销售点。此外，王老吉还打进了大型百货公司，比如，荃湾和黄埔的八佰伴百货公司、金钟和德福购物广场内，且反应不俗。

近些年来，凉茶再度风靡香港，凉茶铺越开越多，王老吉又将借着这股东风，让这个百年老牌再次焕发出迷人的光彩。

王氏家族能够把老牌子经营到现在，一方面其有独特秘方，另一方面就是历届经营者都能注重产品的开发，注重保护这个百年老牌。能够立足市场，凭着自己的秘方优势，打造更多的适合消费者使用的产品。

如今，市场竞争日益激烈，各种社会现象层出不穷，各种消费需求五花八门，这让我们企业家感到眼花缭乱，到底该怎样才能寻找到自己的发展之路呢？首先企业应该认清自身的发展优势，明白自身的资源构成，不盲目进入自身没有资源优势的领域。比如你是一家做图书的企业，想要进入高科技行业，就应该首先准备聘请一些高科技人才，如果没有掌握高科技技术的人才，想进入这个领域很不利。另外还应该关注市场，发现市场动态，并从市场中发现适合本企业生产的产品，或者通过观察市场找到改善自身产品就能满足消费者的需求。这就是立足自身资源条件，发展市场。

总之，企业领导者在做任何决策和行动时，都应该看清楚现状，包括企业的现状和市场现状，分析清楚再行动，以免冒进造成损失。

第20章　成功创业需要必备法宝

完善管理，才能保证存活

【德鲁克微语录】

　　除非新事业能够拥有完善的管理，否则即便它拥有多么出色的概念、多么雄厚的资金和多么好的产品质量，甚至有多么广大的市场需求，它都无法生存下去。

——德鲁克《创新与企业家精神》

【活学活用】

　　有效的管理制度是一个团队生存和作战的保障。没有了制度保障，这个团队就会像一盘散沙，各自为政，失去凝聚力，更形不成战斗力。同时，有效的制度也能保障自由和创造力。为了更好地发展，为了大家共同的利益不受侵犯，每个企业都会制定一些规章制度，以约束员工的行为。这不是对员工自由的限制和剥夺，相反，只有在这样的制度之下，每一位员工才能获得真正属于自己的自由，才不会受到别人的侵犯，才能真正开展具有创造性的工作。企业的制度建设正是对员工利益的最大保护。

有这样一个例子，猪圈里有两头猪，一头大猪，一头小猪。猪圈的一边有个踏板，另一边是投食口。猪每踩一下踏板，在踏板的另一端投食口就会落下少量的食物。如果一只猪去踩踏板，另一只猪就有机会抢先吃到另一边落下的食物。当小猪踩动踏板时，大猪会在小猪跑到食槽之前刚好吃光所有的食物；若是大猪踩动了踏板，则还有机会在小猪吃完落下的食物之前跑到食槽，吃到另一半食物。

结果，小猪将选择"坐享其成"策略，也就是舒舒服服地等在食槽边，而大猪则为剩下的那一点儿食物不知疲倦地奔忙于踏板和食槽之间。

这是什么原因呢？因为，小猪踩踏板将一无所获，不踩踏板反而能吃上食物。对小猪而言，无论大猪是否踩动踏板，自己不主动踩踏板是最好的选择。反观大猪，明知小猪是不会去踩动踏板的，自己亲自去踩踏板总比不踩强，所以只好亲力亲为了。

其实"小猪躺着大猪跑"的现象是因为故事中的游戏规则导致的。规则中的核心问题是"每次落下的食物数量和踏板与投食口之间的距离"。如果改变一下核心问题，猪圈里就可能发生另外的现象了。

第一种方案：减少投食量。把投食量改为原来的一半，结果是小猪、大猪都不去踩踏板了。小猪去踩，大猪将会把食物吃光；大猪去踩，小猪也会把食物吃光。谁去踩踏板，就意味着为对方贡献食物，所以谁也不会有踩踏板的动力了。

第二种方案：增加投食量。投食量增加为原来的一倍。结果小猪、大猪都会去踩踏板。谁想吃，谁就会去踩踏板，反正对方不会把食物吃光。小猪和大猪相当于生活在物质相对丰富的"共产主义"社会，所以竞争意识不会很强。对于游戏规则的设计者来说，这个规则的成本相当高；而且因为没有竞争，想让猪多踩踏板的效果并不好。

第三种方案：减少投食量，增加距离。投食量变为原来的一半，但同时把投食口移到踏板附近。结果，小猪和大猪都抢着踩踏板。等待者不得食，而多劳者多得，每次的收获刚好消费完。对于游戏设计者，这是一个最好的方案。成本不高，但收获最大。

上面这个分析的过程就是一个如何建立管理制度的典型分析的例子，任何一个企业都应该重视管理制度的建立，因为缺乏完善的管理制度，人员都工作懈怠，那么，再好的人才，再好的物质保障都无济于事。所以，完善的制度对企业发展非常重要。

中国的火锅企业海底捞就因为拥有完善的制度管理，使企业蒸蒸日上。其制定了完善的食品安全监管体系。在原料采购上，其所有蔬菜类菜品都是直接从农户处努力购进，农户把菜从地里采摘之后直接送往公司，没有中间商的参与，这样就减少了菜品的市场滞留期，保证了新鲜度。之后，品控人员还要对每一样蔬菜进行农药残留检测，只有合格的菜才能被允许收货。

在菜品清洗加工过程中，海底捞严格把物流配送中心的蔬菜加工车间控制在6℃~8℃，每天有专门的品控人员对食品的验货标准、各车间和库房的温度、湿度进行严格控制，并对生产现场的卫生环境进行监督检查。

在产品配送和储存上，海底捞要求整个过程中必须保持0℃~4℃。为了保证食品安全，配送车辆还要进行严格的检查、清理、消毒，并在车辆中安放好温度记录仪，以便第二天对绝对异常的温度进行分析处理。特别是在每年5~10月和冬季这段蔬菜容易冻伤的季节。不仅如此，海底捞的服务也是非常到位。海底捞在拼命强调"特色口味"的时候，海底捞创新性地把其他行业的服务纳入免费服务范围：比如，把美容业的修指甲，把网吧的服务，把茶馆的服务提供给等座位的客人，让折磨人的"等座"成为一种享受。

正是这样完善的管理制度，让整个企业的员工紧密结合在一起，共同努力，创造出了独一无二的海底捞形象。

所以，一个企业需要管理制度，有了管理制度，才能让每个员工各司其职，各尽其责，并且能形成一系列的良性竞争机制。大家在这种制度内工作，就能逐渐领悟到公司的理念，公司的用人要求，这样坚持实行下去，一定会改变公司的面貌。

保证充足现金流

【德鲁克微语录】

在动荡时期，流动资金要比收益更重要。如果拥有足够的现金流和财务实力，那么一家企业或公共服务机构就能够在长期的低收益或低收入中幸存下来。相反的做法则是错误的。

——德鲁克《创新与企业家精神》

【活学活用】

从产品的市场调研到售后服务的整个过程，任何环节都与企业的现金流紧密相关。没有资金的支持，任何事情都无法启动，企业的发展随时有用到资金的时候。现金流就像人体的血液，没有血液遍布全身，哪有能量支撑人体机能运转？企业缺失现金流，同样会导致整个企业运转的瘫痪。

特别是刚刚创业或刚刚进入新领域这个关乎能否生存下去的重要时刻，现金流更是重要，因为老板兜里的钱决定着企业能存活多少天。所以，对管理者而言，首要一条是要学会平衡现金流，否则将是死路一条。大多数创业成功的公司，都走过了一个严格的成本控制过程。采用各种方法，在日常费用、设备采购、人员工资、营销推广等各个环节节约一切成本。

北汽福田汽车股份有限公司成立于1996年8月，是一家跨地区并快速走向国际化的上市公司，是中国最大的商用车生产企业。

福田公司在发展过程中形成了自己的资金管理理念，强调现金流的重要地位，认为"现金流比利润更重要"，为此，公司决策的着眼点，就定位于"尽量提前收回现金"，一定不能以牺牲长期现金流来改善短期利润状况，避免出现"良好的经营成果和堪忧的财务状况并存"的尴尬局面。

李彦宏刚刚成立百度时，进行的第一笔融资是120万美元，最初计划是这笔钱只能用半年，但结果，李彦宏精打细算，他认为"有钱走遍天下，无钱寸步难行"。在美国硅谷工作时，他就看到每天都有公司因为有了风险投资而开山立派，每天也都有公司因为囊中羞涩而关门大吉。为此，他计划把这笔资金用1年。过了半年，他的确只花了60万美元，等到9月份获得第二笔融资时，李彦宏手头还有几十万美元。

正是李彦宏手中还握有底牌，才能使自己先立足于"不败"境地，获得了主动权，也让投资人看到企业良好的经营状况，最终李彦宏成功获得了美国排名前三位的大风险投资商之一——DFJ（德丰杰）和IDG(国际数据集团)1 000万美元的风险投资。从这点上看，李彦宏不仅是一个技术天才，还是一个卓越的企业家。

李彦宏曾就拥有现金流的好处，做了这样一番解释："假如当时没钱了，而这时候有个投资商走过来说，我没有1 000万美元，但我有100万美元，我要占你30%的股份，那我们就完了。因为没有钱了，只好拿这样的条件去交换，这对公司的成长将会是非常大的打击。"

正是李彦宏严格控制收支，保证足够的现金流，才使百度在2000年年底，纳斯达克股市突然崩盘，虚火旺盛的网络经济一夜间破裂时，没有遭受生存危机，李彦宏可以轻松腾出时间考虑公司长远发展问题。

我们都知道史玉柱在第一次创业时，就是因为资金链断裂，导致巨人一夜之间倒闭。这给了史玉柱很深刻的教训，在第二次创业后，他坚定地说："企业什么都可以没有，但绝对不能没有现金。"此后他特别害怕现金链断开，史玉柱要求对外称公司的账上始终趴着5个多亿元的现金。只有现金，才能保证企业安全。

那么，刚刚成立的企业该怎样做才能保证有足够的现金流呢？

1.做好周全的计划，降低运营和管理费用，严格控制成本。

2.要考虑长远，在不需要钱的时候就该考虑将来钱用完时，下一笔钱该从哪里出。

3.优化客户结构，保证销售回款及时，对付款拖延的客户适度放弃。

总之，现金流量管理是现代企业活动的一个重要职能，管理好现金流量，就能保证企业健康、稳定地发展，有效地提高企业的竞争力。

尊重并听取内行意见

【德鲁克微语录】

创业者对新事业的需要及对自身优势的评价，都需要听取旁观者的意见。

——德鲁克《创新与企业家精神》

【活学活用】

任何一个管理者都不能肯定地说自己对企业生产的产品都样样精通，管理者可以说更没有精力和事件去研究企业的某项技术或工艺，因为他还有很多管理的工作去做。甚至，有的企业管理者根本就不是干这行的。比如，马云开始只是个英语老师，只会浏览网页和使用邮箱。但是，我们很多管理者并不认为自己不是专家，自大的管理者常常表现出决策由自己一个人说了算，对行业内人士的意见，不听不问，独断专行。正所谓兼听则明，作为外行领导更应该尊重行内人士，虚心听取他们的意见。

军人出身的余秋里同志，新中国成立后，被党中央任命为石油部长。在任命时，毛泽东叮嘱余秋里："我过去说过，夺取全国胜利，这只是万里长征走完了第一步。我们熟悉的东西有些快要闲起来了，我们不熟悉的东西正在强迫我们去做。我们必须克服困难，我们必须学会自己不懂的东西。我们必须向一切内行的人学经济工作，拜他们做老师，恭恭敬敬地学，老老实实地学。不懂就是不懂，不要装懂。不要摆官僚架子。就这样，余秋里脱下穿了几十年的军装，开始了寻找石油，准备迎接新的挑战。他虽然对石油一窍不通，但却领导了一大批石油专家，先后发现并建成了胜利、大港、辽河、任丘、中原等油田，为我国石油事业的发展做出了杰出的贡献。

由此可见，虽然是外行，但并不等于就领导不了企业，只要充分调动更多人的力量，尊重内行，多听听他们的意见，集思广益，一样能把企业搞得蒸蒸日上。

20世纪90年代中期，一家台湾财团投资20亿元，在桂林兴安开发一个大型旅游项目——乐满地度假中心，包东辉受聘成为总经理。

包东辉说："说实话，我对这套并不熟悉，属外行领导内行。"但他的团队都是来自台湾的精英，各项目负责人从业时间最少在20年。

包东辉自己是外行，但这样恰恰让他"更容易尊重内行"，使专业人士更容易发挥才能，这样，他就只需要做好资源整合。项目做好后，他提出"一点两线三方四面"的方案。最后，乐满地度假中心开业那年，客流量达到第三年预计量，年营业额近6 000万元。

作为外行领导者应该更容易领导团队，但领导一定有一个慧眼，能够发现谁是真内行，谁是假内行。另外领导要心胸开阔，乐于接受各方面人士的意见，能够包容不同的观点和意见。用诚恳、热情和尊重的态度去领导内行。另外，领导应该懂得抓大放小，放手让真正内行去做。

在自由的工作环境中，在被尊重的工作氛围中，内行一定会更加努力工作。外行领导会更轻松地把企业管理好。

量力而行，不要贪大

【德鲁克微语录】

新事业就像个小孩子。当你带着一个六岁的孩子去登山，不可能让他背负40斤的东西。

——德鲁克《下一个社会的管理》

【活学活用】

很多企业家在创办企业时，只注重数量规模的外延扩大，强调占领更多的市场，结果，忽略了企业整体素质和效益的提高，结果造成集团发展捉襟见肘，资金和人力都跟不上，发展底气不足，效益低下。

在政府各项优惠政策的刺激下，韩国大企业集团就曾一度进行扩张，不惜一切地扩大规模，即便自己根本不了解，不擅长的领域，企业也不断渗入。比如，"现代"有57家，"三星"有80家，"金星"有49家，等等。特别是"起亚"集团，它本来是以生产汽车为主，拥有28个系列企业，但它还把领域扩展到了和汽车生产毫无关系的特殊钢和建筑等领域，结果在没有准确把握特殊钢需求的情况下，盲目投入1万亿韩元，结果，捆住了集团的手脚，并且公司相互进行贷款担保和内部交易活动，其关系就像蜘蛛网一样错综复杂，牵一发而动全身，最后制约了企业的发展。

其实，大规模不一定就适合企业的发展，一定要根据企业发展的具体情况，保证企业能够正常运转，顺利发展才可以。

另外，一些企业家还经常犯贪求大利的毛病，想一口吃个胖子，结果，吃得太多，消化不良，反倒伤害了自己。

著名化妆师毛戈平一直是娱乐圈的风云人物，他打拼多年，现在已经有了很大的化妆品公司，在北京、上海、杭州还开办了艺术学校，平时还参与影视剧的拍摄。他如今有这样大的事业，但他经常说："挣钱方面谁都不会一口吃个胖子，我不相信有一夜起来就家财万贯的，所以，我宁愿自己一点一点去干，任何一个项目上市之前我都会做成本收益的估算，有50％的风险我都不会去做。"

正是毛戈平能够一步步积累，不贪求大利，使得他的事业稳步上升，财富自然增长。所以，作为企业家，我们身兼的责任非常重大，切忌毛躁，轻易冒进。应该稳扎稳打，不要跟风，在推出新产品前，一定要做详细的调查和研究，不能存在盲目性、试探性、侥幸性，这样很容易导致决策失误，使企业陷入困境。

马云成功的秘诀就是从来不贪图大利，而是抓住每一个小利。马云的阿里巴巴注册的企业绝大多数都是中小企业。虽然从中小企业中获得的收益不多，但更多的中小企业的加入，就聚集了巨大财富。并且，毕竟中小企业多，所以，中小企业会影响大企业。有很多大企业所用的原材料等产品都是从这些中小企业中采购的。抓住了这些中小企业，马云也会从中获得更多利益和更广阔的声誉。

积跬步，至千里；聚小流，成江海。在我们开创新事业的过程中，一定要稳扎稳打，绝不做无把握的事情，一定看清才去做，有更多胜算才去搏。不要被一时的规模或利益诱惑，长久发展才是企业的根本，不要贪求太多而击垮了自己。

有毅力开创新事业

【德鲁克微语录】

外界总认为创业家靠的是突然的灵光一现，但根据我与创业家四十多年的共事经验看，依靠一时灵感开创事业的企业家只是昙花一现。

——德鲁克《管理未来》

【活学活用】

创业并不是我们想到了一个好点子，立刻实施就能成功的，其实，当你的一个想法要真正成为现实的过程中，需要经历很多的艰辛，并且会有很多意外事情让你措手不及。所以，想要成为创业者一定要有坚强的毅力，并且始终抱着必胜的信心才行。

吉林高丽王朝饮食连锁机构的董事长姜道泽艰辛创业就是凭借着自己坚强的毅力走过来的。

1999年春季，姜道泽在外出旅游时发现当地的酱汤味道特别好，他想为什么不能开一家有特色的餐饮店呢？于是，当年冬天，姜道泽在延边跑了几十个村庄，到处寻访能做酱的高手，想要拜师学艺。最后，他终于学到了手艺。但他发现传统酱汤只能保证一锅汤的味道，用到火锅里千煮百涮后，就失去了原有的酱香味道。

后来，他又花了整整1年时间，用36种谷物药材研制成了一种久涮也能保留酱香的火锅酱汤底料。

2001年春节，他借来10万元资金，开办了自己的火锅店，牛排和酱汤做的火锅让长春人充满了好奇，每天都有很多人排着长队等待，即便是冬季零下30摄氏度的低温下，人员也是络绎不绝。火锅店越来越火了，最旺的时候月营业额竟达到150万元。到了2005年夏天，姜道泽已经在长春开了三家店，资产过千万元。随着企业的发展，如今他的火锅店已经遍布中国各个角落。

创业路上，不会一帆风顺，要坚持、要有毅力，这也许就是姜道泽的创业故事给我们的最大启示。未来的道路充满了种种不可预料的困难，不管碰到多大的困难和风险，你都要顽强地坚持下去，而不是轻易放弃。抱定不达目的誓不罢休，凭借自己顽强的毅力去战胜困难，熬过那最艰难的时刻，实现自己的理想。

创业不仅要自己有毅力，能够解决前进中预知的困难，还应该准备好迎接很多不确定因素的干扰。比如，你参加创业项目，一是你投入了创业资金；二是你投入了工作时间；三是你投入了技术；这些都没有问题。但是3个月后，没有盈利，你的家人不干了，甚至你的老婆也不干了，如果她是合伙人，她会提出抽回投资，撤出创业团队，你们爱怎么干怎么干，这样的干扰比创业本身的业务压力要大得多，创业项目很多都是这样失败的。所以，当你面临这样的问题时，你还有毅力继续创业吗？在没有人支持，需要自己去寻找资金时，你还会如刚创业那样斗志昂扬吗？李嘉诚在他创办公司初期，也曾遇到了资金困难，银行贷不了款，员工需要发工资。后来，他坦诚地向员工说出了自己的困难，赢得了员工的支持，最后，在员工和他一起的努力下，终于渡过了难关。

当我们在创业中遇到困难时，一定不要迎难而退，坐以待毙，而应该积极去寻找解决问题的办法。

首先，应该多走出去，和外面交流，多向外界发展，通过外在来解决内在的问题。创业项目常常都要比创业人预估的达到盈亏平衡点时间要长，基本都不是那么理想化，一定需要等待，需要时间的考验和冲洗。同时，多交流，多了解同行业的工作状态，学习他人所长为我所用。

总之，创业路上只有毅力坚强的人才能走到最后，获得最后的成功。当然，在创业前，一定先要准确选择创业的行业，要深入了解这个行业，真正觉得它很有希望再实施创业。另外，还要看人的自身条件，如果能通过努力实现，自己有足够的实力，那就努力去干。只有方向正确，并且确立一个短期内能够实现的目标，然后，抱定信心，靠坚强毅力坚持下来，总会成功的。

第21章　企业经营中的问题诊断

警惕成长速度过快

【德鲁克微语录】

快速发展是组织的经营之道出现危机的另一个可靠征兆。对于任何在相当短的时间内规模翻一番或两番的组织来说，它的经营之道必定跟不上它的发展。甚至硅谷的人也认识到，一旦一家公司发展到人们需要佩戴名牌的地步，啤酒狂欢节就不再足以满足人们的交流需要。但是，这种发展对更深层次的假设、政策和习惯提出了挑战。组织如不能重新考虑有关环境、使命和核心能力的问题，继续保持健康的状态是不可能的，更不用说发展了。

——德鲁克《巨变时代的管理》

【活学活用】

企业增长过快就是脱离实际，脱离了客观规律，特别是如今市场经济的环境下，投资一定充分考虑到风险；否则，陷入危机甚至破产就成了必然。

以吴炳新为首的济南大陆拓销公司和其子吴思伟的南京克立公司合并，于1994年8月，成立了济南三株实业有限公司，同年，三株销售额达到了1.25亿元，1995年销售额增长到23亿元，1996年更是达到80亿元，成长速度可谓快得惊人，而企业刚开始的实际注册资金只有30万元，在短短的3年时间里，竟然增长了16万倍，并且资金负债率为零，这可以说是缔造了现代企业营销的奇迹。

三株药业之所以能够有如此快速的增长，是销售网络和生产能力的扩大导致的。三株公司在短短的1~2年的时间内在全国所有的大城市、省会城市和绝大多数地级城市注册了600个子公司，在县、乡、镇建立了2 000个办事处，吸纳了15万销售人员。仅1997年三株公司一口气投资5亿元兼并了全国20多个制药厂。

但随着企业的发展，三株在管理上的问题逐渐凸显了出来，并掩盖住了它辉煌的销售业绩。吴炳新的弟弟下到农村去检查当时销售情况，发现销售现场一片乱哄哄，没有管理制度，全都是在哄消费者，哄上级。他顿时气得中了风，打电话给吴炳新说："不得了了，尽哄人啊。"1997年"常德事件"发生，组织内部已经相当脆弱，组织内部层级过多、总部的指令在层层下达中被歪曲或变形，上级对下级的内部控制乏力。结果，在这个事件中三株表现是反应迟缓，没有形成有机的抵抗力，最终致使企业失败。

三株的失败启发我们深思，在企业快速增长，规模增大的情况下，正是因为管理制度没有跟上，使得三株巨人倒下。所以，企业要想从做大向做强转变，就必须在完成市场资源和资本的原始积累之后，进行规范化的管理制度建设，只有这样，才能保证有坚实的后盾，为企业可能面临的危机保驾护航。

所以，机构迅速膨胀并不一定是好现象，要时刻保持警惕，放慢脚步，注意观察企业存在的隐患，及时排除。通常情况下，企业的快速发展都会遇到这样的问题：

1. 管理问题。随着企业的快速发展，业务范围的扩大、经营地点的增多、人员大幅扩增，管理跨度就需要变大、管理层次需要加深、管理结构也变得更为复杂。所以，管理难度也大大增加了。原来的管理力度就会大大地削弱，管理思想和精神也就很难贯彻到底。即便被贯彻到底，也难免会出现完全走样的情况。企业管理出现问题，员工工作涣散、效率低下、竞争力减弱就成为必然。

2. 文化问题。随着机构的扩张，公司员工数量急剧增加，人员成分也变得越来越复杂，企业就会出现不同的各种文化和价值观。这些文化很可能引起公司文化的变形。企业文化由此面临着严峻的考验和巨大的挑战。

3. 人才问题。企业发展过快，人才储备就会出现明显不足情况，主要表现在严重缺乏受过本企业文化熏陶的所需人才，特别是中高级管理人才。因为在企业小时，你无法储备大量高素质的管理人才。即使你有心去做，但由于企业本身缺乏足够的事业吸引力，也吸引不了更好的人才。而随着企业的发展，人才缺乏现象就会凸显。

针对这些情况，企业就该提高警惕，放慢速度，尽快完善管理，强化企业文化，尽快聘请优秀人才补缺。当着一切都完成后，再图发展，不仅不会耽误企业的发展，还会使企业发展得更加坚实有力。

成功不是结果，是新的起点

【德鲁克微语录】

当组织实现预定目标时，它的经营理论一定会过时。因此，实现目标并不是庆祝大功告成的时刻，而是一个重新思考经营理论的时机。

——德鲁克《巨变时代的管理》

【活学活用】

企业的成功，是由一个个目标的实现达成的，所以，当一个目标实现了，不要因此而沾沾自喜，因为这时需要重新确定下一个目标，再次去工作。否则，就可能因为停步不前而倒闭。只有那些永远朝前走，不为一点点成绩而自满的企业才能保持持久旺盛的生命力。

隆力奇的前身常熟市蛇业公司，1986年成立，专门进行蛇类保健品的研制和销售。1992年面向市场推出隆力奇（long life的音译）纯蛇粉，很快成为中国蛇类保健品第一品牌。此时，中国保健品行业正处在鼎盛时期，如何扩大销售渠道，更快地发展，隆力奇从三株药业中获得了启迪，它借鉴"三株"的销售方式，不遗余力地建设终端销售网点，隆力奇纯蛇粉成为当时销量最好的保健品。

20世纪90年代末，中国的保健品行业开始走下坡路。隆力奇经过调查发现，消费者非常喜欢赠品蛇油蜜。所以，隆力奇紧盯这一商机，开始试水日化品行业，与江南大学和上海医科大学合作研制蛇生物酶制造化妆品。

隆力奇日化品的销售渠道在借助保健品销售渠道的同时，进行其他方式的探索，随着中国加入WTO后，外国产品涌入中国，给中国日化产品带来了很大压力，隆力奇发展建设农村的销售渠道。

在一线城市，隆力奇是在大品牌的夹缝中勉强生存，在二线、三线、四线城市，隆力奇销售情况不错。隆力奇当时可以做到一个星期之内，把产品铺货到全国所有城市乡村的每一个终端店，这是非常难得的。隆力奇定位于中国老百姓"买得起，买得到"的市场领域，更有销售保健品积累下来的销售网络，使得隆力奇顺利地转型为化妆品品牌。

在日化品市场运营初期，隆力奇采用的是代理式运营模式，借助区域代理商自身资源迅速在全国建立了销售网络，其推行的"小区域独家经销制"被省级代理商全面复制，使销售网络深入县级城市，从而使产品顺利地切入了市场并形成覆盖率。但随着化妆品销售额增长，市场运营中出现同一级别的代理商相互冲货，渠道终端执行不力，信息滞后等现象。

代理商式的销售终端不再适应隆力奇的快速发展，于是，隆力奇开始改变销售方式，在各地组建自己的销售分公司。从1998年开始，隆力奇利用自身资源，建立垂直行销体系，随着垂直网络的扩大和终端网点的开辟，垂直销售的优势越来越强过代理商销售。于是，隆力奇决定在保健品销售的空白区域派出分公司直做，重新整合已经失去优势的一些市场。

2000年后，隆力奇在全国共组建了260多家销售分公司。

至2003年年底，几乎国内的每个省、自治区、直辖市都有隆力奇系列保健品、化妆品的销售，网络纵横交错、覆盖密布。

随着隆力奇销售渠道的稳健，产品种类开始增加，基本覆盖膏霜类、洗涤类等小日化产品。2000年开始进军大日化（如洗衣粉、洗洁精等）领域，继续沿用原有销售渠道。

2003年11月，隆力奇为降低销售成本，适应公司的发展变化，将设立营销分公司的终端销售模式转为经理承包的独立公司经营模式，双方变成了一种客户关系和买卖关系。这样，从一方面保证企业有足够的资金回收，降低了经营风险；另一方面也给予分公司更多的经营自主权。

2006年，隆力奇针对低端市场业务增长空间有限，决定试水高端日化品，寻求新的利润增长点。同年，隆力奇在美国成立护肤品研究院，在日本成立美建创新中心，借鉴倩碧、雅诗兰黛等品牌的成功技术，研发高端护肤品和日化产品，此部分产品直接走直销路线。

如今，隆力奇还在探索中前进，随着市场的变化，它将会寻找下一个目标，继续稳居变化中的市场。

隆力奇的成功给我们的启发是，一个个阶段性的目标实现后，不要满足，还要继续前进，把成功当成下一个目标的起点，用归零的心态，重新走向下一个目标。

关注意外成功或失败

【德鲁克微语录】

意料之外的成功和意料之外的失败都一样，应该被认真地视为一个警告，恰如一个60岁的老人"轻微的"心脏病首次发作。

——德鲁克《巨变时代的管理》

【活学活用】

不论是意外成功还是意外失败，这都是我们所没有预料到的，但我们追究一下我们没有预料到的这些事情，可能从中我们会发现使自己成功的商机，也可能从中吸取教训，悬崖勒马。总之，这些细微的我们没有预料到的东西，是我们应该注意的。

彼得·德鲁克在中国建立光华管理研修中心也是一个意外成功。邵明路先生在开设强化培训课程时，意外发现许多本大厦内其他公司的经理人饿着肚子站在教室门口旁听，他们甚至提出付费参加培训的要求。这让邵先生发现中国很多企业都正在快速扩张，很多管理者想要新型的管理理念充实自己，所以，培训经理人这方面就存在很大的市场需求。

邵先生发现这一商机，亲自去美国、欧洲寻找商学院，后来在德鲁克先生的帮助下，开办了光华管理学院。

几年下来，邵先生的团队又发现一个意外的情况：

每年有1/3报名者不仅不是我们的目标客户，甚至还是其他咨询公司和培训机构派来的人，他们为了"偷师"。还有些大公司因为预算不够，要求购买我们的教材；此外，还有些非营利机构也不交或者交很少的培训费；没有管理经验的年轻大学生，凭着对管理大师德鲁克的热情来听课；媒体编辑记者也要参加培训……

他们看准这一市场，重新定位："使中国的管理者、创业者能够得到世界上最好的管理知识和管理工具。"扩大招收范围，让更多的学员能够接受好的管理知识，这样也能大大降低每个学员的学习费用。

出乎意料的成功，总是让我们不敢去把握，想着自己已经拥有了很好的发展，不必去冒险，结果，正是这种一成不变的思维，导致企业与机遇失之交臂。用变化的眼光去看问题，只有摒弃惯性的思维才有可能对意外事件做出理智而正确的判断。往往意外的成功，究其内在原因，可能就有规律可循，就能把握其发展方向，这样再做出决定，就不是冒险行动了。由此可见，一定要有敏锐的市场感觉。

同样，意外的失败也需要我们去研究，"失败是成功之母"，只有认识到自己的失误，才能更好地走好下面的路。但如果不能重视失败，可能会走向下坡路。

德鲁克本人早年在一家进出口公司当实习生，这家公司主要经营的业务是向印度出口挂锁。这种挂锁不是很牢固，用别针一挑就能够打开，于是老板认真做了改进，结果反而滞销了。另一家小的竞争对手注意到同样的事情后，生产了两类挂锁，一种是样子锁，另一种是安全性更高的挂锁，前者卖给农村的客人，后者卖给城里人，他们成功了。

像这个进出口公司意外的失败，虽然给企业带去了一定的麻烦，但如果能找到滞销原因，发掘更好的产品设计方法，那么，他们一定能发现新的销售市场。比如，可能是产品或服务设计或营销战略不再符合现实状况；也可能是客户的价值和认识已经发生了改变，尽管他们仍然购买同一种"东西"，但他们实际所购买的是截然不同的"价值"；还可能是原来的同一市场或同一最终用途，现在分裂成了两个或者更多的市场，而且每一个市场所要求的东西都完全不同了。总之，细细研究，定能找到失败的原因，就可以避免以后走错路，也能从中发现公司发展的新途径。当然，许多失败都是失误，是贪婪、愚昧、盲目追求，或是设计与执行不得力的结果。但是如果经过精心设计、规划及小心执行后，仍然失败，那么这种失败常常反映了隐藏的变化，以及随变化而来的机遇。

总之，留意意外成功和意外失败，其中蕴含着机遇，当机遇闪现和来临的时候，不失时机地、主动地捕捉它和驾驭它，定能取得更好的业绩。

寻找适合自己的规模

【德鲁克微语录】

规模不当是一种慢性的、虚弱的、消耗的而又很常见的疾病。在绝大多数情况下，规模不当是可以治好的。但这种治疗既不容易，又不愉快。

——德鲁克《管理：使命、责任、实务》

【活学活用】

德鲁克认为，规模不当的原因有时虽然不清楚，但其诊断却是简单的。其症状是明显而相同的。规模不当的企业中必然有一个(或极少数几个)领域，活动、职能部门或工作不成比例得过于庞大。这个领域是如此的庞大，以致必须投入大量的努力和成本，使得企业不可能取得经济成绩和成果。无论企业生产出多少收益来，这个过于庞大的领域总是把这些收益吸收进去了还不够。由于企业在大小、分量或复杂性方面不成比例，以致无法取得任何成果。

秦池是山东省临朐县的一家酒场的白酒品牌，1990年3月成立，建立初期，它只是山东无数个小酒厂中的一个，销售范围也只局限于潍坊，每年产白酒的量仅有1万多吨。为了谋求更好的发展，1993年，厂长姬长孔开始把目标锁定沈阳。同时，秦池还采取多种营销方式。比如，在电视台上密集投放广告，并由当地技术监督部对秦池酒进行鉴定，还进行消费者免费品尝活动……经过这一系列宣传活动，秦池一下为众人所知。

1995年，秦池以6 660万元高价，买下央视黄金广告段，成为"标王"并由此一夜成名，其白酒也身价倍增。中标后的1个多月内，秦池就签订了销售合同4亿元。1996年，初尝甜头的秦池以3.2亿元的天价再次成为"标王"。

秦池对外出示的数据显示，当年企业实现销售收入9.8亿元，利税2.2亿元，增长了5~6倍。他们预期1997年度销售额达到15亿元。

如此一个小小的县级企业，怎么能生产出有15亿元销售额的白酒呢？1997年年初，北京某报社派记者暗访，竟然发现一个可怕的事实。秦池的原酒生产能力只有3 000吨，它用本厂的原酒、酒精勾兑成低度酒，再加上从四川邛崃收购大量的散酒，然后以"秦池古酒"、"秦池特曲"等品牌行销全国。

秦池的"勾兑酒"事件爆发，秦池也从"标王"的宝座上拉了下来。那年，秦池完成的销售额不是预期的15亿元，而是6.5亿元，第二年，更下滑到了3亿元。到1998年，该厂已经开始欠税经营了。如今秦池牌白酒已经消失了。

因为秦池的市场规模过大，而自身生产规模没能跟上，导致企业内部失衡。因为无法生产出更多的产品满足市场需求，导致企业降低质量，以次充好，勉强应付的局面。最终，自己砸了自己的招牌。

当然，规模过大不是好事，如果规模过小，也不一定就是正确，因为其规模显得太小了，不能满足这一领域的要求，不能支持公司的生产量、产品线和市场地位。

每个行业和市场中的企业，都存在着规模方面的最低限度，如果低于这个限度，它就无法生存，还存在着规模方面的最高限度；如果超过这个限度，从长远来看，也无法得到很好发展。

但在这两个限度之间的范围比较大，幅度性强也更趋复杂，要想在这个范围内找到适合自身企业发展的恰当规模，非进行一番艰苦的思考和持续的工作不可。不同的战略要求不同的企业规模。我们需要对以下五个主要领域进行思考：第一，弄清楚规模本身的问题。我们需要回答这些问题："多大的规模就太大了？""什么是'合适的'规模和'不合适的'规模？""企业超过多大规模会走下坡路？""企业规模对其发展有什么意义？"第二，弄清复杂性和多样化管理方面问题。我们需要考虑一下："到了什么程度就算是复杂了？""到了什么程度就太复杂了？""复杂性提出了一些什么要求？""它能长期存在下去吗？"第三，对于一些跨国公司的管理。除了规模、市场、产品和工艺技术比较复杂外，还有文化方面和多种政治和政府关系及限制条件的复杂性，这也影响企业的规模。第四，对变革和成长的管理。"变革和成长达到什么样的程度，管理层就必须改变其性质、结构和行为了？""管理层应该做哪些准备，以应付未来的变动和成长，又不至于使公司负担目前不需要而且达不到的职能和复杂性？"第五，对创新的管理本身，任何企业都在变动的环境中生存，想要生存就该有创新能力，应该清楚"一个创新的组织应该是怎样的？""它应该如何组织和管理呢？"通过以上种种问题的回答，就会清楚自己的公司处在一个什么阶段，规模是否合适。

比例不均，发展难以平稳

【德鲁克微语录】

规模不当的原因有时虽然不清楚，但其诊断却是很简单，因为它们的症状是明显而相同的。规模不当的企业中必然有一个（或极少数几个）领域，活动、职能部门或工作不成比例得过于庞大。这个领域是如此的庞大，以至于必须投入大量的努力和成本，使得企业不可能取得经济成绩和成果。无论企业生产出多少收益来，这个过于庞大的领域总是把这些收益吸收进去了还不够。

——德鲁克《管理：使命、责任、实践》

【活学活用】

　　德鲁克认为，一个公司可能因为太过复杂而无法管理，这一点毫无疑问。内部比例不均，企业的发展就难以达到平稳。而占有高比重的那部分业务，总是在吸收企业的资源，所以，企业在发展过程中要始终保持包括社会资源、企业资源、物质资源、人力资源等各种资源的均衡配置。

　　华为总裁任正非提出"坚持均衡发展"战略。要求"继续坚持均衡的发展思想，推进各项工作的改革和改良。通过持之以恒地改进，不断地增强组织活力，提高企业的整体竞争力，以及不断地提高人均效率"。

　　华为公司在前期发展阶段，把企业的重点放在了经营上，因为只有活下去，才是硬道理，对于当时比较弱小的华为来说，注重经营才是生存之策。随着企业的发展，效益的提升，1997年以后，公司根据现状和企业外部环境的变化，开始转换战略重点，强化内部管理，通过引进世界一流企业的管理体系，在管理上与一流企业接轨，通过管理的效率来促进经营效益的提高。

　　华为是"知识"密集型企业。它强大的竞争力，正是来自于一支强大的研发团队。于是也就造就了华为的"二多"：一线销售人员多，内线研发人员多。在华为的员工中，技术研究及开发人员占46%，市场营销和服务人员占33%，管理及其他人员占9%，其余的12%才是生产人员。20年来，华为一直保持这样的比例，人力资源配置呈"研发和市场两边高"的"微笑曲线"。

　　这个均衡的比例，保证了整个企业内部资源高效整合在一起，当这个微笑曲线也像一把弓，越弯则弓的拉力越大，向高层次发展的动能越强。这种微笑曲线强调了事业在两极的平衡发展。正是以比例适当来保证各个部门均衡发展的企业。

　　同时，企业推行IPD、ISC为核心的管理变革，使企业各个部门的管理者不再是单纯的职能部门或职能管理者，企业强化了其身上的经营职能，各部门的领导实际上已经转化为集管理职能和经营职能为一体的管理者。所以，管理者需要角色定位和角色转换，从而实现个人在经营能力和管理能力上的均衡。从而形成一个良性循环。即在个体层面，实现个人能力与工作职责的动态均衡；在组织层面，实现部门经营目标与管理效率的动态均衡；在公司层面，实现功与利、经营与管理、组织战略目标与组织能力的动态平衡。

均衡发展是企业的长寿秘诀，也是第一位的。只有在先保持企业平衡基础上的发展，才是稳定的发展。如果忽视了平衡这个重要标准，即便是获得一时的业绩增长，也会很快崩塌。

第22章　创新精神是企业前进的动力

创新是颠覆传统和规则

【德鲁克微语录】

创业家最喜欢做一些具有颠覆性的事情，约瑟夫·熊皮特曾说过，创业家的任务就是创造性毁灭。

——德鲁克《卓创新与企业家精神》

【活学活用】

德鲁克认为，创新是开创另一个企业或服务的机遇，是企业家特有的发展工具。他们勇于颠覆传统和规则，通过创造性毁灭赢得市场。

打个比方，如果你是个小孩，你想击败面前一个巨人，你决定怎样打败他呢？如果直接去攻击，巨人会直接跟你对抗，结果，你只能是蚍蜉撼树，自不量力。因为小孩的力气肯定没有巨人的大。但是，如果小孩改变战略，通过改变游戏规则，比如，和他比答题，比猜谜语等，就可能赢得胜利。这就是靠颠覆传统格局，通过创新赢得胜利。哈佛大学著名创新学教授克里斯滕森教授认为，颠覆式创新通常意味着创造出"更简单、更容易、更便宜"的商品而重新定义竞争格局，最后把原来的行业领先巨头挤出市场。杀毒软件360公司就是通过颠覆式创新成功占领市场的。

2005~2006年间，在中国互联网上，因为有些软件厂商生产了不良软件，而相关法规还很滞后，传统软件厂商不敢像查杀病毒一样清除流氓软件。并且，传统软件厂商采用的是付费杀毒的商业模式，而查杀流氓软件无法向用户收费。所以导致流氓软件大量泛滥，给电脑用户带来了极大的安全隐患。

随着互联网的发展，各种安全威胁在数量上不断成快速上升趋势，并且发展越来越多元化。木马、欺诈等新型的互联网安全威胁给用户带去了更多的麻烦。

解决互联网安全问题迫在眉睫。360认为，安全服务就像即时通信、搜索、电子邮箱那样，应该成为互联网的基础设施之一，不应该收费。为此，360安全卫士为用户提供了免费的、高品质的互联网安全服务，并在此基础上建立了"免费的商业模式"。

这一举措颠覆了整个杀毒软件市场，原有的国产杀毒软件有的转型成企业级市场，有的则照抄照搬，即便是腾讯、百度这种互联网大鳄也开始跟进"免费安全"，360所带来的"鲶鱼效应"彻底改写了中国安全市场行业格局。

从技术角度看，360杀毒和安全卫士不仅是以免费的方式颠覆了市场，它的产品还由原来的只提供杀毒软件，变成提供用户杀木马、防止盗号、保护隐私等服务，给用户全方位、多层次的安全保护。

360抛弃专卖软件的传统模式，在中国互联网安全形势不断发生变化的时候，而秉承"用户利益至上"的原则，以互联网方式解决安全问题，提升了中国互联网的安全水平，为数亿网民创造了安全无忧的上网环境。360重新设定"免费商业模式"，打破了传统的付费模式，给用户带去了更多的便捷。

最终，360安全卫士从查杀流氓软件起步，从无到有，从小到大，最终发展成为中国最大的安全软件，同时构建了中国规模最大的互联网安全基础架构。

360能够成功，就是因为它毁灭性地打破了传统模式，重新制定商业规则。创新就是在不断地变化，在变化中对原有秩序破坏，重新创立新的秩序，这就是创新。敢于创新，想要创新，就应该有勇气打破规则，为自己发展带来新的机遇。

创新的焦点是市场不是产品

【德鲁克微语录】

　　创新必须与市场紧密相连，专注于市场，而且由市场来推动。如果只是把焦点放在产品上，虽然能创造出技术上的奇迹，但只会得到一个令人失望的结果。

——德鲁克《创新与企业家精神》

【活学活用】

　　企业的发展历程中，技术创新一定是不可忽视的重要一环，但对于许多年轻的企业或是成熟的大企业却往往容易陷入盲目的技术崇拜，而忽视消费者的需求和市场的发展趋势，致使企业发展误入"歧途"，丧失市场。

　　这样的例子不胜枚举。当企业在本行业处于领先地位，其研发出的产品不断获得市场的认可和追捧的时候，企业往往就会过于自信于自己的技术而忽视未来市场需求的走向，导致制定错误的发展战略而最终被对手抓住机会并赶超。

　　自20世纪70年代起，摩托罗拉便开创了数个"世界第一"：第一款翻盖手机掌中宝StarTAC、第一款手写触摸屏PDA手机A6188、第一款360度旋转手机V70……然而，这些曾经笼罩在巨人头顶的光环，正在渐渐失色，自2007年起，它开始持续业绩下滑。

　　随着数字时代的到来，摩托罗拉这家一贯以技术见长的公司，突然显得不那么得心应手了。正因为没有能跟上手机行业的创新步伐，摩托罗拉迅速陨落，随后它在中国和美国的市场份额分别被诺基亚和苹果蚕食掉。2008年手机巨头的市场份额显示，诺基亚市场份额高达39.7%，而摩托罗拉仅占8.5%，仅仅位列第四。

　　在技术与市场之间，其实，摩托罗拉曾经找到过一个完美的平衡点，那就是V3曾经创造的辉煌。当时摩托罗拉创新性地把手机的机身压缩到前所未有的薄度，被看做手机制造技术上的一个飞跃。小巧轻薄的机身刚好迎合了当年流行纤巧美丽的大众审美趣味。不久，V3打出的广告深入人心。一个好不容易穿上紧身牛仔裤的时髦女郎毫不费力地就把V3塞入紧身裤中的场景抓住了V3的卖点，并顺利地将其发扬光大。

但之后，摩托罗拉落后了，虽然其在技术上始终不懈地努力，开发过包括388C、A760及"明"在内的多款面向全球市场推出的机型。但因为忽略对市场的关注，忽略消费者的需求变化，虽然这些机型中有很多技术上的亮点，比如"明"的名片扫描功能，以及人机对话功能。但因为没有抓住卖点，没有把自己的优势展现出来，结果也销售惨淡。虽然曾经推出具有最强悍收集处理芯片的V8，但到底这项高科技能够给客户在使用一个手机时有多大的帮助，它的技术优势没有被用户认可。

摩托罗拉研发部门把太多的精力花在了那些复杂系统的开发上，结果这些技术又没有被认可。这些花费掉的时间又让摩托罗拉失去了推出更为先进的智能手机或是多媒体娱乐手机的先机，而这些领域正在市场中占据着越来越大的份额。比如，我们经常在手机零售卖场那些列出来一目了然的参数中，摩托罗拉的像素、屏幕分辨率、内存等这些消费者比较关心，且有很大需求的智能功能上，几乎都落后于诺基亚的同类机型。比如摩托罗拉的屏幕分辨率通常在26万色左右，诺基亚提供的参数则赫然写着1670万色。如此看来，怎么能不被挤出市场呢？摩托罗拉的失败被公认为是因为对市场缺乏敏感，没有朝着市场需求创新，而只是为技术创新而创新，结果脱离市场而导致的。

由此可见，企业要围绕着市场的需求开发新产品，寻找创新点，为满足市场需求而服务，才是长存的真理。不能脱离市场的需求去从事技术创新，否则，创新不仅不能带来任何效益，反而，让企业难逃被市场抛弃的命运。

作为企业的领导层，在分析市场时，也不应该仅仅关注现在，还要放眼未来市场。企业不仅仅要掌握目前市场需求，还要了解这个市场的未来发展趋势。而技术创新则更多的是依赖对未来市场的判断。如果没有把握好未来市场需求，错误判断发展方向，失去的不仅仅是市场，还可能是企业的未来。为了使我们的创新符合市场发展，我们应该在创新路上坚持两个原则：

第一是可行性原则。这就意味生产的产品要符合市场的需求；第二是合理性原则。这一原则则强调要具有成本上的优势。在未来必然是成本越低，性价比越高的产品才更具有竞争优势，这样的产品或者技术在未来才会有市场。

另外，企业要摆脱两大误区：第一，不要以为引领市场的创新才是真正的创新。因为实力和技术上的有限性，所以，要慎重考虑去引导市场，因为这需要冒很大的风险。况且，只要是围绕市场，为满足市场需求而做出的产品都是好的创新。第二，并不是技术创新也不是技术含量越高，性能越强越好。只有符合市场需求才是最好的创新，所以，不要浪费太多成本去开发一些市场不是很需要的产品。总之，紧紧围绕市场需求，以市场需求为导向的创新，才是有利于企业发展的创新。

创新机遇随处可见

【德鲁克微语录】

企业家要放弃以聪明创意作为基础的创新，真正的企业创新不是"冒险"的赌注，而应该是对"机遇"的重视和及时把握。

——德鲁克《创新与企业家精神》

【活学活用】

管理者常常以为创新是"灵光乍现"，或是"聪明的点子"，德鲁克却清楚地告诫我们，这种想法将给企业经营实践带去危险。因为"灵光乍现"或者"聪明的点子"常常是模糊不清和难以捉摸的，其实是风险最大，成功率最小的创新机遇源泉。

当你不断尝试靠聪明的点子创新，认为创新实践越多，就会成功。这就相当于认为"只要你不断投钱到老虎机中，你就会赢得大满贯"，然而，结果往往是在老虎机的游戏中投得越多，输得越多。所以，不论因为灵光乍现而取得巨大成功多么诱人，也要清楚地认识到那样的概率很低，只是凤毛麟角。创新关键是对机遇的把握。德鲁克认为，创新机遇的来源主要有：意外事件、不协调事件、程序的需要、产业和市场结构、人口统计数据、认知的变化、新知识。抓住这些机遇，创新就将成为给企业带来"稳健地快速发展"，而不是"孤注一掷"的冒险。

1. 意外事件

发生在企业内部的意外事件，包括意外的成功、意外的失败和意外的外在事件，都可能成为企业家开启创新之门的钥匙。比如，一个裁缝，因为在给顾客裁剪裤子时，意外裁剪出了新的款式得到了顾客的喜欢。那么，裁缝就可能因这个意外的成功，而创造出一种改变服装潮流的产品。所以，管理者要抓住意外成功，因为它可能就是未来市场潮流的曙光。意外的失败很少被看做机遇的征兆。当然，很多失败都因为失误、贪婪、愚昧、盲目追求或是设计或是执行不力所致。但是，如果经过精心设计、规划及小心执行后仍然失败，那这种失败常常就反映了隐藏的变化和随变化而来的机遇。意外的外在事件也可能是某些趋势变化的提前预兆，所以，不要忽略。总之，要留意意外事件，这些意外事件总有前因后果，分析一下，就会发现些什么，然后，做些大胆尝试，很可能这些意外就激发了自己的创新思维。

2. 不协调事件

"不协调"无处不在，不管是对生活还是对工作，我们总能说出很多不满意的地方。而这些不满意就是不协调。虽然，有很多不协调，但我们常常是嘴上牢骚，却不习惯主动解决。另外，时间长了，我们就习惯了不协调，以为它的存在是一种必然。

同样，用户在使用产品有不满意的地方，感觉不协调时，企业通常开始惭愧，到后来就习惯成自然，谁都没想到主动改进一下产品，让用户感觉协调。

对诺基亚的外形笨拙，功能少的不满意见早已有之，但诺基亚没有抓住这个机遇进行产品创新，结果，苹果等公司依靠技术创新，消除了这个不协调，取得了巨大成功，随之，其他手机公司也纷纷效仿推出类似产品。而诺基亚则在这场竞争中失败。这说明技术本身不是问题，不是不能，而是不为。所以，天意难测，每天沉迷于创新，不如切切实实地关注身边的不协调事件，从中我们就可能找到真正的创意。

3. 程序的需要

程序需要与其他创新来源不同，它并不是从环境中的某一件事产生，而是产生于需要完成的某项工作，它以任务为中心，而不是以状况为中心。比如，完善一个已经存在的程序，替换薄弱的环节，等等。但通常情况下，基于程序需要的创新，其实组织中的每一个人都知道这个需要的存在。但是，通常情况下，没有人积极行动。可一旦出现创新，人们马上认为理所当然而接受，并很快成为标准。

企业不断发展，内部工作的流程也应该有所变化。有些企业因为所走的流程太多，遭到员工抱怨，他们总是抱怨大把大把的时间都花在了开会和签字上。这时，敏锐的管理者应该认识到这个问题，并寻找解决问题的方法，优化工作流程。

4. 产业和市场结构

产业和市场结构通常表面上看去很稳定，可能持续很多年，甚至更长时间，以致有很多人因此麻痹大意，以为它们是老天安排好的，是自然秩序的一部分，会永远持续下去。但实际上，市场和产业结构非常脆弱。受到一点点打击就会土崩瓦解。一旦产业和市场结构发生变化，企业要迅速做出反应。如果忽略它的变化，企业就可能面临灭顶之灾；反之，如果能抓住这次机遇，创新产品，一个名不见经传的企业可能会瞬间成为家喻户晓的商业巨头。比如，凡客就是应网络销售大潮而起的网店，抓住市场结构变化，成功做大做响。

5. 人口统计数据

对于这个信息，有很多人并不是很关注，认为这个变化趋势导致的影响离自己很远。其实不然，人口结构的变化，会影响到整个社会发生微妙变化。尤其对于有长远发展战略的大企业来说，需要关注这个变化。比如，现如今中国老龄化加重，那么，这个趋势必然带动老年人的产业发展。所以，根据老年人的兴趣爱好，创新性地发展特色服务，必然给企业带去发展优势。

6. 认知的变化

"杯子是半满的"和"杯子是半空的"没有什么区别。但是这两句话的意义却完全不同，造成的结果也不一样，如果一般的认知从看见杯子是半满的改变为看见杯子是半空的，那么，这里就存在着重大的创新机遇。

比如，很久以来，人们都认为食物是填补肚子的，是为了防止饥饿，只要吃饱就可以了。但是，近些年来随着人们生活水平的提高，人们越来越担忧食物中是否含有农药，怎样吃才不得病。人们这一观念的转变，表明人们对吃有了更高的要求，人们越来越希望吃得好，越来越注重保健了。也许，在只求吃饱的年代，你推出很多保健产品，健康饮食菜谱，人们都不以为然。而现在，当你推出个保健菜谱，会得到很多人的关注和抢购。而这就是利用了人们观念的转变实现抓住创新机遇的。

像这样机遇对时机的要求很高，过早，人们还没有意识到；过晚，就被其他企业抓到。

因为我们很难确定认知的变化是永久性的还是昙花一现，以及它所带来的真正结果，所以，建立在对认知变化而创新的，必须从小且专的领域做起。

7. 新知识

在创造历史的创新中，通过新知识实现创新占的比重非常大。"科学技术是第一生产力"就证明了知识的重要性，拥有了知识，人们就能创造发明出更多更好的产品。尤其是一些高科技公司，通常都需要有自己的研发团队，这个研发团队的水品，就影响到整个企业的发展。企业下大力气搞研发，培训新知识，都是为企业创新提供保障。所以，创新也来源于新知识的累积。

创新并不是那样的不可捉摸，建立在观察现实基础上的创新才是真正的创新。创新机遇总是存在着，通常出现的都是重大机遇。一旦出现，它所提供的未来前途无量，对现有的、相当规模的企业尤其如此。当然，创新机遇的发现并不是企业的幸运和直觉，是企业需要花大力气，积极组织，加强管理，才能抓住并利用的。细细品来，把创新更多地当成可以学会的"技能"，而不是高不可攀的"才气"，其实创新就在脚下。

创新者专注于寻找解决方法

【德鲁克微语录】

我看到有很多性格不同但面对挑战都能表现得同样出色的人。

——德鲁克《创新与企业家精神》

【活学活用】

虽然不同的管理者个性不同，但成功的创新者身上都有共同的特征，就是他们在创新上都表现得很出色。

美国布鲁金斯学会以培养世界一流的推销员而著称。每期学员毕业时，学会都会设计一道最能体现推销员水平的题目，让学生们去完成。

小布什上任后，该学会出了一道"请把斧子卖给小布什总统"的题目。推销员乔治·赫伯特也需要完成这个题目。他思考着怎样推销自己的斧子，后来，经过考察，他发现小布什总统在得克萨斯州的农场有很多树。于是，他写下了这样一封信：有一次我有幸参观了您的农场，发现那里有很多矢菊树已经死掉了，木质很松软。我想，您一定需要一把小斧头。根据您的体质看，小斧头显然太轻了，我认为您更需要一把不甚锋利的老斧头。而我这里刚好有，是我祖父留给我的，很适合砍枯树。如果您对此感兴趣的话，请按这封信所留的信箱，给予回复……"最终，小布什汇给他15美元。

乔治·赫伯特使用了很有创新性的推销方法，成功把斧头卖给了小布什。但细细研究，我们会发现，他的创新思路是一个不断解决问题的过程。他首先想到斧头作用是砍东西，后来他发现小布什农场需要，于是，他就找到了卖东西的理由，最终成功卖出。

蒙牛的掌门人牛根生也是个善于在解决问题中提出创新经营思路的人。在2003年"非典"时期，很多企业都不再投广告，大家都认为正常的消费会受到"非典"的影响，再投广告等于是烧钱，正在播广告的商家也纷纷撤掉广告。

但牛根生没有这么想，面对非典的冲击，怎样才能保证销售呢？他认为让大家都认识蒙牛，销售得就越多，而恰好，人们都因为"非典"长时间在家里看电视，这正好是打广告的好时候，别的商家都撤了，我的广告就更醒目了。随后，他开始大力打广告，在包括央视一套及全国15家卫视中都加大了播放密度。结果，正如他所预期的那样，蒙牛品牌在全国范围内更加深入人心，蒙牛产品也得到了市场的丰厚回报。

由此可见，创新的目的就是解决问题。但有很多人对创新存在误区，一谈到创新，常常只盯着立新论、说新话、办新事来衡量，这就有失偏颇。在创新工作中，不能有猎奇心理，应该着眼现实工作中的问题，创新性地提出解决问题方案，这也是创新。总之，别人办不到的事情你能够办成就是创新，别人解决不了的问题你能解决就是创新，别人完不成的任务你能完成就是创新。创新工作应该是把复杂的问题简单化，混乱的工作规范化，难度大的工作制度化。总之，创新并不是个人的天赋异禀，更多的是人善于解决问题的态度和想法。

立足长项，成功创新

【德鲁克微语录】

要想成功，创新者必须立足自己的长项。成功的创新者常常能够在很多方面看到机遇，但是，他们不会仓促行动，而会再问自己，这些机遇中，哪一个最适合我，适合这个公司，能够发挥我们或我的长处和实力？

——德鲁克《创新与企业家精神》

【活学活用】

因为创新过程中需要承担风险，以及由此产生的对知识和实干能力的重视，所以，发挥长处对创新就显得尤为重要。

哈尔滨电表仪器股份有限公司，曾经是为国家经济建设、带动行业发展和援助第三世界国家中立下显赫战功的国内仪表行业龙头企业。随着东北老工业基地的衰落，该公司也发展缓慢。进入"十一五"后，国家号召重振东北老工业基地，哈表厂果断决定：国营改民营，通过改制让企业再次腾飞。

哈表厂本来就有很雄厚的技术实力。其科研机构有着各类工程技术专业研究人员，拥有各种高等级电工仪表计量、检定、试验设备。

改制方案公布后，哈表成功与国内著名民营企业上海人民企业集团达成一致。最终，哈尔滨电表仪器股份有限公司保留了"哈表"的长项和原有风味，嫁接了人民企业销售长项和优势，机制创新，品牌创新，同时，多元化调整产品结构，做大做精品牌。

改制半年来"新哈表"已发生了显著的变化，员工干劲越来越足，销售渠道也正在进一步拓宽，提前排满了销售计划。

哈表厂重新焕发生机，不得不归功于企业在改制中，立足长项，优势互补的措施。

由此可见，想要成功，就要扬长避短。

潮菜历史悠久，历经多年的发展，已经逐步走向全国，走向世界，但面对激烈的国内国际餐饮市场竞争，潮菜也必须在保持自身特色的前提下，积极推动潮菜品牌的创新。

汕头市决定打传统牌，创优质品牌。因为潮汕有很多老字号食品可以挖掘，比如澄海区的猪头粽、潮南区贵屿镇的鸭脯、老徐炒糕米果、汕头老妈宫粽球、新兴街牛肉丸等。贵屿的鸭脯已经有300多年的历史，和金华火腿发展历史相当；还有汕头老妈宫粽球和杭州五芳斋粽球同被评为中华名小食。但因为打造品牌力度不够，贵屿的鸭脯和老妈宫粽球都很少人知道。汕头市立足这些优势进行产品创新。这些行之有效的举措，给潮菜带去了继续蓬勃发展的生机。

总之，无论是企业还是直接创新者，在创新过程中都应该有扬长避短的意识，提高创新成功率，减少风险。另外，作为领导者，如果让那些"严肃正经"的科学人士运营的医药公司人员去做口红或香水之类的"轻量级"领域的工作，他们一定会很不适合，因为这份工作他们并不感兴趣。也就是说，只有这个机遇必须对他们非常重要而且有意义，他们才会愿意投入其中，并持之以恒，去辛劳并枯燥的环境中研究。这样创新才能够成功。所以，领导者在这个过程中，要在调配人员时，做到知人善任，让适合的人去做合适的事情，这样才能让创新人员更好地发挥自己的才智，实现创新。

创新需要不懈的努力

【德鲁克微语录】

创新是工作。它需要知识，而且往往需要大量的聪明才智。显而易见，创新者比一般人更聪明。创新与其他工作一样讲究才干、天赋和气质。当所有条件都具备时，创新就变成辛苦、专注和有目的的工作，需要勤奋、恒心和责任。如果缺乏这些因素，再多的才干、天赋或知识都无济于事。

——德鲁克《创新与企业家精神》

【活学活用】

任何事情都不是一蹴而就的，特别是创新，它不是人的一时灵光乍现，它需要管理者带领团队，坚持不懈地去寻找和追求。需要有坚持不懈的决心和勇气。缺失了这一点，有再好的聪明才智也无济于事。

美国吉列公司创始人、安全剃须刀的发明人金·坎普·吉列，从16岁开始从事推销员工作，期间，他特别钟情于男人们必不可少的日用生活工具——剃须刀，几年后，他成立了自己的剃须刀公司。并凭借自己的坚强和智慧把小小的刀片，做成了最好、最安全，也最受世界人们欢迎的产品。

金·坎普·吉列出生在美国芝加哥一个小商人家庭。从16岁开始做推销员，这份工作他一直做了24年！到他40岁时工作仍毫无起色。有一天，他手托下巴沉思时，下巴上的胡须扎了一下他的手。突然，他灵机一动：每个男人都需要刮胡子，刮胡子就要用剃须刀。可现在刮胡子的剃须刀用几次刀片就很钝，把整个剃须刀扔掉又很浪费，我何不做个能刀片用完就扔，刀柄可以留下的刮胡刀呢？从此，他暗下决心，一定开发出一种更方便、更省钱的剃须刀，实现自己的创富梦想。

说做就做，吉列立即就买来锉刀、夹钳、薄钢片等工具和材料，整天把自己关在房间思索、研究。最后，吉列把刀柄设计成了圆形，上方留下凹槽，这样就能用螺丝把刀片固定。刀片用超薄型钢片制作，夹在两块薄金属片中间，露出刀刃，使用时刀刃和脸部始终保持一个固定的角度。这样，既能方便刮掉胡须，又不容易刮破脸。

之后，他又经历长达8年的时间，去找合伙人。1901年，通过吉列的朋友的推荐，他终于和机械师尼克逊合伙，成立了美国安全刮胡刀公司。

可是，批量生产出来的新型剃须刀，一度滞销。整整1年的时间里，吉列总共才销出刀架51个、刀片168片。这让吉列非常沮丧，但他没有放弃，他相信自己的产品不会被长久冷落的，一定要坚持下去。他总结经验教训，然后着手从刀片和推广上下工夫。

终于，广告宣传起了作用，公司销路大开，销售量迅速增长，全美国掀起了一股购买热潮。

后又经历8年的市场推广和从不间断的广告宣传，吉列的安全剃须刀终于在美国市场占有了一席之地。然后，正当公司准备进一步扩大规模时，第一次世界大战爆发了。

通常情况下，战争的动荡，会给企业带去打击。但吉列没有这么想，他突然想到这是个把产品推向世界的好机会。吉列把大量的产品销售给了需要的政府，由政府发给前线士兵。美军士兵广泛的使用，又引起了盟军的兴趣，后来剃须刀又被大量送往盟军战壕。几年后，战争结束了，美军士兵早已习惯使用方便的吉列剃须刀；而盟军回国后，也回到各自的祖国，也把吉列剃须刀带到了世界各地，这等于给吉列剃须刀做了广告，小小吉列剃须刀终于行销世界。

吉列从发明小小的剃须刀到推向市场经历了漫长的8年，在走向市场后，吉列又凭借自己的智慧和毅力走过了商海风浪，成功把企业做大做强。这份坚持不懈的力量值得我们学习。

莱斯研究电话，但在他即将成功的时候，有一颗螺丝少拧了0.5毫米，结果实验失败，他便放弃了这项发明。贝尔是他的一个助手，在莱斯放弃对电话的研究后，贝尔则继续研究。起初，他也犯了螺丝少拧0.5毫米的错误，但贝尔没有放弃，而是找原因，并不断改进。最后，他终于成功发明了电话。

由此可见，只有坚持才可能获得成功。虽然在创新成功之前，坚持去做是一件非常枯燥、乏味的工作，但这就是黎明前的黑暗，坚持下去，就能获得成功。企业每天都在经历着各种各样的考验，更需要不懈地努力，坚持到底的精神，这样，企业才能成为最终的赢家。

管理者的核心工作是创新

【德鲁克微语录】

现在必须要把企业家的创新归入管理中，创新不再是管理工作之外的事情，创新应该成为管理者的重心、核心工作。

——德鲁克《生态愿景——美国现状思考》

【活学活用】

在企业中，管理者决定企业文化。如果管理者下决心加快创新，把创新当成管理重点，下决心做出重大选择，那么，企业在创新方面的机会就会大得多。而员工看到了企业管理者对创新的投入和重视后，定然激发他们的创新热情，整个公司定然创意不断；反之，如果管理者不把创新当成自己的使命，不当成自己的管理核心来看待，那么，企业发展就容易循规蹈矩，失去了活力，甚至在平庸中垮台。

"黑莓"的生产商RIM公司是1984年成立的一度不为人知的加拿大小公司。但经过10多年的努力，在2001年，黑莓异军突起，成了美国家喻户晓的品牌。在"9·11"事件中，在美国通信设备几乎全线瘫痪情况下，美国副总统切尼使用的"黑莓"手机，成功地进行了无线互联，能够随时随地接收关于灾难现场的实时信息。于是，在"9·11"事件休会期间，美国国会配给每位议员一部"黑莓"手机，让议员们用它来处理国事。从此，美国掀起了一阵"黑莓"热潮。它创造性地发明了"手机+邮件"的模式，满足人们用手机随时随地收发邮件的需要。到2006年该公司年收入近60亿美元，成为世界无线电子邮件行业的巨头。

黑莓的成功要归功于其创始人、"黑莓农夫"迈克·拉扎尔里迪斯对创新的执著精神。

在"黑莓"起步时代，研究无线电邮解决方案的公司其实有很多家，甚至有很多大型企业都在研究。但"黑莓"最终能够笑到最后，正是因为拉扎尔里迪斯的执著：始终把创新摆在第一位。

每个星期四，迈克·拉扎里迪斯都要在公司总部主持以创新为主题的"远见系列"会议。会议在一个能容纳100人的礼堂内举行，必须凭票入场，而且只有站席。会议关注的是公司最新的研究和未来的目标。

他很可能是唯一的荣获过奥斯卡技术奖的上市公司总裁。他参与发明了一种革命性的条形码读码器，加快了电影剪辑和制作的过程，并因此在199年荣获奥斯卡奖。他把1亿美元个人资产捐给了一家理论物理研究机构，还向一所大学的量子计算和纳米技术工程中心捐赠了5 000万美元。

迈克·拉扎里迪斯在发展中，不断关注创新，投资创新，在美国一个商业广告上，他曾说："我认为我们这里有一种创新的风气，工程师和我之间是畅通无阻的。我过的是一种努力推动创新的生活。"

由此可见，他沉醉在创新之路上，不遗余力地坚持创新，把创新当成了自己的使命和责任，正是有这样对创新高度重视的领导，黑莓才越发充满活力。

当然，随着竞争的日益激烈，创新越发重要，黑莓也经历着不断的考验，但拉扎里迪斯的创新精神必将使企业爆发长久的生命力。